本书系忻州师范学院 2022 年博士科研启动经费资助
（项目编号：00000425）

法天下学术文库

20 世纪上半叶
中国法社会学史研究

R

Research on the History of Chinese Sociology
of Law in the First Half of the 20th Century

郑晓英 著

中国政法大学出版社

2023·北京

图书在版编目（CIP）数据

20世纪上半叶中国法社会学史研究/郑晓英著. —北京：中国政法大学出版社,2023.7
ISBN 978-7-5764-1081-5

Ⅰ.①2… Ⅱ.①郑… Ⅲ.①法律社会学－历史－研究－中国－20世纪 Ⅳ.①D902-092

中国国家版本馆CIP数据核字(2023)第169961号

出 版 者	中国政法大学出版社
地　　址	北京市海淀区西土城路25号
邮寄地址	北京100088 信箱8034分箱　邮编100088
网　　址	http://www.cuplpress.com (网络实名：中国政法大学出版社)
电　　话	010-58908586(编辑部) 58908334(邮购部)
编辑邮箱	zhengfadch@126.com
承　　印	固安华明印业有限公司
开　　本	720mm×960mm　　1/16
印　　张	14.25
字　　数	240千字
版　　次	2023年7月第1版
印　　次	2023年7月第1次印刷
定　　价	66.00元

序

PREFACE

　　早在今年 3 月，忻州师范学院法律系副教授郑晓英博士就发来微信告知，她的书《20 世纪上半叶中国法社会学史研究》，将要在中国政法大学出版社出版，嘱我抽空写个"序"。

　　不成想，一直比较懒惰的我，竟然好几个月都没有动笔。一则从来没有机会写"序"，或许这也是个令人头疼的事情，当然也确实不知道该如何下笔。二则这几个月所欠的文债太多，天天忙于还债，根本无暇顾及其他。历经多次催告，痛下决心，今天必须完成这个任务。

　　一提到法律社会学的作品，我们马上就会想到瞿同祖先生的那本不朽之作《中国法律与中国社会》。正如这部名作所展示的那样，法学与社会学有着密切的关系，法律社会学就是这两个学科交叉的最佳学术领域。

　　尽管在今天的学界，"法律社会学"或者"法社会学"也是颇为令人关注的学术领域，但是国内法学院在法学一级博士点之下设立"法律社会学"或"法社会学"这个研究方向的却是屈指可数。多年前，华中科技大学借助社会学院社会学一级博士点在法学院设立"法律社会学"二级博士学位点，可谓是极有学术眼光之举。可惜的是，近年来最具华科法学特色与学识的这一博士专业方向，也随着导师们的自然流动而烟消云散，一去不返。

　　2014 年 4 月，我南下到华科法学院任教，就是在"法律社会学"这一方向担任博导。晓英是我在此招收的第一个博士生。她本人是在职攻读博士学位，学术经历相当不错：近代史上最早的法科所在——山西大学法学院法学专业本科毕业，后考入著名的南京师范大学法学院法理学专业攻读硕士学位。因此，在商量博士学位论文选题方向时，考虑到她法理学的学术训练背景，我的建议是，可否从学术史的角度研究 20 世纪上半叶法社会学在中国的理论与实践，并要求她弥补社会学的背景知识，强化法律社会学的基本学术训练，力争完成这一选题的写作，以填补法律社会学研究的空缺：虽已传入中国百年，学术经历相当坎坷，名家辈出、学术成绩斐然，但其现状是没有出版过一本有关这个领域学术史的专著。

在读博士期间，晓英同学克服在岗工作与家庭方面的种种困难，利用暑假去北京的国家图书馆收集资料，努力在本职工作之余撰写论文，终于完成初稿，经过多次反复修改打磨，最后通过论文答辩。其间的辛苦，只有她自己知道。功夫不负有心人，付出就会有收获。作为她的博士生导师，现在看到她的书最终可以在著名的中国政法大学出版社出版，真是感到由衷的高兴。

俗话说，"孩子都是自己的好"。学位论文亦然。作为导师，我不敢，也不方便对这部专著作过多的评论。想说的只有一点：这部著作当是目前所见第一部有关法律社会学之学术史（20 世纪上半叶）的专著，其作者也已经尽力用白描的手法勾画出 20 世纪上半叶发展历程的图像。今后，如果再有人想更进一步研究这个课题，恐怕就要参考此书。至于其他的，就让我们静待学术界客观公平的评论吧。当然，关于 20 世纪下半叶法律社会学的学术史研究，仍在虚位以待，不知何人来填补。

近年来，博士论文的出版，似乎形成由其指导教师作"序"的习惯，我也只好入乡随俗，遵其嘱完成这个任务。在其大作三校清样审校之时，匆忙写下以上短文，以作为其"序"。不当之处敬请海涵。

中南财经政法大学法学院

李力

2023 年 7 月 2 日于文治楼 813 室

　　20世纪初，遭遇百年未有之大变局的传统中国社会，在内外因素共同作用下开始向现代转型。社会的巨大变迁需要社会思潮和学术层面的回应，救亡图存成为学术拯救的时代主题。在这一历史背景下，法社会学被引入中国，历经传入、传播、兴盛等发展过程，产出了丰硕的、有价值的成果，提供了异质法学理论在近代中国本土化演变的样板。

　　本书以20世纪上半叶中国法社会学的知识生产为研究对象，主要考察不同时期西方法社会学的本土化演变情况以及法社会学作为知识系统与社会变迁的互动关系，在展现近代中国法社会学的发展脉络、学科构建情况和主要研究成果的同时，总结该学科演变过程中的独有规律与成败教训，为今日法社会学之发展提供观照与镜鉴。

　　危亡时局与救国思潮促使学术主题发生转换，与之相伴随的是对传统知识体系的质疑、否定和经世致用学风的重兴以及对舶来西学的服膺与跟从。西方法社会学的主要观点开始零星传入，中国传统文化中的实用理性、礼法之争中的"国情论"为这一异质理论提供了文化接榫，清末修律、新式法政教育和清末法制习惯调查则为其提供了制度基础、人才储备和方法论奠基。在传播期，法律社会化理论成为法学界研究的热门话题，学者通过对狄骥理论的创造性解释，推动了社会本位的立法实践。

　　20世纪30、40年代中国法社会学发展进入兴盛期，一方面"六法"体系的渐次形成表明法律对社会生活的表面调整虽已经建立，但法律与社会脱榫的问题愈加严重，法社会学提供了观察的视角和方法；另一方面在抗日语境和民族主义思潮双重作用下，法社会学呈现出自主化研究倾向，本土的学科知识体系完成了初步的构建。法社会学研究者以学术贡献和职业活动推动了法社会学的进一步繁荣。20世纪40年代末，在解放战争与政权更替影响下的法社会学研究呈现出衰微与转折的新动向，庞德来华表明了西方法社会学研究在中国大陆掀起的最后热潮和喧嚣之后的沉寂，李达的《法理学大纲》则开辟了以唯物史观和唯物辩证法研究法律与社会问题的新路。

通过梳理与论证可以发现，20世纪上半叶中国法社会学与西方法社会学相比有不同的发轫动因和独特的发展规律。从本土化的程度观察，西方法社会学在近代中国没有实现深层意义上的本土化改造和转换，本民族的法社会学理论知识体系建构停留在初级阶段。从学术与社会互动关系视角看，法社会学的知识生产对近代社会的发展进程有积极的促进作用，但学者们借鉴西方理论和方法解释近代中国社会转型中的问题时，又不可避免地出现了问题意识失焦的现象，偏离了现实的社会需求。

目录

绪 论

NTRODUCTION

一、研究缘起

20 世纪初，中国正在遭遇 "赤县神州值数千年未有之奇劫数变"，[1] 社会面临巨大而深刻的变迁。在西学东渐的浪潮席卷下，西方法学知识体系纷至沓来、如潮涌入，19 世纪末诞生于欧洲并迅速兴盛的法社会学也顺势传入了中国。

在西方，法社会学理论本是自然演变的结果。移植至近代中国后，不可避免地面临水土不服的问题，也即在构建中国的法社会学时，必然要进行本土化改造。所见资料表明，在 20 世纪上半叶将近 50 年的时间里，学者们一方面通过翻译、介绍和推崇西方法社会学理论，使这一异质法学思想成为当时学界之显学，而且成为指导立法的思想渊源；另一方面也通过借鉴西方法社会学的立场和方法，以其知识体系作为参照来研究中国问题。那么，这一学科构建与本土化过程是否完成；与西方法社会学相比有何不同规律；学者们的努力，是否使得 "在中国的西方法社会学" 成功转化为 "近代中国的法社会学"？

对于这些问题，当今法社会学界在回顾学术研究的历史时，往往对近代中国法社会学一笔带过，或是只字不提，甚至一笔勾销，[2] 这一时期取得的成就和经历的教训一概被束之高阁、少人问津。这不仅使中国法社会学发展的过程出现了学问传统的历史断裂，而且使得近代法社会学的整体状况处在

---

〔1〕 陈寅恪："王观堂先生挽词序"，载刘桂生、张步洲编：《陈寅恪学术文化随笔》，中国青年出版社 1996 年版，第 5 页。

〔2〕 如有学者认为，"我国 1980 年以前的法律社会学研究是非常薄弱的，甚至可以忽略不计"。参见陈信勇："法律社会学在中国的发展"，载《浙江大学学报（人文社会科学版）》2000 年第 3 期，第 22 页。

云遮雾罩之中，其成长轨迹和本土化程度并不清晰，与当今的法社会学研究形成了事实上的学术断裂。

从学术史的角度来看，从源头对自身历史加以反省，对知识体系的沿革、移植、变更、调适等众多问题进行深入的研究，才能获得理解过去、了解现在和把握未来的钥匙。今日之法社会学同样面临他者与自我、移植与本土化的问题，某些研究环节甚至是历史的重复。从这个意义上说，近代法社会学发展的历史轨迹在今天仍然有考察的价值。

有鉴于此，本书研究的主题是，在西方法社会学传入中国后，学者是如何对其进行译介、本土化以及自我创新的。申言之，本书以梳理 20 世纪上半叶法社会学发展的成果为基础，以分期为线索，对近代中国法社会学的知识生产进行整体性的研究，展现近代中国法社会学的发展脉络、学科构建情况和主要研究成果，总结该学科本土化过程中的独有规律与成败教训，为今日法社会学之发展提供观照与镜鉴。

二、相关概念、问题的说明

（一）法社会学、法律社会学、社会法学、社会学法学概念辨析

法社会学是法律社会学的简称，译自"sociology of law"，是法学与社会学相互交叉而形成的学科。社会法学则有两种理解：其一，社会法学与社会学法学同义，是"sociological jurisprudence"的中译。有学者认为法社会学和社会法学的不同之处在于，法社会学是社会学的分支学科之一，创始人是奥地利法学家埃利希，社会法学属于法学研究领域，是法学诸多理论流派之一，创始人是美国法学家罗斯科·庞德。[1]法学家和社会学家研究法律现象，有着意图、观点、过程、视角、目标等方面的差别。[2]其二，社会法学是研究"社会法"的学问，译自"the theory of social law"，主要以作为部门法的社会法为研究对象，以社会保障、社会福利、社会救济等为研究内容。[3]细究之下，这两种理解有内在联系。社会法在人类立法史上的出现与"法律社会化"思潮不无关系，而重视法律的社会功能与实效、维护社会利益正是法社会学

---

〔1〕［德］托马斯·莱赛尔：《法社会学导论》（第 6 版），高旭军等译，上海人民出版社 2014 年版，第 3 页；郭星华主编：《法社会学教程》，中国人民大学出版社 2011 年版，第 5~6 页。

〔2〕 D. Black, *Sociological Justice*, Oxford University Press, 1989, pp. 19~22.

〔3〕 汤黎虹主编：《社会法学》，中国人民大学出版社 2008 年版，第 1~4 页。

派的核心主张。

　　实际上，法学和社会学学科的渗透趋势和"法律的社会运动"不断推进，使得这种区分已非特别重要。法学试图突破"就法言法"的模式局限，寻求社会学研究方法的支持；社会学则从事实的视角和标准观察法律现象，构建法律—社会的研究框架，尽管存在差别，在基本观点、方法指向和价值目标上是殊途同归的。沈宗灵先生认为，法社会学和社会法学实质上是同一含义，仅由于研究者是社会学家或法学家而使得在研究同一问题时切入的角度和关注的重点有所不同而已。[1]20世纪初法社会学在中国称呼不一，有"法律的社会学""社会法学""社会法律学""社会法理学"等，有些名称较为随意，后来已经逐渐消失。[2]基于以上原因以及行文表述的方便，本书选择"法社会学"为指称。同时，本书并不打算纠结于所论及的学术成果的法学或社会学归属，而是按照研究视角或研究方法的判断标准，统称为法社会学的贡献。

　　（二）本土化内涵的界定

　　从20世纪30年代开始，本土化的议题在社会学、人类学等社会科学领域就有学者论及。因论证角度或逻辑不同，学者对其内涵的界定有所差异，对学科本土化的标准也有不同的理解。有所谓"运用说"，即将"源自西方的社会理论与方法，有效地运用到对中国问题的认识上"；[3]有"本土性契合论"，主张研究者应以本土化的研究活动和方式来探讨当地民众的心理与行为，达到本土性契合的状态，才能保证获知"针对中国人之心理与行为的全貌与真相"；[4]叶启政教授则认为本土化的首要任务是检讨西方社会学知识背后的哲学人类学的存有论预设及其衍生的意识理路；[5]费孝通教授在20世纪90年代指出了本土化问题中的"文化自觉"，为社会学的本土化研究开辟了

　　〔1〕　沈宗灵：《现代西方法理学》，北京大学出版社1992年版，第248页。
　　〔2〕　如陆鼎揆于1926年译入庞德的著作时译为"社会法理学"，李炘称之为"社会法学"，1930年的《社会学杂志》则称之为"法律的社会学"，张知本于1931年出版的著作名为《社会法律学》。参见［美］滂特：《社会法理学论略》，陆鼎揆译，商务印书馆1933年版；李炘："社会法学派"，载《法政学报》1922年第1~2期；"法律的社会学"，载《社会学杂志》1930年第4期，第124~125页；张知本：《社会法律学》，上海法学编译社1931年版。
　　〔3〕　阎明：《一个学科与一个时代——社会学在中国》，清华大学出版社2004年版，第147页。
　　〔4〕　杨国枢："我们为什么要建立中国人的本土心理学"，载《本土心理学研究》1993年第1期，第24~25页。
　　〔5〕　叶启政：《社会理论的本土化建构》，北京大学出版社2006年版，第99页。

新的路径。

在本书看来，上述思考所表达的本土化本质是相同的，都表明了对普遍主义或者西方中心主义的怀疑与挑战，但对其意涵的诠释则呈现出了不同历史语境下的多样化。本书认为，应当结合当时的社会历史情境理解不同的本土化主张，进而为考察20世纪上半叶法社会学的建构与本土化情况提供判断标准。根据社会学者对本土化主张的类型概括，可分为对象转换型本土化、补充—修正—创新型本土化、理论替代型本土化以及理论—方法全面替代型本土化，[1]从认识逻辑而言具有阶段递进的关系。进一步总结的话，本书认为这四种类型可以分为本土化的初阶和进阶：用源自西方的概念、命题和理论分析中国社会的经验资料，其中不乏对这些概念、命题和理论的改造和变通，此为初阶；在研究对象、理论体系和研究方法方面完成彻底的本土化，建立起具有完全本土化性质的学科，此为本土化的进阶。尽管不同时期的本土化阶段都具有价值，但是毫无疑问，本土化的进阶是本土化的质变阶段，也是判断一门学问是否彻底完成本土化的重要标准。

（三）20世纪上半叶法社会学研究范围的确定

西方法社会学的研究主题一般有国家的法与非国家的法、书本上的法与行动中的法等基本框架。[2]非国家的法以法律多元论为理论基础，将"法"的理解泛化为包括制定法在内的各种社会控制规范，如社会团体规则、习惯、国际组织规则等。书本上的法与行动中的法则坚持法的规则与事实二分法，以法律—社会为分析框架，考察制定法在社会中的运作状态与实际效果以及社会对法律运作的影响。

我国的法社会学研究对西方法社会学的法律多元研究范式有一定借鉴，比如在非国家法意义上开展的各种习惯法或民间法的研究。[3]学界对法社会学的理解更多是建立在法律—社会框架基础上的，如沈宗灵先生认为法社会学

---

〔1〕 谢立中："论社会科学本土化的类型——以费孝通先生为例"，载《江苏行政学院学报》2017年第1期，第42~47页。

〔2〕 如美国法社会学家鲍哈纳将法理解为"习惯的再制度化"，现实主义法学代表霍姆斯将法理解为法官的判决等，都是这些研究框架的反映。See P. Bohannan, *Law and Warfare*, New York: National Historical Press, 1967; O. W. Holmes, "The Path of the Law", *Harvard Law Review*, vol. X, 1898.

〔3〕 例如，梁治平：《清代习惯法：社会与国家》，中国政法大学出版社1987年版；朱勇：《清代宗族法研究》，湖南教育出版社1987年版；高其才：《中国习惯法论》，湖南出版社1995年版，等等。

属于应用法学范畴，主要"研究法律的实行和成效"，法律对社会的功能，"通过现实社会问题，着重研究各部门法的实行、功能和效果问题"；[1]郭星华认为法社会学"是运用社会学的理论和方法研究法律问题、分析法律与社会关系、探讨法律在实际运行过程中的内在逻辑与规律的社会学分支学科"。[2]也有的学者将法社会学的研究范围概括为一般理论研究和具体研究，前者包括法与法律制度的社会根源、文化基础，法的功能、价值、实效，法律效能的社会标准、社会条件和限制，法与社会变迁、法律与社会的基本关系等；后者则包括立法的社会功能、具体法规之社会根源、法律职业、法官权威的基础、法官独立与自由裁量权、警察的法律控制等具体问题。[3]

　　20世纪上半叶传入我国的西方法社会学理论多数属于经典理论，例如，孟德斯鸠的"法的精神"、狄骥的社会连带学说、埃利希的"活法"理论等，兼具上述西方社会学两种分析框架的内容。我国近代学人开展的研究，如习惯法的研究以及用社会学的方法研究中国社会的法律现象，也是从非正式法和法律—社会视角展开的。近代时期法社会学研究形成的一些理论点，如"法律与社会的关系""法律的社会化"等，则属于法社会学的一般理论研究，当然也属于法律—社会反思的研究。因此，对"20世纪上半叶的哪些研究成果属于法社会学"这个问题，本书从最宽泛的意义上加以确定。也就是说，一方面以法律—社会的分析框架为主要标准，因当时的法社会学研究除完成初步的体系建构外，关注的核心问题在于"法律与社会脱了节"的问题；另一方面兼顾非正式法研究，以免有所遗漏。

　　（四）上、下限和分期问题

　　1. 上、下限的确定

　　本书以20世纪上半叶为时间限定，具体为1900年至1949年。上限的时间点为1900年，以《译书汇编》译入《万法精理》《权利竞争论》为起点，下限的时间点为1949年，以近代法社会学研究沉寂断流为节点。

---

〔1〕　沈宗灵："法律社会学的几个基本理论问题"，载《法学杂志》1988年第1期，第4页。

〔2〕　郭星华主编：《法社会学教程》，中国人民大学出版社2011年版，第16页。

〔3〕　参见张文显："法律社会学的法概念"，载《社会学研究》1989年第2期；李楯编：《法律社会学》，中国政法大学出版社1999年版；马远俊：《法律社会学——源流辨析与学理运用》，湖北人民出版社2009年版，等等。

2. 分期问题

中国近代法社会学的知识体系是晚清时期随着西学东渐的浪潮涌入而逐步产生、发展和成熟的，也是中国传统学术整体转型、西方现代学科分类引入中国以及西方法学、社会学知识传统传播至中国的结果，这一点并无异议。然而，中国的法社会学研究究竟萌生于何时，应当如何分期，学界尚存争议。

有学者认为，法社会学在20世纪上半叶的发展可划分为三个阶段：19世纪末至1911年为法社会学在中国的早期萌芽；1912年至1927年为法社会学在中国的初兴；1928年至1949年为法社会学在中国的短暂繁荣。[1]也有学者淡化年代分期，将法社会学在中国的生长历程简化为民国年间的奠基时期，（20世纪）50、60年代的中断时期，（20世纪）80年代后的发展时期。[2]本书以为这些划分对于描述中国法社会学史的历程是有学术意义的，但不乏可讨论和商榷之处。上述划分虽然大致符合法社会学在中国的传播与发展样态，但不够详细和精确，分期的标准也不够明朗，很难确切描述出近代中国法社会学不同阶段的发展特征。

"凡研治'依据时间以为变迁'之学科，无不分期别世，以御纷繁。"[3]分期是学术史研究的基本框架，也是学术史研究的重要方法。通过分期，将一门学科从草创、建构到成熟的历史以阶段性总结的方式清晰呈现，从而将各阶段的学术研究特点、研究成果和历史贡献加以精确化的定位和概括，不仅有利于考察该学科发展的历史脉络，而且便于总结该学科发展的规律与走向。史学界张越先生论及史学的分期问题时，特别提及了这一方法对于认识史学发展的整体和阶段特点的重要性：分期可以帮助研究者很好地掌握史学发展的全过程，"认识事物整个的同时，也认识它在每一发展阶段上的特点；反之，也只有认识了每一阶段上的特点之后，才能更好地把握整体"。[4]

学术史的分期不等于将学科历史单纯划分阶段，而是依据一定的标准，对一门学科的发展历程进行客观、严谨的划分。这一标准应秉承实事求是的原则，从学科生长的历史轨迹中，寻找出各阶段学术活动的主要特点、代表

〔1〕 韩亚峰："法社会学在中国早期发展史略"，载郑永流主编：《法哲学与法社会学论丛（七）》，中国政法大学出版社2004年版，第239~279页。

〔2〕 汤唯：《法社会学在中国——西方文化与本土资源》，科学出版社2007年版，第49页。

〔3〕 傅斯年：《史学方法导论》，江苏文艺出版社2008年版，第64页。

〔4〕 张越："中国史学史分期问题综述"，载《史学史研究》1989年第3期，第80页。

性学术成果、发展规律等，并对其进行客观的陈述与评价；同时应注意到法社会学并非自我生长的过程，而应将其放置于当时的社会环境中加以考察，关照彼时的经济状况、政治事件、社会革命等对学科发展的浸染。尽管有学者以为，学术史与社会史并非亦步亦趋的关系，学科一旦形成便有其发展的独立性，[1] 生搬硬套难免有教条主义之嫌。但如果仅仅关注学科自身的学理变迁而对知识生产的社会场域视而不见，则可能陷入"只缘身在此山中"的迷惑之中，无法穷原竟委。"时代变，斯学术亦当随而变"，[2] 当前学界对法社会学史的分期偏重"学术性"的特征而忽视了学术史背后的社会变迁因素，可能会遮蔽或者忽视一部分学科发展的真相或背景。

有鉴于此，本书认为 20 世纪上半叶法社会学史的分期应当关照外部标准与内部标准的结合：一方面以社会变迁为主线，注意法社会学的知识生产轨迹与社会现实的契合关系；另一方面则以法社会学自身的学理变迁为次线，揭示学术史外在生长特征与内在发展规律。根据这两方面标准，本书将 20 世纪上半叶法社会学史的分期确定为：引入期（1900—1920 年）、传播期（1921—1930 年）、兴盛期（1931—1946 年）、新转向期（1947—1949 年）。

（1）引入期（1900—1920 年）亦可看作近代法社会学的萌芽期。内外交困之中的清廷试图通过变法修律、预备立宪等改革措施实现自我拯救，"睁眼看世界"以及对新式法律人才的迫切需求使得包括法社会学在内的西学开始潮水般进入学人视野，废除科举、留学教育等举措又为近代法学的起步和兴盛储备了人才资源。致用学风兴起，救亡图存意识增强，社会情势迫使传统学术开始转型。从法社会学萌芽的角度观察，1900 年《译书汇编》译入的《万法精理》[3]（即孟德斯鸠的《论法的精神》）、张肇桐译入的《权利竞争论》[4]（今译《为权利而斗争》）以及严复译入的《孟德斯鸠法意》[5] 和《群学肄言》[6]（今译《社会学原理》）和从日本译入的法学通论教科书成为这一时期的重要标志。另外，德国法社会学家可烈亚（今译柯勒）、法国法社

---

〔1〕　丁华东、李珍："范式转换：档案学学术分期的新视点"，载《浙江档案》2008 年第 7 期，第 15 页。

〔2〕　钱穆：《中国学术通义》，九州出版社 2012 年版，第 89 页。

〔3〕　[法] 孟德斯鸠："万法精理"，何礼之译，载《译书汇编》1900 年第 1 期，第 35~55 页。

〔4〕　[德] 伊耶凌：《权利竞争论》，张肇桐译，上海文明书局 1902 年版。

〔5〕　[法] 孟德斯鸠：《孟德斯鸠法意》，严复译，商务印书馆 1909 年版。

〔6〕　[英] 斯宾塞：《群学肄言》，严复译，上海文明编译书局 1903 年版。

会学家狄骥的著作也在这一时期译入。[1]

（2）传播期（1921—1930 年）也是近代法社会学的初兴时期。这一时期是北洋政府统治时期，由于西方列强忙于第一次世界大战无暇东顾，中国的民族资本获得了难得的发展机遇。随着自然经济逐渐过渡至商品经济，社会形态亦开始由农业社会向市民社会转型，社会利益集团进一步形成和分化。国内金融资本的渗透、民族资本主义的发展以及劳资矛盾、工人运动的高涨促发了经济立法和社会立法的出现，国外欧美国家正值"法律社会化"立法潮流。国内外社会情势的变化是自然法学、分析法学等其他学派无法解释和回应的。法社会学的横向比较优势开始凸显，这也成为法社会学快速传播与初兴阶段的原因。这一时期，欧美法社会学理论开始被大规模译入，法律社会化问题、社会连带主义法学成为这一时期法社会学研究的热点，并且推动了立法的社会化倾向。学界对各法学流派的认识趋于深入，出现了首次全面介绍西方法社会学派的作品——李炘的《社会法学派》。[2]北洋政府时期也对清末修律急于求成、盲目移植的做法进行了修正，表现在对民法中民事习惯的大规模的整理编纂以及尊重与适用。这对学者以法社会学方法关注中国现实的法律适用问题、法律多元视角下的习惯法问题有着极大的推动作用，陈霆锐的《习惯法与成文法》、[3]吴经熊的《法律多元论》[4]代表了中国最早的非正式法研究的成果，而这些学术研究反过来又促进了当时的立法和司法活动。

（3）兴盛期（1931—1946 年）是 20 世纪上半叶中国法社会学发展史上的繁荣阶段。南京国民政府成立后，全国实现了统一，政权相对稳定、社会秩序趋于平稳，在抗战爆发之前，学术研究活动还是有着相对有利的外部环境的。经过十年左右的法制重建，以"六法全书"为标志的法律体系出台，形式意义上的法制规则体系得以建成。法社会学的研究进入了"阳春时节"，这种短暂繁荣与当时的社会变迁息息相关。其一，国民政府的亲英美政策。1928 年济南惨案发生后，中日处于战争边缘，蒋介石在外交政策上确立了亲

〔1〕 如［德］可烈亚："法学哲学与世界法学史"，马德润译，载《法政介闻》1908 年第 2 期，第 1~9 页；周鲠生："狄骥之法学评"，载《太平洋》1917 年第 5 期，第 1~20 页等。

〔2〕 李炘："社会法学派（未完）"，载《法政学报》1922 年第 1 期，第 1~7 页；李炘："社会法学派（续）"，载《法政学报》1922 年第 2 期，第 1~11 页。

〔3〕 陈霆锐："习惯法与成文法"，载《法学季刊》1924 年第 8 期，第 10~12 页。

〔4〕 吴经熊："法律多元论"，载《法学季刊》1925 年第 6 期，第 260~263 页。

英美政策以期达到牵制目的。[1]这一政策影响了学术研究的风向，庞德、霍姆斯、卡多佐等美国法社会学家的理论在兴盛期备受推崇，吸引大批学人投身法社会学研究。其二，南京国民政府时期立法的社会化倾向，与法社会学如火如荼的"社会本位"研究形成了积极互动。南京国民政府"所订法典，莫不一以社会为前提，处处均足表现其社会化之色彩"，[2]与民国时期法社会学研究的积累密切关联。这一时期形成的若干理论热点，如"法律本位"的讨论、"建设中国本位法系"等，共同影响了国民政府时期的立法原则。其三，民族主义的高涨，促使法社会学产生了大量自觉与创新的本土化成果。一方面，清末以来的移植性立法与社会的脱节矛盾开始集中显现；另一方面抗战爆发后，救亡图存和振兴民族精神的主题在学术研究中愈发鲜明。阮毅成、刘陆民等呼吁建设"中国本位新法系"，以蔡枢衡为代表的学者对近代以来的法律和法学作出了系统批判和深刻检省、直指其"未曾触及中华民族之灵魂"，瞿同祖、严景耀等人则将社会学方法成熟运用到研究中国法律问题的领域。法社会学经过前期积累，迎来了集大成之作：1931年张知本的《社会法律学》，被誉为"近代中国法律学人写的第一部法社会学专著"。[3]这一时期马克思主义理论也得到了广泛传播，以马克思主义唯物史观为指导的法学著述开辟了另一研究路径，三民主义法学也依托官方意识形态获得发展，一时之间学术思潮多元，各种见解并立，别有一番短暂的繁荣景象。

（4）新转向期（1947—1949年）指20世纪40年代最后三年，法社会学陷入沉寂，法学家职业群体流失、研究成果寥寥无几。国共和谈破裂后，战争烽火再燃，社会秩序再次陷入动荡不安之中。在解放战争时期，在人民生活困苦、学术研究条件恶劣、国民党政府政治高压等诸多因素共同作用下，法学研究整体陷入沉寂。在庞德离华之后，欧美法社会学理论在中国的影响逐渐衰微，但李达则立足于唯物史观和唯物辩证法的立场观点，为法社会学研究的转折开辟了一条新路，预示着新中国成立后法社会学的可能路径。

---

[1]　陈谦平："从南京事件到济南惨案——蒋介石亲英美政策的确定"，载吴景平主编：《民国人物的再研究与再评价》，复旦大学出版社2013年版，第224页。

[2]　郑保华："法律社会化论"，载《法学季刊》1930年第7期，第637~677页。

[3]　韩亚峰："法社会学在中国早期发展史略"，载郑永流主编：《法哲学与法社会学论丛（七）》，中国政法大学出版社2004年版，第279页。

三、研究综述

20 世纪上半叶法社会学的发展情况在一般的法社会学教科书中只占很小的篇幅，通常是介绍中国法社会学的起源时一笔带过或是寥寥数语的部分。这段特定时空中出现的法学家，如吴经熊、蔡枢衡等人虽然引起了学界的关注和研究，但由于他们涉猎广泛、在其他学科的贡献同样耀眼，所以从法社会学角度总结他们的学术特点和贡献的研究尚属少数。总体上看，目前学界有关 20 世纪上半叶法社会学的研究尚处于薄弱阶段，系统性、综合性的研究成果较少，特别是对这段历史时空之下法社会学研究的历史角色和地位缺乏全面的总结和评价。根据现有资料，与本书论题关系密切的主要有如下几类成果：

（一）基于法社会学学科史角度的研究

学界首次以近代中国法社会学发展史为系统梳理对象的研究成果，是 2004 年韩亚峰的硕士论文《西学东渐——西方法社会学思想在中国的早期传播与发展》。[1] 该文将近代法社会学在中国的传入和发展分为早期萌芽、初兴、短暂繁荣等几个阶段进行了介绍，同时对研究群体进行了个案研究。该文在本领域内开创性的努力是值得肯定的，但在论证方面缺乏深入，例如对法社会学在近代兴起的原因、在不同发展阶段呈现的不同特点之背景分析较为单薄，对法学家及其著述的分析也停留在介绍层面。

2007 年汤唯的《法社会学在中国——西方文化与本土资源》一书，[2] 系统梳理了自民国以来中国法社会学的发展情况，是目前对中国法社会学发展历史进行专门研究的著作类成果。全书共分四部分，主旨在于介绍西方法社会学在中国传播的历史、归纳当今中国法社会学的研究概况，对法社会学原理的优势与不足进行了总体评价。与中国近代法社会学相关的部分是关于民国时期法社会学的发展状况，作者认为民国时期是中国法社会学的奠基时期，并对当时的研究成果、特色、成就进行了考证和总结。由于研究的侧重点主要在于梳理民国以来法社会学发展的规律，所以该书对法社会学在中国盛行

---

[1] 韩亚峰："西学东渐——西方法社会学思想在中国的早期传播与发展"，中国政法大学 2004 年硕士学位论文。

[2] 汤唯：《法社会学在中国——西方文化与本土资源》，科学出版社 2007 年版。

的社会原因有所揭示但并不透彻。

2019 年赖伟的《引介、诠释与运用："社会法学"在中国的成长（1898-1937）》[1]一书，是时隔十几年后学界另一系统整理 1898 年至 1937 年间法社会学学术成果的著作。作者对中国社会法学基本框架的建立与初步发展、对法学教育和立法的影响进行了归纳总结，其创新之处在于从梁启超所阐释"法"与"群"的关系角度说明中国社会法学的萌芽，从而论证了西方中心主义之下中国文化中孕育法社会学的可能与端倪，在研究视角上别具匠心，但对于社会结构变迁之下法社会学功能的发挥则缺乏深入的阐释，法社会学思想对司法实践的渗透和影响还欠分析和论证。

此外，胡平仁教授的文章《法社会学的百年历程》将中国法社会学的百年历程做了整体鸟瞰和简明扼要的梳理，为初学者提供轮廓性的印象，为有兴趣者提供进一步研究的线索。[2]该文不仅描绘了西方法社会学发展的历史图景，而且将法社会学在我国的发展划分为早期萌芽、初兴与自觉、短暂繁荣、沉寂与复苏、勃兴五个时期，并对各个不同时期的研究主题和研究成果进行了分析和总结，为本书的研究奠定了重要基础。

（二）基于法政学人的知识贡献角度的研究

先行研究中，对近代法政学者的学术贡献研究较为丰硕，其中又以针对吴经熊、蔡枢衡、瞿同祖、王伯琦、居正等知名学者或政要展开的研究居多。

这一研究大致可分为三类：第一类以某位法学家为研究对象，探究其法律思想或总结其学术研究的特色。如田默迪博士的著作《东西方之间的法律哲学——吴经熊早期法律哲学思想之比较研究》将吴经熊在 1920 年至 1930 年之间的所有中英文著述进行了整理和剖析，总结了吴经熊早期法律哲学思想融贯中西的特征。[3]类似的著作还有，郑志华所著《超越东西方的法哲学家——吴经熊研究》[4]、孙伟所著《吴经熊与近代中国法制》[5]等。也有学

[1]　赖伟：《引介、诠释与运用："社会法学"在中国的成长（1898-1937）》，中国社会科学出版社 2019 年版。

[2]　胡平仁："法社会学的百年历程"，载《山东大学学报（哲学社会科学版）》2007 年第 2 期，第 29~35 页。

[3]　田默迪：《东西方之间的法律哲学——吴经熊早期法律哲学思想之比较研究》，中国政法大学出版社 2004 年版。

[4]　郑志华：《超越东西方的法哲学家——吴经熊研究》，浙江大学出版社 2012 年版。

[5]　孙伟：《吴经熊与近代中国法制》，中国法制出版社 2010 年版。

者对吴经熊早年有志于作中国的"孟德斯鸠",雄心勃勃要将法学研究"超越东西方",中年却转向皈依基督教的心路历程感兴趣,许章润教授的《当法律不足以慰藉心灵时——从吴经熊的信仰皈依论及法律、法学的品格》〔1〕一文,即以此为线索,从多角度切入,以吴经熊为个案分析了法律与信仰之间的关系、理想与现实之间的落差,是学术史个案研究的佳作。刘星教授的《民国时期的"法学权威"——一个知识社会学的微观分析》一文从知识社会学角度分析了民国时期法界学人对"法学权威"的选定和吴经熊与西方法社会学大家的学术交流活动,从而论证了近代中西方法学(包括法社会学)不是纯粹的"西学东渐",而是存在某种竞争关系。〔2〕

对蔡枢衡的研究主要集中在他从法理学角度对近代法律的批判。学界最为肯定的是蔡枢衡对探索中国新法学的独到见解,孔庆平教授的系列文章对蔡枢衡的这些主张进行了解读。《中西之争向古今之争的转换——蔡枢衡法学理论之解读》一文在指出民国时期法学的学术主流是"崇信西方法律"的前提下,总结了蔡枢衡以法理学的视角对中国近代法律、法学批判的深刻性以及他对中国法学道路和方向的独创性贡献。〔3〕《在中西古今之间寻方向——蔡枢衡、王伯琦关于民国法学研究的反省》〔4〕一文则比较分析了蔡枢衡和王伯琦在法学研究路径方面的异同。尽管二人均反对盲目跟随西方否定概念法学的潮流,但王伯琦认为应当坚持概念法学的目的在于巩固西方法律价值,蔡枢衡则主张新概念法学,也即立足于关注和解决中国社会现实问题的新法学。

此外,学界对瞿同祖的著作研究甚多,焦点在学术观点和研究方法两个方面。如梁治平在《身份社会与伦理法律》中认为《中国法律与中国社会》的两个主题是:中国古代社会是身份社会,古代法律是伦理法律,两个方面合起来就是中国古代法的真精神。〔5〕常安的《对一例学术史个案的考察——

---

〔1〕 许章润:《法学家的智慧:关于法律的知识品格与人文类型》,清华大学出版社2004年版,第77~79页。

〔2〕 刘星:"民国时期的'法学权威'——一个知识社会学的微观分析",载《比较法研究》2006年第1期,第20~35页。

〔3〕 孔庆平:"中西之争向古今之争的转换——蔡枢衡法学理论之解读",载《法商研究》2007年第3期,第152~160页。

〔4〕 孔庆平:"在中西古今之间寻方向——蔡枢衡、王伯琦关于民国法学研究的反省",载《深圳大学学报(人文社会科学版)》2009年第2期,第74~78页。

〔5〕 梁治平:"身份社会与伦理法律",载《读书》1986年第3期,第36~43页。

兼谈〈中国法律与中国社会〉的范式突破及启示》，对《中国法律与中国社会》一书的文本结构、知识资源、学术史价值等诸方面进行了考察，认为"真正对传统法律史研究范式进行重大突破，以一种全新的视角来阐释中国法律史的，还数瞿老的《中国法律与中国社会》"。[1]

针对民国法律界政要的研究主要围绕居正和胡汉民展开。江照信教授的《中国法律"看不见中国"——居正司法时期（1932-1948）研究》，[2]通过考察居正担任司法院院长期间的法律实践，揭示了个人作为特定主体在民国历史情境下的角色与功能。韩九龙的《胡汉民法律思想述论》[3]《论胡汉民的三民主义立法思想》[4]等文章考察了胡汉民在担任南京国民政府首任立法院院长期间主持立法的基本原则，作者认为确立社会本位的立法是胡汉民立法思想的核心。

第二类是以法政学人为群体展开的研究。如程燎原教授的《清末法政人的世界》[5]分上下两篇，分别对法政教育和清末法政人的分布与活动做了考证。他以最早留学欧美和日本的法政科学生为研究对象，重点介绍了伍廷芳、马建忠、何启等人的留学经历和回国贡献。许章润教授的《书生事业　无限江山——关于近世中国五代法学家及其志业的一个学术史研究》一文[6]勾勒出了近代中国五代法律学人的基本谱系，通过对具有典型意义的法学家如第一代沈家本、梁启超、王宠惠，第二代王世杰、梅汝璈、钱端升等，第三代蔡枢衡、王伯琦、韩德培等，第四代江平、谢怀栻等，第五代即当今法学家等人的学术思想和人生历程的个案考察，评述其成就与得失，文笔洗练，分析深刻，诚为这一领域的力作。

第三类是对若干民国法学家展开的比较研究，其中对近代中国的法社会

---

〔1〕　常安："对一例学术史个案的考察——兼谈《中国法律与中国社会》的范式突破及启示"，载《法治论丛》2003年第2期，第80页。

〔2〕　江照信：《中国法律"看不见中国"——居正司法时期（1932-1948）研究》，清华大学出版社2010年版。

〔3〕　韩九龙："胡汉民法律思想述论"，载《河南社会科学》2008年第4期，第143~146页。

〔4〕　韩九龙："论胡汉民的三民主义立法思想"，载《河南师范大学学报（哲学社会科学版）》2008年第2期，第116~119页。

〔5〕　程燎原：《清末法政人的世界》，法律出版社2003年版。

〔6〕　许章润："书生事业　无限江山——关于近世中国五代法学家及其志业的一个学术史研究"，载许章润主编：《清华法学》（第4辑），清华大学出版社2004年版。

学有贡献者主要有吴经熊、蔡枢衡、王伯琦等人。典型作品如孔庆平的《改造与适应：中西二元景观中法律的理论之思（1911-1949）》。[1]该书较为系统地解读和比较了吴经熊、蔡枢衡、王伯琦三位法学家理论的不同形成路径，将民国时期的法学研究主题归于"改造与适应"之下，具有比较方法论的意义。

（三）其他相关研究

除上述与本论题关联度较高的先行成果外，学界尚有其他相关研究可供本书参考。例如以近代法理学学科史为研究对象的著作，往往会对法社会学派的内容有所涉及，如何勤华教授的《中国近代法理学的诞生与成长》[2]、李平龙的《中国近代法理学史研究》[3]、高燕的《近代中国法理学的成长——学科、流派和体系》[4]、程波的《中国近代法理学（1895-1949）》[5]等，在梳理近代法理学学科成长史的环节都论及了西方社会法学派理论在近代中国的传播和研究情况。

李贵连教授的《二十世纪初期的中国法学》[6]《二十世纪初期的中国法学（续）》[7]考证了我国 20 世纪初期法学的起源、发展的基本状况，认为中国近代法学诞生于 20 世纪初，并考证了众多法律用语的创制和引进的情况，论证了总结 20 世纪中国法学学术的重要性。尽管文章的主题并不直接针对近代法社会学，但与之有密切的联系。何勤华教授的《西方法学观在近代中国的传播》[8]从整体上考察了近代法学的诞生历程，他所指出的西方法学观在近代中国的启蒙意义同样也适用于西方法社会学。

（四）简要评述

通过上述文献资料的整理可以发现，前述研究成果在不同视角对本书的研究主旨都有一定摭及，为本书具体问题的探讨提供了有价值的参考。但由于研究的目的和研究者的立足点不同，现有研究仍有继续深入的空间。具体

---

〔1〕 孔庆平：《改造与适应：中西二元景观中法律的理论之思（1911-1949）》，上海三联书店2009 年版。

〔2〕 何勤华："中国近代法理学的诞生与成长"，载《中国法学》2005 年第 3 期，第 3~13 页。

〔3〕 李平龙：《中国近代法理学史研究》，法律出版社 2015 年版。

〔4〕 高燕：《近代中国法理学的成长——学科、流派和体系》，法律出版社 2015 年版。

〔5〕 程波：《中国近代法理学（1895-1949）》，商务印书馆 2012 年版。

〔6〕 李贵连："二十世纪初期的中国法学"，载《中外法学》1997 年第 2 期，第 1~13 页。

〔7〕 李贵连："二十世纪初期的中国法学（续）"，载《中外法学》1997 年第 5 期，第 3~22 页。

〔8〕 何勤华："西方法学观在近代中国的传播"，载《法学》2004 年第 12 期，第 3~16 页。

而言可总结为两个方面：

第一，从整体来看，从学科史角度对近代法社会学发展过程进行全面爬梳和系统总结的著作尚属少数，且大部分偏重对文献资料的整理，对特定时代产生的中国法社会学的知识逻辑与规律揭示不足。

学术演变除自身规律外，其命运与社会的变迁密不可分。伴随欧风美雨传入近代中国的各种法学理论中，法社会学何以独得青睐而成"显学"，对背后的社会原因揭示不够；而法社会学理论对20世纪上半叶尤其是民国时期的立法、司法等活动影响显著，但学界对知识系统与社会结构的相互作用提炼较为缺乏。虽然学界已经开始重视对这段历史的钩沉、梳理和总结，但整体而言描述较多、问题意识不足，对法社会学研究本身以及背后支配其发展的知识生产格局加以深入剖析的成果还有待深入，尤其是考量法社会学对20世纪上半叶中国在不同历史节点所具有的重要功能和意义的研究有待丰富。

第二，基于法政学人的知识贡献角度的研究较为充沛，尤其对民国时期几位主要法学家的法律思想加以剖析的著述十分丰富。从研究角度分析，无论是以群体为对象对法学家的代际谱系加以勾勒，或是以个体为对象剖析学者生平经历、学术背景与其学术产出的关系，都对本书写作具有极大的启发意义。但这类研究成果侧重叙事立场，重点在于通过史海钩陈展现法律界知识分子曲折斑驳的学术命运和人间情怀，较少触及其特定知识系统与社会生活的相互作用，即使有少部分学者切入了知识社会学的视角，但也缺乏对法社会学者的针对性研究。

此外，对近代法界学人、著作的研究总体上呈现出不均衡的特征。对知名的法政人士如吴经熊、居正、胡汉民、蔡枢衡、瞿同祖等人的研究相对较多，相比之下对近代法社会学的发展有重要影响的另一些人如李炘、周鲠生、严景耀、燕树棠、王传璧等人，已有的研究深度、广度都存在不足，应引起重视的程度与这些学者的学术地位不符；部门法中采用社会学方法研究法律问题的成果以及社会学界社会学家研究法律问题的成果也常常被忽略，难以展示近代法社会学的全貌。特别是，在20世纪30、40年代非常活跃的法社会学研究群体，他们以学问研究者和法律实践者的双重角色使法社会学的理念在立法、司法、教学等活动中得以呈现和贯彻。这种群体式活动极大地推进了法社会学理论的社会功能，但目前以整体形式梳理和阐释其知识贡献的研究较为缺乏。

四、研究意义、研究方法及创新点

(一) 研究意义

1. 有助于认识和定位法社会学在中国的社会功能

社会学和法学都承认一个共同的理论预设,即法律的"镜像命题"。法律是社会生活的一面"镜子","法律反映着它所在的那个时代的思想、社会、经济以及政治环境"。[1]20 世纪上半叶是中国社会急剧变化的阶段,治式与治道都在艰难转型。移植而来的西法承载了诸多复杂的时代意义,例如努力实现"中西一律"以收回领事裁判权、加速法律近代化进程以求"法治救国"等,却因步履太快而导致法律与社会的断裂。

面对法律与社会断裂的状况,探究原因和寻求解决之道成为当时法学研究的关键问题。舶来的法社会学因其独特的研究旨趣,在一定程度上满足了这一"资治"的社会需求,为学者提供了有益的视角和方法。法学界与社会学界的学人借助西方法社会学的理论与方法,对当时中国的法律进行深刻的批判,考察社会变迁中的法律问题,为立法与司法实践提供参考,使得法社会学这一异质理论在中国社会中发挥了积极的作用。纵观这一历史过程,法社会学作为一种知识体系有着独特的社会功能,在社会变迁中实际承担了建立共识、提供智识的重要作用。

本书认为,考量法社会学如何实现与当时法律的互动、其能动性如何发挥,对于认识和定位当今法社会学的社会功能具有重要的借鉴意义。固然,一个时代有一个时代的专属命题,回顾 20 世纪上半叶法社会学的历史在当下的启示价值在于,今日法社会学应如何实现与如今社会现实的互动,构建本土化的话语、范畴和知识体系从而建立共识,并能够提供智识、解释中国社会的问题。

2. 有助于推动法社会学学术薪火相传、赓续学术之道

近代尤其是民国时期是中国法学发展的重要奠基时期。当时的法律学人在动荡不安的时代变局之下,始终秉承"独立之精神、自由之思想",怀抱法治救国之宏志、坚持严谨求实之学风,涌现出了许多大师名家,有些研究成

---

〔1〕 [美] 布莱恩·Z. 塔玛纳哈:《一般法理学:以法律与社会的关系为视角》,郑海平译,中国政法大学出版社 2012 年版,第 2 页。

果也达到了很高的水平，今人未必能比肩。他们在法社会学领域所进行的本土化尝试，不仅反映出了理论研究的自我反省和创新，而且是"以世界之眼光""思考中国之问题"的成果，[1]在法治道路选择、法律本位问题、如何用社会学方法研究中国问题等方面极大地丰富了法学研究的基本内涵，这些真知灼见都不应被遗忘或漠然对待。"言必称希腊、罗马不好，言必称蔡枢衡、吴经熊等肯定也不好，但是动辄'史无前例'、'开天辟地'头一回，一切从头做起，搞历史虚无主义更不好，还有可能闹出笑话。"[2]就法社会学而言，对其传入与发展的历史加以回顾和反思，历史呈现学术延续的血脉和趋势，可在辨章学术、考镜源流的基础上，根治由学术传统"断裂"留下的后遗症。[3]因此，对 20 世纪上半叶中国法社会学的研究成果进行挖掘、整理和重现，明辨近代中国法社会学发展的特殊性，具有重要的学术价值。

3. 有助于完善法社会学的学术史研究

在当代，学术史研究已经从冷门变成学界的时尚。探究一门学科的起源、总结其发展成就是学术史的首要任务。让后学者在了解该学科的历史与脉络的前提下入场研究，不仅可以"免去许多暗中摸索的功夫"，而且有助于建立本学科的学术权威，"使得整个学界有所敬畏、有所依循，不至于肆无忌惮，还是大有好处的"。[4]

近几年，法学学者也开始了学术史研究，有不少成果面世，如何勤华的《中国法学史》[5]、李平龙的《中国近代法理学史研究》[6]以及宪法学界、刑法学界对中国宪法学术史和刑法学术史的部门法学学术史研究等，都颇具分量，[7]在一定程度上结束了法学研究无学术史的状态。但是就法社会学而

〔1〕 吴经熊：《法律哲学研究》，清华大学出版社 2005 年版，第 97 页。

〔2〕 张骐："继承与超越：二十世纪前半叶中国法理学回顾论纲"，载《中外法学》2000 年第 1 期，第 91 页。

〔3〕 舒国滢："在历史丛林里穿行的中国法理学"，载《政法论坛》2005 年第 1 期，第 24~34 页。

〔4〕 陈平原："学术史研究随想"，载陈平原：《学者的人间情怀》，生活·读书·新知三联书店 2007 年版，第 25~26 页。

〔5〕 何勤华：《中国法学史》，法律出版社 2000 年版。

〔6〕 李平龙：《中国近代法理学史研究》，法律出版社 2015 年版。

〔7〕 这些文章主要有：韩大元："新中国宪法学 60 年发展的学术脉络与主题"，载《法学家》2009 年第 5 期；韩大元："中国宪法学说史的学术背景与研究意义"，载《山东社会科学》2009 年第 4 期；韩大元："中国宪法学研究三十年：历史脉络与学术自主性"，载《中国法学》2008 年第 5 期；陈兴良：《刑法的知识转型（学术史）》，中国人民大学出版社 2012 年版，等等。

言，有分量的研究成果还不多。人们往往跨过学术史考察和回顾匆匆下场研究，学术史方法意识和学术传统自觉还尚未真正建立。没有学术史脉络，也就没有学术研究的承续与衔接，无法产生对本学科体系清晰、整体性的认知，也无法防止低水平的重复与片段式的研究，进而也就没有学术传统。重新梳理这段历史，有助于补全对法社会学在近代中国起源和发展的认识，完善法社会学的学术史研究。

（二）研究方法

本书主要采用如下研究方法：

1. 文献分析法

文献分析法又称历史文献法，是以科学手段查找和搜集历史资料进行分析的方法。本书的研究主题决定了文献分析法在研究过程中的独特地位。

本书将通过对 20 世纪上半叶中国法社会学论文、学者著作、报纸、档案材料等的收集、整理和分析，努力进入历史的纵深地带，以丰富翔实的史料作基础，在文献综述的同时采用简单的文献计量分析，通过对法社会学文献的数量、时间、出版者、研究者、研究成果等情况进行统计，客观描述作为一种研究范式和知识体系的法社会学在近代的发展历程与形成状态。

2. 知识社会学的方法

知识社会学不仅是一个研究领域或理论体系，同时也是一种社会学研究方法。作为方法而存在的知识社会学，其宗旨在于揭开某些陈述、信仰、思想体系的"表面价值"而探求其"真实意义"背景之下的实质。[1]

尽管运用社会学的方法研究法律问题被视为法社会学与其他学派相区别的重要标志，但社会学的研究方法却很少被用于研究法社会学自身的问题。立足于法社会学学术史的角度，知识社会学提供了一个外在的观察视角，其分析框架是以提供法社会学知识的贡献者为研究主体（本书将研究主体限定在近代法社会学知识贡献者的个体与群体），以其知识贡献为研究对象，展现其知识养成与执行社会角色的效果，并努力揭示知识的生产者与知识生产社会情境的关联。本书采用知识社会学的方法，对近代法社会学的知识贡献主体和知识产出加以分析和说明，从而阐释其与 20 世纪上半叶中国社会的实质

---

〔1〕 ［美］罗伯特·K. 默顿：《社会理论和社会结构》，唐少杰等译，译林出版社 2006 年版，第686 页。

性关联。

3. 其他研究方法

除以上两种主要研究方法外，本书还将采用比较研究的方法、个案研究的方法。例如对不同分期之下法社会学发展的不同特点加以比较；对 20 世纪上半叶法社会学研究学者与其著作的考察则使用了个案研究的方法。

（三）创新点

1. 研究视角的创新

本书主要梳理总结 20 世纪上半叶中国法社会学知识体系的演变历程，有两个切入的研究视角：一是以近代中国的社会变迁和法社会学自身学理变迁为主线，通过较为明确的分期，考察不同阶段法社会学知识体系的演化情况，总结提炼其在不同时期的学术特征与发展规律，并重点考察法社会学者自我主体意识的形成和法社会学本土化的程度。二是关注法社会学的知识生产与社会场域的互动关系，通过探究不同时期的社会需求与法社会学传入、传播、兴盛、衰微的演变之间的关联，揭示学术服务社会的功能，进而为当今社会需要怎样的法社会学贡献思考。

2. 观点创新

经过分析和论证，本书认为：其一，20 世纪上半叶中国法社会学与西方法社会学有不同的产生契机和动因，遵循不同的发展规律。不同于西方法社会学自然演化的形成过程，近代中国法社会学产生于西学东渐和救亡图存的时代背景之下，被特殊的社会需求所形塑，使得法社会学呈现出在他者与自我、盲从与自主中纠缠的特征。其二，学术本土化的过程包括对西方理论和研究方法的搬运、套用等初级阶段与构建完全本土性质的研究对象、理论体系和研究方法的进级阶段。20 世纪上半叶的中国法社会学已经超越了翻译、搬运的阶段，也取得了一定有价值的研究成果，但并没有完成学科的构建和实现彻底的本土化。其三，近代中国的法社会学学者们在借鉴西方法社会学的理论和方法解释近代社会转型中出现的问题时，出现了问题意识的失焦。

3. 材料挖掘和使用方面的创新

对近代法社会学发展有贡献者，现有研究的认识较为局限，多集中在对吴经熊、居正、胡汉民等民国法政知名人士，对燕树棠、周鲠生、陈霆锐、王传璧、章渊若等人及其法社会学贡献比较陌生。事实上，这些人对法社会学的传入和引介同样有不可磨灭的贡献。此外，既有研究往往单纯从法社会学自身历史着手，对法社会学在近代中国传入与发展的社会因素、本土资源、内在动力、价值趋向等关注不够；同时视角常常局限在法学甚至法理学内部，对社会学和部门法学中以社会学方法研究法律问题的成果鲜少论及。本书一方面挖掘和整理了既往研究没有关注的但对近代法社会学有所贡献的学者的研究成果；另一方面将目光转向法学和法理学之外，对社会学界和部门法学界对近代法社会学有阶段性意义的成果进行了整理。

第一章 CHAPTER 1
西方法社会学的引入与接榫

对于西方世界来说，近代是欧洲社会主动从封建体制转型和解放过程中，对自我的一次重新认识。对处于被动变迁之中的近代中国而言，又何尝不是一次自我认识的过程。从1840年鸦片战争战败抑或更早的时期开始，国人被迫经历从传统农业社会向工业社会的转型，社会陷入前所未有的危局，思索如何应对、实现救亡图存成为知识界义不容辞的学术命题。与之相伴随的是对传统知识体系的质疑、否定和经世致用学风的重兴、对舶来西学的服膺与跟从，但同时也缓和了对当时学人思想和言论的束缚，为各种思潮的涌入、思想活动的活跃提供了契机。西方法社会学的引入与发端，正是在这样的历史语境之下展开的。

第一节　危亡时局与救国思潮下的学术转捩

一、近代的社会危机与救亡图存意识的形成

近代中国的历史发端于1840年鸦片战争，与社会巨大变迁相伴随的是知识阶层从迷梦中逐渐清醒、救亡图存意识的形成与认识不断变化、深入的过程。

鸦片战争以降，战事的接连失利促使知识阶层开始反思，为何"天朝上国"在异邦面前如此不堪一击？尚处妄自菲薄阶段的他们还不能或者并不愿认为积弊在于"体"而不在于"用"，所以最直接的答案是，"中国文武制度，事事远出西人之上，独火器不能及"，[1]"坚船利炮"军事力量强大是制胜的关键。在这一思想指导下，洋务运动拉开序幕，救亡图存意识的启蒙从

---

[1]　（清）宝鋆编修：《筹办夷务始末（同治朝）》（卷二五），中华书局1979年版，第40页。

"师夷长技"、学习与制造火器船炮开始。

然而，1894年至1895年的甲午一役惨败给当时的中国社会以极为沉重的冲击：竟然败给了江户时代不过是与中国"允许互市"的日本，而割地赔款、丧权辱国的《马关条约》的签订，证明了在此之前晚清政府寄予厚望的洋务政策存在根本缺陷。试图诉诸器物改良、从军事工业入手的富国强兵梦想宣告失败，同时也证明了通过器物变革实现救亡图存认知的肤浅。认识到这一点的知识阶层转而从制度、文化层面全面检讨"彼何以小而强，我何以大而弱"[1]的根本原因："治乱之源，富强之本，不尽在船坚炮利，而在议院，上下同心，教养得法。"[2]他们认为清廷的失败，真正的原因并不在于军事方面与列强的差距，而是包括政治制度、教育模式、社会思想等在内的全面落后。梁启超在《五十年中国进化概论》中对这一思想转变作了总结，他将中国在外力刺激面前的反应分为器物、制度、文化三个层面的改造，指出比邻的日本之所以能够激进地完成改革，根本原因在于对制度和文化进行了根本性的革新。[3]同时，列强开出的当中国律例与西法一例时，"允弃其治外法权"[4]之条件也颇具诱惑性，在极大程度上刺激了清末改革法律制度、收回治外法权的决心。

自此，一场自我改良的政治体制改革拉开序幕。1901年清廷发布上谕宣布改革，变革范围从"西艺之皮毛"进到"西政之本源"，[5]一系列涉及政治制度变革但不触及统治集团根本利益的举措接连出台。1902年"着派沈家本、伍廷芳将一切现行法例，按交涉情形，参酌各国法律，悉心考订，妥为拟议。务期中外通行，有裨治理"，[6]开启变法修律；1905年派遣载泽等五

<hr/>

[1] （清）冯桂芬："制洋器议"，载（清）冯桂芬：《校邠庐抗议》，中州古籍出版社1998年版，第198页。
[2] （清）郑观应："盛世危言·自序"，载夏东元编：《郑观应集》（上册），上海人民出版社1982年版，第233~234页。
[3] 梁启超："五十年中国进化概论"，载梁启超：《饮冰室合集》（8），中华书局1989年版，第43~45页。
[4] 如1902年《中英续议通商行船条约》第12款约定："中国深欲整顿本国律例，以期与各西国律例改同一律，英国允愿尽力协助以成此举。一俟查悉中国律例情形及其审断办法及一切相关事宜皆臻妥善，英国即允弃其治外法权。"随后美、日、葡等国也在条约中作出类似表述。参见中国近代经济史资料丛刊编辑委员会主编：《辛丑和约订立以后的商约谈判》，中华书局1994年版。
[5] 张海鹏、李细珠：《中国近代通史》（第5卷），江苏人民出版社2006年版，第7页。
[6] （清）朱寿朋编：《光绪朝东华录》（第5册），中华书局1958年版，第4864页。

大臣考察东西洋法制、择善而从，并于 1906 年 9 月 1 日开始预备立宪，试图创立君主立宪制度。尽管这些求变的举措最终没有取得实质性成果，但客观上促使了近代中国社会的转型。

一战结束后，作为战胜国的中国，却并没有得到应有的地位和待遇。列强拒绝讨论撤销领事裁判权的提案，甚至要将德国在山东的利益转交给日本，我国代表团以"不得不饮泣吞声，退出和会"作为抗议。[1]这一事件极大地刺激了国内民族主义的觉醒，救亡图存、富国强民的意识进一步高涨，直接成为"五四运动"的导火索。

总体来看，从 19 世纪末到 20 世纪初，民族危机的加深和社会制度的巨大变迁，促成了近代学术贯穿始终的主题：救亡图存的意识以及如何通过学术拯救危亡。这一意识的形成，对 20 世纪上半叶的学术转捩有着至关重要的影响。

二、学术应对与转捩：经世致用与西学东渐

20 世纪初的中国社会转型，不啻一次脱胎换骨的变革。变革对中国社会并不陌生，尽管几千年来中国文明素以"不变"的"超稳定结构"著称于世，然而此次变革却有着本质不同：以往的变革源自中国社会内部力量积聚而产生的质变，清末开始的社会转型却是在外力压迫之下不得已产生的变革。如果说以往的社会变革只是内部的自我革新，晚清的社会转型则伴随着强烈的危机，其本质已经不是简单的价值转换，而是某种价值取代。

"救亡的局势、国家的利益、人民的饥饿痛苦，压倒了一切"，[2]性质迥异于以往的社会转型对学术思潮和研究主题提出了不同以往的期待，那就是"救亡压倒了启蒙"。经世致用学风的重兴和不断深入的西学东渐形成了晚清学术研究的两大特色，表面上看似乎是不同的路径：一个内求、一个向外；在价值取向方面却有着某种共通之处：以务实的研究旨趣、注重实用的态度，寻求救亡图存的道路、实现学术拯救。

（一）经世致用学风的重兴

所谓经世，即治理世事；致用则为尽其所用。经世致用之学倡导学问应

---

〔1〕　郝立舆：《领事裁判权问题》，商务印书馆 1930 年版，第 83 页。

〔2〕　李泽厚："启蒙与救亡的双重变奏"，载李泽厚：《寻求中国现代性之路》，东方出版社 2019 年版，第 75 页。

当关注社会现实，不尚空谈而应寻求经邦济世、治国安民的实效。从孔子的儒学开始，中国的传统学术思想一直带有务实和入世的色彩。明末清初后，中国学术思想迎来大转型，以顾炎武、黄宗羲、颜元等为代表的经世致用学问大兴。"以实为宗"的经世致用之学，以救世、治事为务，主张实事求是、讲求农工兵政、山川地理、人情风俗考察，注重天文地理、政刑、书数射御诸学的研究，从根本上扭转了宋人"正其谊不谋其利"的空疏无用之风。[1]

在清末严重的政治与社会危机之下，传统的经史之学已经不能为解决困局开出药方而逐渐走向穷途末路。在新的社会情势下，崇奉今文经学、倡导经世致用成为新风气。

晚清的经世致用之学大致可分为前后两个阶段：首先，痛感贫弱交困的时代正统学术之汉学、理学之无用，进而根据通经致用的理念，从传统学术资源中寻找经世致用的理论根据。在这一阶段，当以龚自珍、魏源、林则徐等人为代表。面对外侮和国事日非的形势，龚、魏等人深感乾嘉之学"锢天下聪明知慧使尽出于无用之一途"。[2]他们对这种于治世救国无所裨益的学术研究提出了尖锐的批评，转而从今文经学中寻找经世济民的思想武器，从而赋予了明末以来的经世致用之学以新的时代使命。如魏源指出宋明理学和汉学是"庸儒""俗学"，"上不足致国用，外不足靖疆圉，下不足苏民困"，[3]"用以误天下，得不谓之庸儒乎?"[4]龚自珍等人皆提出变革法制的主张，指出改革是历史发展的必然，革除前代积弊是每一代统治者的任务。其后，由于传统的治世资源已经远远不能满足拯救时弊的需求，遂将目光投向西方的"格致之术""洋务之学"。因此晚清的经世学风，不仅代表着对传统学术的背弃，更显著的特点在于对西学传入的接引。鸦片战争后，魏源在林则徐《四洲志》的基础上，于1842年编纂而成《海国图志》50卷。在序言中，其系统地提出了"师夷长技以制夷"的改革主张，可谓经学致用思想的落实：讲求功利、

---

〔1〕 何立明：《中国士人》，上海交通大学出版社2017年版，第250页。

〔2〕 （清）魏源："武进李申耆先生传"，载中华书局编辑部编：《魏源集》（下），中华书局2018年版，第368页。

〔3〕 （清）魏源："默觚下·治篇一"，载中华书局编辑部编：《魏源集》（上），中华书局2018年版，第40页。

〔4〕 （清）魏源："默觚下·治篇五"，载中华书局编辑部编：《魏源集》（上），中华书局2018年版，第53页。

师夷长技，以达到"制夷"救世的目的。"'师长'一说，实倡先声"，[1]"师技于外邦"对向来坚持"华夷有别"的国人而言可谓破天荒，它表明了经世派对现实的敏锐洞察与脚踏实地的反思。

中国与外强短兵相接之后，讲求实效、注重因变的经世派反而能够较早地从迷梦中清醒，以"术"的眼光看待西洋文化，并且乐于接受和主动学习西方新器、新法、新学。清代早期的经世之学关注解决现实问题，如漕运、河工、农事等，鸦片战争期间的经世之学则更多承担了思想转型的任务，致使学术思潮为之一变，经世的内容增加了对西洋器物、制度、文化的引介和吸纳。至19世纪后半叶，一场"中学为体、西学为用"的洋务运动终将经世致用的精神发挥到了极致。洋务派以"无损于圣教""有益于中国"为宗旨，引进西方科学技术、开铁矿、制舰船、造枪炮、建企业，将经世的学识化为致用的实践，建立起初具规模的现代化工业体系。

洋务运动的成败不在本书探讨之列，值得注意的是作为这场运动的指导思想，正是滥觞于明末、重振于清末的经世致用思潮。洋务运动后期，洋务派思想家们已经意识到"西用"只是表面的，西洋强盛的原因在于"西体"，且中学、西学本为不同的系统，"中体西用"是人为的割裂。于是从郑观应这里，对待西学的态度已有很大变化："以西学言之：如格致制造等学其本也……语言文字其末也。"[2]这种对待西学的实用态度依然是经世致用精神的继承。在西方法学汹涌而至时，经世思潮浸润下的部分有识之士，同样以讲求实效、注重实用的态度迎接了与传统法学截然不同的舶来知识体系。

经世致用学风的重兴，使学术应有的社会功能得到彰显。在以摆脱外辱、绝地重生的目的为指向下，经世之学呼应了当时的社会需要和人心所向，在一定程度上成为中国早期近代化的思想内源。

（二）西学东渐的渐次加深

"西学东渐"一词，源自"中国留学生之父"容闳的自传《西学东渐记》，泛指西方文明在中国的传播过程。完整意义上的西学东渐可分为两个时期，即明末清初与鸦片战争后、五四运动前。明末清初的"西学"伴随利玛

---

[1]（清）王韬：《漫游随录·扶桑游记》，湖南人民出版社1982年版，第49页。

[2]（清）郑观应："盛世危言自序"，载夏东元编：《郑观应集·盛世危言》（上），中华书局2013年版，第276页。

窦等教士传播基督教义而来，使当时的士大夫阶层接触到了西方的科学技术知识。早期接受"西学"建立在主动的基础上，后来随着朝廷的禁教令而终止。鸦片战争后，西学再次通过各种途径传入中国，以洋务派的"器物"学习为主流。甲午战争后，器物层面的学习遭到批评，转而倡导包括制度在内的全面学习，舍弃旧的制度与文化，学西法、行新政成为"唤醒四千年大梦"的迫切需求。

对西学的接受经历了一个渐次深入的过程，早期的西学以介绍地理知识为主，达到了解世界、破除"中国中心"的盲目；随后出于外交目的，大量介绍国际法和外交规则的西学译入；而后随着对西学的了解逐渐深入，开始过渡至自然科学、人文科学类知识。值得注意的是在西学渐次传播过程中，"强"和"富"成为绝对的判断标准，达尔文的进化论被奉为社会发展的真理："种与种争，群与群争，国与国争"，"而弱者当为强肉，愚者当为智役焉"。[1]知识分子经过长期思索，得出的结论是列强之所以民富而国强，原因就在于实行了立宪和法治，是由于政治制度的优越，因此向西方文明学习成为当时知识分子认为的唯一能富强的路径。本是强弱的关系，却转换成了价值优劣的衡量，中国传统的伦理价值观被放置于实力对比关系中与西方文明比较。不仅如此，中西本为平行并列的文明，由于实力的强弱差距而被迫定位成"特殊"与"普遍"的关系，原本与中国文明各自为政的西方世界"就被当成了价值上的'正确'、时间上的'先进'以及空间适用性上的'普遍'"。[2]

西学东渐对近代学术转揆的影响是多方面的。"冲击—反应"有其积极的一面，如果中西文化没有发生剧烈的碰撞，学术可能始终囿于传统的王道、君权、礼教之中陈陈相因，或者沉迷于考据、空谈心性而不肯睁眼看世界。立宪、法治、民主这些原本与农业文明不相符的范畴，即使会随着明清商品经济的缓慢生长而逐渐萌芽，也要晚上许多年，而历史不会留给中国社会太多时间。正如梁漱溟先生所说："假使西方文化不同我们接触，中国是完全闭关与外间不通风的，就是再走三百年、五百年、一千年也断不会有这些轮船、

---

〔1〕 严复："原强"，载王栻主编：《严复集》（第1册），中华书局1986年版，第5页。
〔2〕 支振锋："西法东渐的思想史逻辑"，载 http://www.fxcxw.org.cn/dyna/content.php? id = 14735，2023年1月30日访问。

火车、飞行艇、科学方法和'德谟克拉西'精神产生出来。"[1]纷至沓来的西学客观上起到了启蒙的作用，并成为近代诸多学科的源头，新兴的学科建制正是在此基础上开始进一步发展，呈现出全新的治学景象。从另一方面看，由于西学对中国传统学术的冲击，使得回应和调适成为学术研究的主要任务，不利于各学科的自我探索和独立发展。祖述、模仿在很长一段时间成为20世纪上半叶学术研究的特点，包括法学在内的学科不得不长时间在盲从和自主的纠缠中徘徊、探索和努力突破。

第二节　西方法社会学的文化接榫与引入基础

接榫，原指木工利用凹凸部分将两个器件结合。借用至文化领域，指不少于两种类型的文化相互接触，相互排斥接纳的现象。[2]历史表明，社会秩序动荡时期往往是不同文化碰撞、冲突、交流、融汇较为频繁的时期，例如佛教入华、西学东渐，都属于文化的接榫现象。历史也表明，纯粹的、毫无结合可能的异质文化无法在中国立命安身。作为异质文化的法社会学，如何在20世纪初伴随着西学东渐的脚步，在中国开始文化接榫之旅；清末一系列挽救危亡的举措，如何在客观上为法社会学的传入奠定了基础？

一、文化接榫："国情论"中的"法社会学因子"

对近代中国而言，法社会学与其他法学理论一样是舶来之物。但在传入中国之后的20世纪20年代末、30年代一跃成为显学而颇受国人欢迎，与其他学派相比，文化隔阂似乎是最小的。本书试图回答的是，这种近乎毫无芥蒂的接受，除却救亡图存的急切心态与需求，是否有着更为深刻的文化共通基础？

西方法社会学理论的形成，主要是解决前期自然法思想指导和分析实证主义建构的资本主义法律制度在新形势下的不适应问题。无论社会进程抑或产生背景都与近代时期的中国社会、法制情况大相径庭，近现代学科意义上的法社会学并无形成的土壤。但从社会视角观察法律的指向来看，中国传统

---

〔1〕　梁漱溟：《东西文化及其哲学》，商务印书馆1999年版，第72页。
〔2〕　钱文忠：《瓦釜集》，上海三联书店2013年版，第71页。

思想资源中有关法应重情理、重人情、重风俗的思考从未终止，并形成了极具深意的学术理论与法律文化，可以在某种程度上与西方法社会学的原理达成一些有限度的共识。

这些思考不能径直冠以"法社会学"理论的组成部分（否则就是"骑着西方的马、圈中国的地"的思考方式了），更不是如同晚清的顽固派一般试图证明"西学中源"。近代法社会学形成的历史，并非百分之百的全盘西化，而是西方法学与中国固有的法律文化汇流融合的过程。在这一过程中，具有独特精神实质的中国法律思想对于后世西方法社会学的传入与接纳来说未尝不是有益的思想资源，"礼法之争"中"国情论"的观点即可被视为典型例证。

1902 年的清末修律拉开了持续数年"礼法之争"的大幕，"礼教派"与"法理派"[1]围绕《大清新刑律（草案）》《大清刑事民事诉讼法（草案）》展开了激烈的论争。这场论争反映出的，不仅是礼教存废与法治选择道路上的严重分歧，同时也折射出两种不同文化在价值上的冲突与对立。在迫切转变治道、建立现代法制的需求之下，法理派有着科学、国家、进步等普遍主义话语背书而最终获得了形式意义上的胜利。在当时的处境下，礼教派的主张被视为落后与顽固的代表，甚至被当作阻挠的力量。重新审视这段历史，我们或许有新的认识：抛却历史语境和时代主题，礼教派的主张其实别有意蕴。假如立足于"法律—社会"视角，礼教派重国情、讲风俗的相对主义和现实主义的立场颇有"法社会学"的意味。这些主张所蕴含的思想实质并没有随着法理派的胜利而断绝，相反一直不绝如缕地暗含在学术界，当形式意义的法治与社会现实的抵牾达到极致时，它们将再次被学者们重申、强调和发扬，成为 20 世纪上半叶中国法社会学研究中的自觉与创新。

回顾当年的理论交锋，我们很难再将其简单归结为保守与改革、落后与进步的两派分歧。尤其是礼教派的张之洞、劳乃宣等人，如果脸谱化地将其概括为守旧、没落势力的代表更是草率的和武断的。事实上，论争之中礼教

---

[1] "礼教派"也被称为"家族主义派""国情派""保守派""旧派"，"法理派"又称"国家主义派""反国情派""改革派""新派"，又因清末修律由沈家本主持，因此"法理派"也称"沈派"，而对立方则称"反沈派"。

派并不反对变革，他们所担忧的是变革的底线。他们据以立论的基础也并非毫无根据，相反他们对西洋法理的了解并不亚于法理派，分歧源自他们对法律与社会的关系认知不同。礼教派的立场是法律进化，而法理派则是法律建构，交锋的背后蕴含着深刻的法社会学原理。法律，从某种意义上说，就是人类生活本身，承载的不仅是当下的秩序规则，同时也是一个民族过去与未来的生活意义，与民族的历史相辅相成。然而在当时的情势下，抛弃和割裂这种相辅相成的关系成为共识，因此法理派占了上风。但他们在学理上并无优势，而是借助于政治的力量强行建立起了法律的秩序，而这种秩序是符合当时的潮流和短时期的社会需求的。

礼教派用以论争的观点包括了很多法社会学的观念因子，以劳乃宣为代表的主张不仅严密，亦颇现代。他对中国传统社会礼教、风俗和法律的关联的论述，不仅和孟德斯鸠"法律精神说"有异曲同工之处，"亦与萨维尼等19世纪德国历史法学的习惯法与法律发展理论暗合"。[1]

（一）"法律何自生乎?"

礼教派人士则以为，立法改革应当渐进，注意社会发展的条件与阶段。对于两个草案，他们基于中国实际情况的立场，提出了激烈的批评。张之洞认为，西方财产法有违中国名教、与中国纲常伦理相悖，"隐患实深"。[2]湖南巡抚岑春煊强调立法要建立在考察国内外情况的基础上，"法者与民共信之物"，[3]若要改变全国的法则以立万年之基，就不能不考虑国民的接受程度。陈宝琛则认为立法不能忽视国情民俗，这是中外立法不同的重要事实："法律之范畴，固不能与礼教同论，而法律之适用，不能不以事实为衡。斟酌夫国情民俗而因革损益于其间，有时舍理论而就事实，亦立法之公例也。""夫法律不能与习惯相反者，立法上之原则也，此所以欧洲不能行而行于吾国也。"[4]

这些观念在劳乃宣的文章里得到了扩展和汇总。他系统论证了"法律何

〔1〕 周旋："清末礼法之争中的劳乃宣"，载《华东政法大学学报》2009 年第 4 期，第 138 页。

〔2〕 张之洞："遵旨核议新编刑事民事诉讼法折"，载苑书义、孙华峰、李秉新主编：《张之洞全集》（第 3 册），河北人民出版社 1998 年版，第 1772~1773 页。

〔3〕《刑律草案签注》（油印本），1910 年版。

〔4〕 （清）陈宝琛："陈阁学新刑律无夫奸罪说"，载沈云龙主编：《近代中国史料丛刊》（第 36 辑），文海出版社 1967 年版，第 954 页。

自生乎"的问题:"法律何自生乎?生于政体。政体何自生乎?生于礼教。礼教何自生乎?生于风俗。风俗何自生乎?生于生计。宇内人民生计,其大类有三:曰农桑,曰猎牧,曰工商。"[1]风俗乃是法律之母,法律最终源自人们的生活实践,而非人为强行构建的结果。各国政体、礼教、风俗、生计不同,立法自然应秉承不同的原则。人民生计有农桑、猎牧和工商之别,法律便有家法、兵法和商法的差异。以农桑为基础的中国与欧美工商模式不同,如非实践检验确实有效,则应当谨慎移植,不应空言理想而凭空臆断。清末的中国社会仍处于农业为主的时期,现代工业刚从缝隙中冒芽,先进的法治观念远没有到全民启蒙的程度。法理派试图法治救国的理想应当尊重农桑之国的传统与现实,在不违背国情民俗的前提下,循序而渐进。

与法理派相比,礼教派并非反对变革或修律(事实上,张之洞是变法的倡导者,沈家本作为修律大臣正是张之洞等人的保举),而是以更为现实的态度注意到了中国特有的风俗、国情、传统等因素,以及对当下变革全国法制的社会条件是否具备表达了忧虑。尽管被斥为保守,但实际上礼教派的观念与西方法社会学先驱的思想有不谋而合之处:法律生于社会,并深嵌于社会的结构之中,与一个社会的传统、民情、礼俗交织在一起,非一纸法令即可移风易俗。遗憾的是,礼教派没有认识到法律与社会的关系是处在变动之中的,中国正在从农桑之国转变为工商之国的现实却被礼教派忽略了。

(二)"法与道德,实相表里"

礼教派主张制定新法的指导思想应当是中国传统的伦理道德,而不应是法理派所坚持的西方法律公理。对沈家本提出的"齐之以礼"与"齐之以刑"自是两事、试图分离法律与道德的关联以及通过教化解决等回避问题的做法,劳乃宣旗帜鲜明地表示反对,认为法律与道德虽然不是同一事物,然而有着互为表里的内在关联,法律与道德教化毫不相关的说法实为谬妄之论。

清末修律之际,分析实证主义法学在西方发展日臻成熟,同样是西学东渐的重要内容。法理派人士虽未必是分析法学的信徒,但在内忧外困交迫下,急于求成的构建理性成为修律的主导性思维。他们虽然没有主张法律与道德

---

[1] (清)劳乃宣:"桐乡劳先生(乃宣)遗稿",载沈云龙主编:《近代中国史料丛刊》(第36辑),文海出版社1967年版,第235页。

的彻底分离（相反《大清新刑律（草案）》中保留了不少礼教条款，事实上对立双方都不绝对地反对礼教和法理），但在《大清新刑律（草案）》中将义关伦常的几个罪名进行了比较大的修改，如将干名犯义、亲属相犯、无夫和奸、子孙违犯教令等罪名删除。这在礼教派的眼中是关涉伦理纲常的底线问题。劳乃宣以为，无论中外，法律与道德都不可能分离，只不过中西道德的内容有所不同：中国注重伦常而外国注重平等。儒家伦理数千年来已经深入人心，骤然实施所谓外国的"平等之道"，势必凿枘不投。既然修订新刑律是作为立宪之预备，立宪怎可不顾民心；怎可不以"合乎中国人情风俗为先务哉"？[1]

虽然礼教派并未细分礼义、伦常、道德之间的差异，而且争议的焦点最后落脚在"无夫奸"等性道德问题上，有将法律与道德这一法学永恒的主题狭隘化之嫌。但是在中国法学开始启蒙之时，礼法之争已经涉及了一个核心的、争论40余年都没有彻底解决的问题：起步之时的中国法制，究竟是"模范列强"，还是"坚固国本"；法律移植的过程中是要"托洋改制"还是"中体西用"？这些争论表现在抽象的学理层面，是法律与道德分合之争，而在实质的价值层面则是中国法制近代化的走向问题。

（三）"家法政治之下，民何尝不爱其国"

法律应当以家族主义还是国家主义为本位，是法理派与礼教派争论的另一个焦点问题。法理派认为中国当时积贫积弱、国力衰微的原因正是国民只知其家不知其国，家族主义是应当被抛弃的、落后的立法主张。杨度在资政院的立法说明中进一步阐述了国家主义的必要性：根据进化论，一切国家都要经历家族主义和国家主义两个阶段，不同国家演进早晚不同。相较于已经进化至国家主义的西洋列国，中国属于后进国家，历代法律都以维护家族主义为己任，无论家族中的家长还是家人都在尽对家庭的义务而不是对国家的义务，大多数人都与国家没有直接的权利义务关系。在当时，唯有实行国家主义，才能实现保护人权和振兴国家的目的。为祛除家族主义的积弊、将国人从"家"和"家人"的身份中解脱出来，推动社会尽快演化至国家主义阶段，新刑律删减了有关家族主义的条文。

---

[1]　（清）劳乃宣："桐乡劳先生（乃宣）遗稿"，载沈云龙主编：《近代中国史料丛刊》（第36辑），文海出版社1967年版，第925~926页。

　　应当肯定的是，法理派对中国家族主义的法的认识有合理的地方，正如瞿同祖先生对家族的定位一样，"家族实为政治、法律的单位"，[1]家族主义是中国传统社会政治统治的理论基础。但是法理派将家族主义与国家主义决然对立、无法相容的态度显然不切合现实。诚然，旧的封建礼教与家族制度被看作时代洪流的阻碍，是革命的对象。但是革除了家族主义之后，单向度的国家主义是否必然带来理想中的富强，是存在疑问的。

　　相比之下，礼教派的主张更具现实性。劳乃宣肯定了法理派的"救时之苦心"，但提出疑问："夫中国之民但知有家而不知有国，果由于家法政治而然哉？"他认为真正的原因并不在于家族主义而在于专制体制，"一国政权悉操诸官吏之手，而国民不得预闻"，不比西洋立宪政体人人参政，"爱国之心自有不能已者"。[2]换言之，家族主义与国家主义并不矛盾，而当时的中国已经预备立宪，只要将家族主义修明扩充，问题可以迎刃而解。破坏固有的家族制度是要付出巨大代价的，可能导致国家观念尚未建立、人心却因家族解体而涣散的可能。事实证明，礼教派的担忧不无道理，在社会骤然转型之时人心涣散几乎是必然的结果。遗憾的是，礼教派立足国情的现实主义努力被激进思潮迅速消解，随之而来的建构式立法与中国传统切割、断裂，同时也缺乏对现实社会的深切关怀，最终形成了"法律和社会不适合，和历史不连接"的"中国法看不见中国"之尴尬局面。[3]三十年后，杨幼炯先生在《今后我国法学之新动向》一文中指出："在公法方面，三十余年来，虽制定不少之宪法草案，但缺乏一贯的立法注重，无一合于国民之需要……在私法方面，大部分亦系直接采用外国法律不适合于本国民情，陈陈相因，此弊历久不改，可胜浩叹。"[4]该文措辞不免夸大，实际情况是否完全如此亦需进一步分析，然而至少从总体上印证了礼教派的预言。

　　有学者以为，礼法之争中的礼教派观点与历史法学的关联性更高。因为历史法学派强调风俗习惯的重要性，认为法律如同语言，均为民族精神之体

　　〔1〕 瞿同祖：《中国法律与中国社会》，商务印书馆2017年版，第30页。

　　〔2〕 （清）劳乃宣："桐乡劳先生（乃宣）遗稿"，载沈云龙主编：《近代中国史料丛刊》（第36辑），文海出版社1967年版，第238~239页。

　　〔3〕 蔡枢衡：《中国法理自觉的发展》，清华大学出版社2005年版，第33~35页。

　　〔4〕 杨幼炯："今后我国法学之新动向"，载何勤华、李秀清主编：《民国法学论文精萃》（第1卷），法律出版社2003年版，第383页。

现，这一点与强调礼俗与民情的礼教派立场显然更为接近。[1]但历史法学派所主张的法表现为民族精神的大众习俗，与道德并无明显的关联。礼教派的观点则有明显的道德性。本书以为，礼教派关注法律的社会起源；强调法律与道德、民俗、政体、国情、历史等的关系；主张中国的法本位乃是家族主义等观点，仍适宜以法社会学的视角观察和分析。礼教派又称"国情派"，主张"中西分别论"，即"西方怎样，中国则不同"，蔡枢衡认为他们从中国社会现实出发谈论立法，有着反映论、唯物论的立场。[2]在法社会学的眼里，法作为从属的社会现象，是从社会环境中派生而出的，考察法的变迁须通过考察法所深嵌的社会的变迁以确认法律进化的模式。礼教派的观点暗合了法社会学的研究范式。

清末修律的现实背景是，尽管政局动荡、社会上下失序、人心涣散，家国一体的治理模式仍以一种习惯延续的方式存在于城野市井之中，礼法传统尚未经新文化的彻底批判，同样存在于国人的民族心理与性格之中。法律文化有着无法人为割裂的延续性，这是法理派在激进地模仿列强、修改律法之时欠缺考虑的地方。以"亲属相奸"为例，法理派援引西法公理，认为该罪"究为个人之过恶，未害及社会，旧律重至立决，未免过严"，[3]以"和奸有夫之妇"条款处 3 年有期徒刑即可，无需另立专条。然而，"亲属相犯"历来属违背纲常伦理的"十恶"大罪之一，骤然除去，对社会和人心的震荡可想而知。法理派显然忽略了法律移植中供体与受体的异质性。

囿于时代的局限性，礼教派不可能提炼出一套成熟法社会学的理论体系，自然也不可能成为近代法社会学的开创者，笔者也无意将其视为中国法社会学理论的先行者。从文化接榫的角度观察，他们对于法律从属于社会的确信、对社会秩序逐渐演化的论断，都与西方法社会学的理论有着令人惊奇的共通之处。这种观念的相似性或许可以解释为，相较于其他法学的知识体系，当时学人对西方法社会学的传入和认同少了许多隔阂的原因。

---

〔1〕 梁治平：《礼教与法律：法律移植时代的文化冲突》，广西师范大学出版社 2015 年版，第 59~60 页。

〔2〕 蔡枢衡：《中国法理自觉的发展》，清华大学出版社 2005 年版，第 36~37 页。

〔3〕 （清）沈家本："沈大臣酌拟办法说帖"，载高汉成主编：《〈大清新刑律〉立法资料汇编》，社会科学文献出版社 2013 年版，第 788 页。

二、法社会学的引入基础

(一) 制度基础与人才储备：清末修律与新式法政教育

清末新政是 20 世纪初清政府在统治末期为挽救统治危机进行的涉及政治、经济、军事、教育、社会生活等各个领域的改革，客观上助推了中国社会向近代的转型。从法律史的角度而言，这场改革最为重要的是清末修律、新式法政教育等，为西方法学的传入奠定了制度基础和人才储备。

1. 清末修律

1839 年 "林维喜案"[1]是中国司法主权受到挑战的开始。随后，《虎门条约》《中英五口通商章程》《中英天津条约》《望厦条约》等条约中明确 17 个西方国家获得在华的领事裁判权，租界与治外法权使得清政府的法律对洋人沦为空文。

统治者对丧失司法主权的危害并非没有认知，废除领事裁判权成为修订旧律的重要动力。从 1902 年开始，包括英国在内的西方列强在条约中承诺，倘若清政府能够通过法律改革达至 "中西一例"，便放弃治外法权。清廷既为迎合收回司法主权的需要，同时也期望收回法权后，通过改法更张解决内忧外患的困局，于是委任沈家本和伍廷芳为修律大臣，开启了清末最后 10 年的修律历程。修律的结果主要有三：一是为预备立宪准备的《钦定宪法大纲》《宪法重大信条十九条》等宪法性文件；二是废除旧律例体系，初步构造了大陆法系的法律体系结构，制定或起草了《大清新刑律》《大清民律草案》《大清刑事诉讼律草案》《大清商律草案》等数目众多的近代化部门法典；三是初步建立了近代意义上的司法体制和司法制度。[2]

2. 新式法政教育

清末新政中废科举、兴学堂、派游学的举措，为新式法律教育的发展提供了重要的起点。1906 年，根据沈家本的奏请，中国历史上第一所具有近代意义的法律专门学校——京师法律学堂正式成立。随后，法律学堂或法政学

---

[1] 1839 年（道光十九年）7 月 7 日英船水手在我国九龙尖沙咀打死农民林维喜。清钦差大臣林则徐为捍卫主权，令英国代表义律交出凶犯，义律拒不交凶犯。

[2] 王立民、练育强、姚远主编：《 "西法东渐" 与近代中国寻求法制自主性研究》，上海人民出版社 2015 年版，第 13 页。

堂在各地如雨后春笋般纷纷成立，至 1909 年共计 25 所。[1] 1895 年天津中西学堂的"律例学"开创了近代史上第一个法律专业，此外，1902 年京师大学堂复办，开设法律科，1910 年开办法政分科大学，以培养精通中外古今之法律政治的人才为办学目标。[2] 各地在教育部通令下开始筹建高等学堂，自 1901 年至 1909 年，不到 10 年时间便建起高等学堂 127 所，学生 2 万余人。其中法政学堂 47 所之多，大学法科和法政学堂两种办学层次并存，人才培养的规模蔚为大观。[3]

晚清留学教育始于 1872 年 8 月，第一批幼童留美掀开了近代留学高潮的序幕。甲午战争的惨败，迫使人们寻求日本强大的原因，结论是日本胜利"乃因普及教育和实行法治有所成所致"，所以"中国的急务在发展教育，而教育上的急务在派遣海外留学生"。[4] 1896 年清廷派遣第一批留学生赴日（其中包括三名法科留学生），随后赴日留学达到高潮。1905 年至 1906 年，中国留日学生 8 千余人，法科留学生在其中占据很大比例。据统计，从 1905 年至 1908 年，赴日的公费法学留学生约有 1145 人；而 1908 年，仅从日本法政大学法政速成科毕业的学生就达 1070 人。[5] 法政留学虽以日本为主流，但也不乏赴欧美留学者，但人数较少。1901 年至 1911 年间，赴欧美留学的学生总数 750 余人，学习法政的学生更少，获得博士学位的仅 12 人。[6] 赴日学习法政成为优选，直接的原因在于便利、经济，"路近省费""去华近，易考察、东文近中文，易通晓"，[7] 且日本法政大学"法政速成科"为废除科举后的中国读书人提供了出路。[8] 1908 年庚子赔款后留日热潮回落，赴欧美学习法政的学生开始增多。仅 1914 年至 1915 年一年间，赴美留学者达 510 人，法科

---

〔1〕　汤能松等编著：《探索的轨迹——中国法学教育发展史略》，法律出版社 1995 年版，第 155~157 页。

〔2〕　王健：《中国近代的法律教育》，中国政法大学出版社 2001 年版，第 175 页。

〔3〕　何勤华："中国近代法律教育与中国近代法学"，载《法学》2003 年第 12 期，第 4 页。

〔4〕　[日] 实藤惠秀：《中国人留学日本史》，谭汝谦、林启彦译，生活·读书·新知三联书店 1983 年版，第 16 页。

〔5〕　何勤华："中国近代法律教育与中国近代法学"，载《法学》2003 年第 12 期，第 12 页。

〔6〕　王涛：《中国近代法律的变迁（1689–1911）》，法律出版社 1995 年版，第 174 页。

〔7〕　（清）张之洞：《张文襄公全集》，中国书店 1990 年版，第 263 页。

〔8〕　贺跃夫："清末士大夫留学日本热透视——论法政大学中国留学生速成科"，载《近代史研究》1993 年第 1 期，第 41~62 页。

学生 80 余人，赴欧洲者 218 人，法科学生 40 人。[1]

尽管清末新政是一场注定失败的改革，但对于近代法学的开启却有着重要的推动作用。可以说，没有清末新政的一系列措施，近代法学和法社会学的新知就不可能有传入和生长的契机。

第一，清末新政提升了法律的社会功能，为法社会学的传入创造了条件。古代中国小农经济的经济基础形成的是差序格局下的熟人社会，人际关系与社会秩序主要靠道德和礼俗维持，德主刑辅的统治模式一以贯之地存续于封建时代，法律向来处于次要地位。在这种文化语境之下，"无讼"成为官方和民间共同的价值追求，法律虽然没有被彻底遗忘，至少其功能是被弱化的。直至列强入侵、社会巨变发生，法律的作用才被提高到前所未有的位置：领事裁判权的丧失与回归都与改革法制相关，深层次的社会变革、绝处逢生的机遇则被寄希望于法治——"法治主义，为今日救时唯一之主义。立法事业，为今日存国最急之事业"。[2]重视法律的社会功能，尽管在意义与结果上并未真正滑向法治主义，但清末新政在一定程度上提升了法律的社会功能，改变了法律、法治和法学在国人心目中的地位，从而为中国社会认识和接纳法社会学创造了条件。

第二，清末修律、新式法政教育对近代法社会学的生长有重要意义。清末立宪派一方面推行西方立宪体制，同时要参酌西法、修订律例，此两项活动均需大量懂得西方法律的专门人才。法律人才匮乏的弊端早已在先前的涉外诉讼案件中显现，因此对法律人才的迫切需求成为开启新式法政教育、西方法学知识的大规模传入的基础。反过来讲，法政教育在近代的短暂繁荣为法学的发展提供了传播和研究的群体，是极为可贵的人力资源。例如法科留学生回国后多成为翻译介绍西方法学、著书立说、创办法学杂志、任教授课、培育人才的骨干力量，从而为法学各学科的建立提供了人才保障。正是在这些因素的共同作用下，法社会学获得了传入的可能。

（二）方法奠基：清末法制习惯调查

清末修律期间，出于为新修法律提供借鉴的目的，清政府曾经在全国展开过一场声势浩大的法制习惯调查运动，持续四年之久，所获资料亦颇为丰

---

[1] 陈学恂、田正平编：《留学教育》，上海教育出版社 1991 年版，第 640~692 页。

[2] 梁启超："中国法理学发达史论"，载梁启超：《饮冰室合集》（15），中华书局 1989 年版，第 43 页。

富。因政局动荡、清廷覆亡，这场运动被迫中止。对这场运动的意义，学界研究多集中在习惯调查对于清末法典制定的成果转化程度、官方立法对民间资源的挖掘整理以及对当今民法典编纂的借鉴，对其中蕴含的法社会学价值探讨甚少，往往以对中国法社会学发展具有重要意义一笔带过。

本书以为，从法社会学的角度而言，清末法制习惯调查是我国首次运用社会学方法对民间本土化法律资源进行的实地调查，在近代法社会学史上具有里程碑式的意义，其价值蕴意值得深入探讨。

1. 清末的法制习惯调查

法制习惯调查的最初设想始于 1907 年（即光绪三十三年）的五月初一，大理院正卿张仁黼向朝廷奏请，提出民法、商法修订之前均需广泛调查各地风俗民情。同年 7 月，庆亲王奕劻等在奏折中也提出对各省政治进行调查的建议，并提议将考察政治馆改为宪政编查馆，以考核法律馆所修订的法典草案以及各部院各省所订立的各项单行法。随后，奕劻又奏请设立各省负责调查民间习惯的办事机构即调查局，这一奏请获得朝廷批准，随后，全国陆续成立了 22 个调查局，民间法制习惯调查正式提上日程。

据学界考证，各省调查局的法制习惯调查于 1907 年正式启动，[1]此次调查堪称"组织严密、规模巨大、收获颇丰"。[2]

第一，清政府为进行法制习惯调查组建了自上而下严密的组织机构，分工负责。中央设宪政编查馆，下设各省调查局，各省调查局又设法制科，其第一股负责调查各省民情风俗、地方绅士办事习惯、民事习惯、商事习惯以及诉讼事习惯；其第二股负责调查各省督抚权限内之各项单行法以及行政规章；其第三股负责调查各省行政上之沿袭及其利弊。[3]

[1]　根据胡旭晟考证，民事习惯调查启动于光绪三十三年（1907 年）。（参见胡旭晟："20 世纪前期中国之民商事习惯调查及其意义"，载《湘潭大学学报（哲学社会科学版）》1999 年第 2 期，第 3 页。）但学界有不同意见，有学者认为此观点混淆了提议与正式启动的时间，修订法律馆真正开始着手启动民事调查应在宣统二年（1910 年）。（参见陈斌："民商事习惯调查的意义追问——兼论习惯的限度与归宿"，杭州师范大学 2017 年硕士学位论文。）俞江教授认为地方调查局的商事习惯调查则始于 1907 年底或 1908 年初。（参见俞江："清末民事习惯调查说略"，载俞江：《近代中国的法律与学术》，北京大学出版社 2008 年版，第 210 页。）

[2]　前南京国民政府司法行政部编：《民事习惯调查报告录》，中国政法大学出版社 2000 年版，第 2 页。

[3]　邱志红："清末法制习惯调查再探讨"，载中国社会科学院近代史研究所编：《中国社会科学院近代史研究所青年学术论坛》（2014 年卷），社会科学文献出版社 2016 年版，第 7 页。

第二，调查的方式和对象根据不同的调查内容来定，以保障调查结果的准确性。调查的内容主要包括民情风俗习惯、地方绅士习惯、商事、诉讼、法规和行政规章以及行政沿袭及利弊等，分别选择有针对性的调查对象或方法完成调查。例如，向当地官绅调查地方绅士习惯、向各地商会调查商事习惯，诉讼习惯则调查当地官府的卷宗并且访问案件当事人等。[1]从调查方法来看，普遍采用实地观察、问答、个案调查等方法，诚为近代法社会学调查方法的一次成功实践。

第三，从调查结果来看，特点有三。其一，调查成果丰硕。调查资料大致分为两类，一类是中期成果，包括各省调查局汇总整理的调查书、问题清册、条目等；另一类是最终成果，即各省调查局最终的调查报告书。此次调查的事项和所涉范围都十分广泛，据史料统计，宪政编查馆共收集汇总了近900册调查报告书。其二，调查程序严谨。各省调查局按类别拟定各股的调查事项呈送本省督抚和中央。经审核确认后，编册分发至各府厅州县。各地方调查员根据实际情况完成调查后，经过整理汇总，编纂成本省的调查报告。为保证调查结果的针对性与可信性，调查者还对许多提问内容进行了注释和说明，有的调查报告甚至对所涉问题的中外学理进行了比较。其三，调查结果真实全面。各地调查报告书都强调了真实可靠的宗旨，避免臆测与虚构。如《广西民事习惯财产部报告书》例言申述："本编以调查习惯为主，异同并录，美恶兼收"，尤其对事关民生疾苦的民事习惯，本着客观记录的原则，仅"略据意见"。

清末的法制习惯调查历时四年，声势浩大，可谓是对本土法律资源的一次全方位检视和整理。尽管由于政局原因被迫中断，且对当时民事立法的影响有限，[2]但其法社会学意义确是不容否定的。

---

〔1〕 邱志红："清末法制习惯调查再探讨"，载中国社会科学院近代史研究所编：《中国社会科学院近代史研究所青年学术论坛》（2014年卷），社会科学文献出版社2016年版，第15页。

〔2〕 学界对清末法制习惯调查的成果转化程度存在分歧。一般的法制史教材观点认为《大清民律草案》保留了大量传统民商事习惯，法制习惯调查对清末立法影响很大。聘请日本民法学家起草的物权编、债权编虽然吸收中国传统习惯不多，但民国年间制定新的法典时作了补充。（参见曹全来：《中国近代法制史教程（1901-1949）》，商务印书馆2012年版，第210页。）也有学者认为，无论是从《大清民律草案》完稿时间还是内容体例来看，本国民事习惯几乎没有对编纂民律草案产生直接影响。（参见张生："清末民事习惯调查与《大清民律草案》的编纂"，载《法学研究》2007年第1期，第125~134页。）本书以为后一种意见有一定合理性。从时间分析，修订法律馆在尚未开始调查之前就已经着手起草《大清民律草案》的部分内容，立法吸收调查成果本就仓促；且有相当数量的条文与《日本民法典》相似，结合当时主权羸弱的现实，清末法制习惯法典化程度不高似可解释。

2. 清末法制习惯调查的法社会学意义

清末法制习惯调查是法社会学史上的宝贵财富，不仅影响了当时的立法与司法活动，而且对法社会学的本土化研究具有重要意义。

（1）清末法制习惯调查的社会呈现意义

清末法制习惯调查最直接的意义就在于挖掘和呈现出了比较完整的20世纪中国法制本土资源的基本格局，揭示了法社会学研究的重要对象之一——习惯法，而且为法社会学的研究提供了宝贵的"信史"材料。尤为重要的是，通过法制习惯调查运动，揭示出了法律秩序背后存在的真相："在国家法所不及和不足的地方，生长出另一种秩序、另一种法律。"[1]古往今来，人们虽对"官有正条，民有私约"习以为常，但正是通过法制习惯调查，现实社会中决定人们行为方式的潜在秩序以及这种国家法与习惯法共生的隐性关系才被完整地呈现在世人面前。

据史料，清末各省调查报告甚为丰富，总数甚至超过民国七年的法制调查结果。据时任修订法律馆调查员及纂修的李炘统计，清末至民国初年存留的调查报告文件除重复不计外共949册，除去民国初年的调查报告，仅清末存留（安徽省散佚）就多达828册，几乎涵盖当时全国各省区。这些调查报告以问答体的形式，对清末各地社会情况进行了全景式的详细展示。从调查对象来看，涉及社会各阶层各行业人士，包括地方乡绅、士农工商、僧侣、教师、公务人员等。从调查内容分析，收集了各地风俗习惯、民商事和诉讼习惯以及各省法律规章，并重点考察了各省的民商事习惯以供立法需要，堪称清末民间习惯法考察的百科全书。以《直隶调查局法制科第一股调查书》调查的风俗习惯为例，关于民情风俗的调查内容涉及10款，即住民、生活、职业、礼仪、信奉、教育、交际、游戏休息、善举、应行改良之风俗。每一款之下又设"项"，如住民一款分住民总问题、旗籍、太监三项；生活一款分生活程度、衣、食、居住四项；职业一款分士、农、工、商、执公务者、劳力者、杂业、无业者八项；礼仪一款分家法、婚嫁、丧葬、祭祀四项，[2]涉及面之广、资料之丰富、内容之详尽，都属史上首次。

---

〔1〕 梁治平：《清代习惯法：国家与社会》，中国政法大学出版社1996年版，第28页。

〔2〕 （清）直隶调查局法制科第一股编：《直隶调查局法制科第一股调查书》，清刻本，第1851~1911页。

（2）清末法制习惯调查在社会调查方法方面的开创意义

社会调查是法社会学研究的主要方法之一。如果从最广义的角度理解，传统中国也曾存在过社会调查，即采取一定的手段（如观察、问询等）收集资料加以整理以获得社会实情（如土地、人口、赋税等）的一种活动。作为法社会学研究方法的社会调查法，是从现代意义的角度理解的，对近代中国而言，是从清末民初从日本进入的舶来品。[1]它比传统意义上的社会调查法要更为严密和系统，结论更为严谨和可信，而且往往是在一定的理论指导之下进行的，同时有着明确的服务社会或服务于学术研究的目的指向。

按照这一衡量标准，清末法制习惯调查已经具有明显的"现代"意义。尽管在中国，现代社会调查兴起于维新时期以及20世纪初年，例如，1897年就已经出现了有关地方土产的调查报告，而在1903年左右，江浙一带留日学生同乡会相继成立了专门的社会调查组织，进行了有关人口、地区贫富、社会团体等项目的社会调查。但像清末法制习惯调查如此大规模与范围的官方调查还是首次。

清末法制习惯调查引发了普遍的重视社会调查与研究的风气，同时启蒙了人们关注本土法治资源的思想意识，对后来兴起的社会调查实践有着重要的开创作用。

在官方，除民国七年（1918年）北洋政府进行的第二次全国性民商事习惯法调查外，近代中国的部分国家机构如农业、交通、银行等部门都组织过针对社会情况的调查，如民国铁道部财务司调查科于民国十四年（1925年）在两广对地理、人口、物产、交通、农业经济、工业经济、商业经济、社会概况等进行实地调查，并刊行了《粤滇线云贵段经济调查总报告》；民国二十一年（1932年）行政院农村复兴委员会在浙江、江苏、陕西、河南四省进行了农村土地关系、乡村政治以及税捐等问题的社会调查。[2]在民间，社会团体和研究机构、学者基于认识、改良社会以及学术研究的目的，也进行了大量的调研，1918年至1937年间甚至兴起一场"社会调查运动"，席卷了整个学术界。其中涌现出许多具有法社会学意义的调研成果，如董俞的《民事商

〔1〕 黄兴涛、夏明方主编：《清末民国社会调查与现代社会科学兴起》，福建教育出版社2008年版，前言第3页。

〔2〕 眭鸿明：《清末民初民商事习惯调查之研究》，法律出版社2005年版，第260~262页。

事习惯汇编》〔1〕、严景耀的《北京犯罪之社会分析》〔2〕、张镜予的《北京司法部犯罪统计的分析》〔3〕、徐雍舜的《东三省犯罪现象之研究》〔4〕、严谔生的《上海商事惯例》等。法学家吴经熊曾给予严谔生的《上海商事惯例》以盛赞，认为此书是运用社会学方法的"伟大作品"，"有功于社会学和法学，可与《齐民要术》先后辉映"。〔5〕

综上所述，清末法治社会调查的展开，不仅为立法者、司法者提供了丰富的本土法律资源，同时为法学研究者积累了研究中国法律与中国社会丰富的史料。这场调查本身，开创了社会学调查方法的宝贵先例，实际上为近代法学、近代法社会学建立和发展提供了原始资料与研究方法方面的重要准备。

第三节　西方法社会学的引入问题考析

一、引介起点：译名还是实质？

对于 20 世纪初的中国而言，法社会学引入的起点是什么？近代最早出现与法社会学关联的说法是 1902 年《译书汇编》译入的《法律学纲领》，提到了"以社会学为基础之法学"。〔6〕与社会法学派相近的说法则是 1920 年陈启修的文章《法律与民意及政治》一文提到了"极端社会法学派"。〔7〕正式提出"社会法学"名称的是 1922 年李炘所著《社会法学派》。〔8〕换句话说，20世纪 20 年代之前其实并不存在"法社会学"或"社会法学"的名词。倘若以这些名词检索，势必遗漏早期的译介成果，正如研究近代西方哲学译介情况不能直接以"哲学"这一已经定型的学科名称检索一样，否则李之藻翻译的《名理探》（原名《亚里士多德辩证法概论》）〔9〕一定会被排除在外。

〔1〕　董俞编：《民事商事习惯汇编》，法政学社 1919 年版。

〔2〕　严景耀：《北京犯罪之社会分析》，燕京大学社会学系 1928 年版。

〔3〕　张镜予："北京司法部犯罪统计的分析"，载《社会学界》1928 年第 2 期，第 79~144 页。

〔4〕　徐雍舜："东三省犯罪现象之研究"，载《新北方月刊》1936 年第 5~6 期，第 237~255 页。

〔5〕　严谔生编：《上海商事惯例》，新声通讯社出版部 1936 年版，吴经熊序。

〔6〕　[日] 户水宽人："法律学纲领"，译者不详，载《译书汇编》1902 年第 1 期，第 13 页。

〔7〕　陈启修："法律与民意及政治"，载《评论之评论》1920 年第 1 期，第 77 页。

〔8〕　李炘："社会法学派（未完）"，载《法政学报》1922 年第 1 期，第 1~7 页；李炘："社会法学派（续）"，载《法政学报》1922 年第 2 期，第 1~11 页。

〔9〕　[葡] 傅汎际：《名理探》，李之藻译，北京公教大学辅仁社 1926 年版。

有鉴于此，本书的追溯更注重"思想的实质"，[1]也即先从整理带有法社会学因子的零散资源开始。当然，这种追溯不免立足后人主观立场之嫌，用今日法社会学的学科标准去挖掘当时文献的"法社会学"特点，可能导致对法社会学的外延把握不准或泛化的危险。但拙见认为，倘以"思想的架构"这样严格的标准对待，则近代法社会学的产生至少要推迟至 1922 年，甚至 20世纪 30 年代张知本的《社会法律学》出现之时，[2]则在此之前学人所做的努力就将被埋没。傅斯年说过："一种学科的名称，只是一些多多少少相关的，或当说多多少少不相关的问题，暂时合起来之方便名词，一种科学的名称，多不是一个逻辑的名词，'我学某科学'，实在应该说'我去研究某套或某某几套问题'。"[3]立足于这样的视角，法社会学所研究的问题，不妨宽泛地理解为"从社会视角观察法律"的问题，也即将近代法社会学的产生与发展看作一个逐渐累积的过程，虽然以今日之学科标准可能会"多多少少"涵盖了"不相关的问题"。

按照以上理解，本书将近代法社会学的早期传入来源分为如下方面：

第一，作为奠基的社会学著作。社会学以经验主义态度和实证研究方法取代传统社会科学中推论、思辨的演绎认知，使得人们对社会现象的认识更趋于实际。斯宾塞的"社会有机论"学说提出了社会如同生物有机体般遵循由简单到复杂的进化规律，社会阶级亦按照"优胜劣汰"的自然法则分化规律，主张处于支配地位、决定法律的阶级，也需要维持社会共同的利益。贡普洛维奇则明确指出法是社会的产物，是人性与社会进化的结果而非源自神的意志，进一步划清了社会学意义上的法与自然法的界限。早期社会学家对法律的研究尽管处于启蒙阶段，但为法社会学的诞生奠定了知识根基，同时也为法学世界观的开拓提供了新的视野。

社会学著作首次进入国人视野应当是留英学生严复 1897 年开始翻译、

---

[1] 金岳霖："审查报告二"，载冯友兰：《中国哲学史》（下），商务印书馆 2011 年版，第 607 页。

[2] 学界也有学者持此观点，例如，侯猛认为中国法社会学可以追溯到 20 世纪 30 年代。参见侯猛："中国法律社会学的知识建构和学术转型"，载《云南大学学报（法学版）》2004 年第 3 期，第 5~11 页。

[3] 傅斯年："刘复《四声实验录》序"，载《傅斯年全集》（第 1 卷），湖南教育出版社 2003 年版，第 419 页。

1903 年出版的《群学肄言》（今译《社会学原理》）。[1]该书即是英国社会学家斯宾塞的著作《社会学研究》，严复在原著的基础上进行了加工和创新，引入了西方社会学的研究方法。1903 年，马君武也翻译了斯宾塞的《社会学原理》，但只译了其中的第二编"社会学引论"。[2]章太炎则于 1902 年翻译了日本学者岸本能武太的《社会学》，[3]从学科角度向国人较为全面地介绍了西方社会学。

第二，包含法社会学因子的著作。又可分为两类：一类是附带论及法社会学理论或介绍法社会学派别知识的法理学教科书，以各种版本的《法学通论》为代表。这类教科书主要译自日本，例如，1902 年王国维译自矶谷幸次郎的《法学通论》[4]、1902 年《译书汇编》译自户水宽人的《法律学纲领》[5]、1905 年译自织田万的《法律学教科书》[6]等。另一类是涉及法社会学视野、方法等方面的著作，译入途径同样多渠道。例如，法社会学的先驱之作《论法的精神》[7]最早译入中国是 1900 年，由《译书汇编》从日文转译，中文译名《万法精理》，但只译出全书的四章。严复的《孟德斯鸠法意》则是从英文转译，从 1904 年开始由商务印书馆陆续出版，至 1909 年出齐。值得一提的是 1900 年 12 月 6 日创刊的《译书汇编》。该杂志是由 14 名留日学生主办的社会学期刊，创刊宗旨为"采择东西各国政法之书，分期译载，务播文明思想于国民"。[8]据不完全统计，《译书汇编》共翻译法政著作 20 余种，其中与法社会学关联的主要有孟德斯鸠的《万法精理》、斯宾塞的《政法哲学》、户水宽人的《法律学纲领》等作品。译者不详，推断应当是编译社成员集体译成。

---

〔1〕　[英] 斯宾塞：《群学肄言》，严复译，上海文明编译书局 1903 年版。

〔2〕　[英] 斯宾塞：《社会学原理》（第 2 编），马君武译，江西欧化社 1903 年版。

〔3〕　[日] 岸本能武太：《社会学》，章太炎译，广智书局 1902 年版。

〔4〕　[日] 矶谷幸次郎：《法学通论》，王国维译，商务印书馆 1902 年版。

〔5〕　[日] 户水宽人："法律学纲领"，译者不详，载《译书汇编》1902 年第 1 期，第 117~136 页。

〔6〕　[日] 织田万：《法律学教科书》，译者、出版社不详，1905 年版。

〔7〕　有学者认为《论法的精神》并非从社会学的功能主义或结构主义角度切入，而是以自然法、人性、民族精神等为理论依据，同时也不是从政治、经济和文化结构方面分析法在社会生活中的实际功能与效果，仅仅是对社会因素或社会环境之于法律的影响的考察，谈不上是严格意义上的法社会学著作。本书并不否认这种观点，但《论法的精神》探讨了诸多社会因素对一国法律的影响，从宽泛意义上讲依然可以看作"法社会学的先驱"。

〔8〕　冯志杰：《中国近代翻译史·晚清卷》，九州出版社 2011 年版，第 162 页。

第三，法社会学著作。早期的有：1908年马德润译自德国可烈亚（今译柯勒）的著作《法学哲学与世界法学史》[1]（部分）、1912年毕厚转译日文的《法律与经济之关系》（原著者为施塔姆勒或斯塔姆勒）等。1917年开始出现了对狄骥思想深入介绍的文章，[2]他的社会连带理论引起了当时学人的关注，有人甚至认为"法律的社会学问题，实为狄骥思想研究之中心也"。[3] 1920年庞德的作品开始被留美学生陆鼎揆引介入近代中国。1926年他翻译了庞德的《社会法理学论略》，[4]该书曾多次再版，影响极大。

综上，法社会学的早期引入特征有二：

第一，译入是懵懂的、笼统的、自发的，并无很强的目的性与选择性。在"睁眼看世界""救亡图存"等主题之下，无论从"东国"辗转而来的"加工系西学"，还是从欧美奔涌而来的西学，都成为清末学人一概引入的对象。例如，各种版本的《法学通论》都会涉及对西方法学各个流派的介绍，法政杂志对分析法学、自然法学等学派的译介同样不遗余力。以分析法学为例，清末到1926年间相关论文达到七篇，[5]《译书汇编》（后改名《政法学报》）在1903年10月刊登的《论法学学派之源流》对包括历史法学、分析法学在内的各种法学学派作了全面的梳理。尽管到20世纪30、40年代左右法社会学开始成为显学，学界以研究法社会学为潮流，但在最初引入的时候，法社会学并不独特地为人所注意，而是与其他学派一起不加区别地进入国人视野。

第二，对法社会学知识谱系的认知经历了逐步深化的过程，其中不乏偏差和误解。从《孟德斯鸠法意》译入，学界开始接触到法律是社会的产物、受到社会诸多因素影响这一观念，确立了法律与社会关系的基本认识。随着日本《法学通论》等教科书的引进，不同学派对法律本质的认识得到普及，

---

〔1〕 [德] 可烈亚："法学哲学与世界法学史"，马德润译，载《法政介闻》1908年第2期，第1~9页。

〔2〕 例如有周鲠生："狄骥之法学评"，载《太平洋》1917年第5期；章渊若："狄骥氏的私法革新论"，载《东方杂志》1929年第18期；杨悦礼："狄骥氏的法律哲学"，载《中央大学社会科学季刊》1930年第1期；凌其翰："狄骥著作解剖"，载《法学杂志》1932年第1期等。

〔3〕 凌其翰："狄骥著作解剖"，载《法学杂志》1932年第1期，第20页。

〔4〕 [美] 滂特：《社会法理学论略》，陆鼎揆译，商务印书馆1933年版。

〔5〕 这些文章有：燕树棠："英美分析法学对于法学之最近贡献"，载《国立北京大学（社会科学季刊）1926年第3期，第399~414页；燕树棠："法律之制裁"，载《国立北京大学社会科学季刊》1924年第2期，第215~227页；王凤瀛："说研究法律之方法"，载《法学季刊》1924年第8期，第3~9页等。

其中法社会学所主张的法律生于社会的理论开始进一步被国人了解。《译书汇编》等法政刊物对欧洲和日本各种学说的介绍，以及狄骥、柯勒、斯塔姆勒等人学说的传入，使法社会学的思想在近代中国学界逐渐明晰起来。在转述和接纳的过程中，不免有所偏差，或者与当今法社会学知识谱系不相符的地方，例如德国法学家耶林在民国法学家燕树棠眼中是分析法学的代表人物。

二、引介途径：日本还是欧美？

法社会学是如何从欧洲大陆和大洋彼岸辗转而来、传入中国的？近代中国法学的多数学科门类都转道日本，如沈家本所说，"今日法律之名词，其学说之最新者，大抵出自西方而译自东国"，[1]例如中国最早出版的《法学通论》教科书便是译自日本法学家矶谷幸次郎和铃木喜三郎的《法学通论》。[2]相较而言，法社会学的传入渠道虽亦以日本为主，但呈现途径多样化的特征。

斯宾塞、孟德斯鸠、贡普洛维奇、斯塔姆勒、柯勒、耶林、狄骥、庞德等人的著作，少数译自原文，大多转译自日文。各种版本的《法学通论》也都译自日本法学家的作品，其中对法社会学知识的介绍，都经过了日本法学的加工。刊登在《译书汇编》《国民报》、东京《法政杂志》等刊物上的文章多数出自留日学生的手笔，介绍的重点也是户水宽人、奥田义人、牧野英一、梅谦次郎、织田万等日本法学家的观点和著作。日本成为近代中国最初接触法社会学的重要中转站。这种知识继受的特点主要和清末留学的趋势相关。甲午战争后清廷派遣留学生的主要对象便是日本，有一数据可供说明：自1905年到1911年之间清廷举办留学毕业生考试七次，留日学生占到1252人，习法政者绝大多数，占十之六七。[3]作为他者的日本，因为有着相似的文化渊源和地理优势成为中国学习近代西方法社会学思想、实现中国与西方学术思想对接的桥梁。此时的日本同样处在引入和追随西方法社会学思潮的阶段，而且在当时的中国人看来，日本在东方国家中率先实现法律近代化，因此日本经验对中国的借鉴意义显然更胜于西方。

---

〔1〕（清）沈家本：《沈寄簃先生遗书·寄簃文存》（卷四），中国书店1990年版，第929页。

〔2〕［日］铃木喜三郎：《法学通论》，广智书局1902年版；［日］矶谷幸次郎：《法学通论》，王国维译，商务印书馆1902年版。

〔3〕陈丰祥："日本对清廷钦定宪法之影响"，载中华文化复兴运动推行委员会主编：《清季立实与改制》，第212页。

三、引介主体与平台

（一）引介主体

清末最早开始将西方政治学、法学引入中国的是传教士。据学者考证，美国传教士伯驾翻译的《各国律例》是中国历史上引入的第一本法学著作，主要介绍国际法的相关理论。1833年至1838年间，德国传教士郭守腊在其主编的《东西洋考每月统记传》中撰写了一系列介绍英美法律制度和法学知识的文章。[1]近代第一篇法理论文便是郭守腊于1838年3月发表在《东西洋考每月统记传》上的《自主之理》，出现了对"法治"一词的最早诠释。[2]

留学生因其语言优势和专业知识而成为后期翻译西方法学的中坚力量。在法社会学领域，孟德斯鸠的《万法精理》由留英学生严复译入，庞德的《社会法理学论略》由留美学生陆鼎揆译入，柯勒的《法学哲学与世界法学史》由留德学生马德润译入。最早将《万法精理》《权利竞争论》等法社会学先驱作品译入中国的则是留日学生。这些作品都发表在1900年12月6日创刊的《译书汇编》上，而创始人和翻译者都是留日学生。此外，早期的法社会学理论传入中国时还不成体系，仅以零散的表述存在于法理学和社会学的教科书里。这些译著大部分源自留日学生之手，据俞江先生的《清末法学书目备考（1901-1911）》一文考证和统计，1901年至1911年间，各类《法学通论》译书13种，[3]几乎清一色是来自日本的译著。在社会学领域，岸本能武太、建部遁吾、远藤隆吉等人的社会学著作也开始经由留日学生传入中国。[4]如梁启超所说，"日本自维新以后，锐意西学，所翻彼中之书，要者略备，其本国新著之书，亦多可观。今诚能习日文以译西书，用力甚鲜，而获益甚巨"，[5]社科领域汉译日文著作的勃兴为近代法社会学知识的累积、理论体系的构建提供了可资借鉴的文本资源。

（二）引入平台

作为导入西方法学思想的平台，各类出版机构、译书团体、法政杂志在

---

[1] 何勤华：《法律文化史谭》，商务印书馆2004年版，第324、326页。

[2] 何勤华：《中国法学史纲》，商务印书馆2012年版，第253页。

[3] 俞江："清末法学书目备考（1901-1911）"，载何勤华主编：《法律文化史研究》（第2卷），商务印书馆2005年版。

[4] 李剑华：《社会学史纲》，世界书局1931年版，第115~116页。

[5] 梁启超："变法通议"，载梁启超：《饮冰室合集》（1），中华书局1989年版，第76页。

法学翻译中功不可没，值得记叙。

清末除京师同文馆、上海江南制造局、广方言馆等官方译书机构外，各地涌现的民间出版机构如上海开明书局、广智书局、商务印书馆等都参与到了翻译和引介西方法律文献的大潮，成为法学翻译萌芽时期的重要力量。进入启蒙时期后，翻译法学著作的数量大大超过了萌芽时期对国外法律和国际公法的译介，而此时民间出版机构的地位和作用也陆续取代官办出版机构而成为这一时期译书的中坚。除著作外，1902 年，留日学生陆世芬成立了教科书译辑社，组织编译了法制教科书等日译教材，输入异域文明、开启民智。

除出版专著外，早期法学文献的翻译引介还以在报刊登载为传播途径，如北京的《中外纪闻》，上海的《时务报》《求是报》，天津的《直报》《国文报》等。[1]作为中国首个法政杂志的《译书汇编》，依托翻译出版团体，不仅翻译出版了大批政法类书籍，而且在办刊一年之内介绍了大量法学名著，《民约论》《万法精理》《权利竞争论》等均为该刊最早译入。据学者统计，从清末到 1949 年，陆续创办的法政杂志大约有 150 种，其中与法学有关的占到了 60 余种，除《译书汇编》外，主要的还有《法政杂志》《预备立宪官话报》《北洋法政学报》《北洋学报》《地方白话报》《新译界》《中国新报》《法政学交通社杂志》《法政学报》等，[2]在宣传法治理念、推动法制改革、揭开认知和研究法学序幕方面，确有开创奠基之功。

四、引入成果举要

（一）严复《孟德斯鸠法意》

严复（1854—1921 年），字几道，福建侯官县人，知名翻译家、教育家。早年曾就读福建船政学堂接受新式教育，后留学英国。严复对后世最大的贡献在于翻译了一系列西方社会学、政治学、哲学、自然科学的著作，是西学东渐过程中极具影响力的人物。

《孟德斯鸠法意》是孟德斯鸠政治思想的集中体现，梁启超曾以《孟德斯鸠之学说》为题，于 1899 年 12 月 13 日在《清议报》发表文章予以介绍，这是最早对孟德斯鸠学术思想的引介。1900 年《译书汇编》根据日本学者何礼

---

〔1〕　刘毅："清末法学翻译概述——西法东渐的开端"，载《河北法学》2011 年第 9 期，第 52 页。
〔2〕　程燎原："中国近代法政杂志的兴盛与宏旨"，载《政法论坛》2006 年第 4 期，第 4 页。

之的日译本译出《论法的精神》部分内容，取名《万法精理》。严复的《孟德斯鸠法意》是近代首次较为完整译入的版本，[1]同时也是流传最为广远的版本。据何勤华教授考证，《孟德斯鸠法意》最早的版本是上海商务印书馆1909年版，共七册29卷，[2]此外，上海商务印书馆在民国三年一月二十七日（1914年1月27日）还发行过一个版本，封面署"闽侯几道严复翻译：孟德斯鸠法意，商务印书馆发行"字样，内容除29卷正文外，另附有名为"孟德斯鸠列传"的作者生平与著述介绍。

严复在译书时，并非像一般译著照本直译，而是加上了他对原文的见解与评论，以及根据中国的实际情形阐发的感悟和建议，等于在原作基础上进行了再创造。这种类似于按语（即原文中的"复案"）的评论在文中达330余条，共七八万字，有击节赞叹，也有不以为然，拉近了读者与原作者的距离，对孟德斯鸠思想的传播有重要的助推作用。

《孟德斯鸠法意》题名"法意"，实则为社会科学的百科全书，内容庞杂、范围博大。立足本书主题，书中的法社会学因素主要有如下几个方面：

第一，关于法的含义。孟德斯鸠笔下的法超越了规范意义而更类似于万物自然之理："盖自天生万物……宇宙无无法之物，物立而法形焉。天有天理，形气有形气之理，形而上者固有其理，形而下者亦有其理。乃至禽兽草木，莫不皆然，而于人尤著。有理斯有法矣。"[3]对于孟德斯鸠所定义的最广义的法的含义，严复在按语中提醒中国读者注意，西文的法可与中文的理、礼、法、制对应；他敏锐地捕捉到孟德斯鸠所谓的"法"与中国人理解的刑律不同，其本质在于"自然"："一切法皆成于自然，独人道有自为之法。"[4]

第二，因地制宜的立法。孟德斯鸠认为，政体各有其形质与精神，立法应当与国之政体、社会条件等相适应。这一原则对严复启发很大，他虽然极力赞美西方法制，但亦以为对于西方法制应采取谨慎态度，对全盘照搬的做法表示质疑："吾国近言政法者，往往见外国一二政利，遂嚣然欲仿而行之，而不知其立法本原之大异。"[5]

〔1〕 完整的《论法的精神》共31卷，严复译介的《孟德斯鸠法意》共29卷。
〔2〕 何勤华："中国近代法理学的诞生与成长"，载《中国法学》2005年第3期，第6页。
〔3〕 [法]孟德斯鸠：《孟德斯鸠法意》，严复译，商务印书馆1914年版，第1~2页。
〔4〕 [法]孟德斯鸠：《孟德斯鸠法意》，严复译，商务印书馆1914年版，第1~2页。
〔5〕 王栻主编：《严复集》（第4册），中华书局1986年版，第1006页。

第三，社会学的研究范式与方法。孟德斯鸠的学术态度不同于自然法学的先验式理性主义，而是在归纳经验的基础上进行了一种社会学意义上的构建。他对气候、土壤、地理等因素对政体、法律等可能产生的影响进行了细致入微的观察和总结，使得他的研究带有了社会法学派思想的雏形。严复对此是十分肯定的，他在第 11 卷第 13 章的按语中特别指出孟德斯鸠的学术思想与方法与 19 世纪的约翰·穆勒、斯宾塞有相同之处。

（二）狄骥学说的早期译介

狄骥的学说是较早进入国人视野的欧洲法社会学理论。在引入期，对狄骥理论的引入主要是 1917 年周鲠生发表的《狄骥之法学评》。[1]

周鲠生在 1917 年的《太平洋》第 1 卷第 5 期发表的《狄骥之法学评》主要介绍与解读狄骥在 1913 年出版的《公法的变迁》。文中对法律与政治权力关系的看法如下："人类生存于社会必不可不服从'客观的法'，而此'客观的法'位于政府之上，而人类相依社会连带之附带也。"[2]周鲠生对狄骥的法理学观点作了归纳，其中最为核心的便是否定法律源自主权者的命令，因为国家并不能对自身发布命令。国家单一的学说已经与近世社会的形势不相容，客观法才是位于一切政府之上的规则。这种客观法的实质源自社会连带关系。

在结论部分，作者对狄骥和分析法学的阿斯丁（今译奥斯丁）的理论作一比较后，认为阿斯丁的理论更具实用性，理由是狄氏法学"虽自称根据事实，然而混同各种社会之学，欲睹法学与政治、伦理、社会各学之区别而不能也"。[3]因此，狄骥的学说可以补阿斯丁法律命令说之缺，却不能取代之。这一结论印证了本书对法社会学初达中国之时境遇的论断，也即清末学人对待各种西方法学是以实用主义为导向的，学界对这些理论的价值判断建立在它们对改革中国法制、收回治外法权的实际意义上。

（三）《法学通论》教科书中的"法律与社会"

据学者统计，清末以来出版发行的法理学教材约 139 种，[4]20 世纪 20 年代之前约有 30 余种，大部分是留日学生从日文教科书、讲义翻译、编译整理

---

〔1〕　周鲠生："狄骥之法学评"，载《太平洋》1917 年第 5 期，第 1~20 页。

〔2〕　周鲠生："狄骥之法学评"，载《太平洋》1917 年第 5 期，第 6 页。

〔3〕　周鲠生："狄骥之法学评"，载《太平洋》1917 年第 5 期，第 19 页。

〔4〕　何勤华："中国近代法理学的诞生与成长"，载《中国法学》2005 年第 3 期，第 6 页。

而来。这些教科书多冠名为《法学通论》，如矶谷幸次郎著《法学通论》[1]（王国维译）、织田万著《法学通论》[2]（刘崇佑译）、梅谦次郎编著《法学通论讲义》[3]（王燊译）等。即使是中国学者所著的《法学通论》，作者也多有留学日本的经历，观点受日本法学家影响较大。

从编排内容来看，可分两类：一类是近现代意义上的法理学教材的简明版，主要涉及对法学与法律的本体论介绍，如矶谷幸次郎所著的《法学通论》。另一类则类似于概论法学各学科知识的普及版教材，例如，织田万著《法学通论》的编排体例分总论与分论，除在总论部分介绍法学、法律、国家、权利等一般理论外，分论部分介绍宪法、行政法、刑法、债权法、亲族法、相继法、商法、诉讼法等部门法知识。

这些教材中，对法的概念界定以及何为法的本质问题多采用多元主义视角。如由冈田朝太郎口述、熊元翰编的《法学通论》在谈及法之意义时，尽管从法律与国家的关系角度定义法，但认为法的来源是社会（中的人们共同生活之需要）："法者，由人类经营共同生活之必要而来者也"。[4]矶谷幸次郎所著的《法学通论》则对广义的法进行了系统的论述："然'法'之语……即上自天体，下至草木昆虫之微，苟有一定之规则，即可谓之法"，[5]颇有孟德斯鸠所认为的法是由事物性质产生出来的必然关系的意味。

《新编法学通论》的作者孟森，早年在日本东京法政大学留学，深受日本法学家梅谦次郎理论的影响。书中，他列举了所谓理想派（自然法学派）、实验派（分析法学派与比较法学派）对法的定义，对各派的主张加以批驳，如分析法学派的"法律为主权者之命令说"，误点有二：首先，古代并无宪法，主权者的权力不受限制；其次，习惯法与主权者命令无关。对于法律从何而来，在"法律与社会之关系"一章中，孟森认为社会中的人秉性不同，强弱之间冲突难免，法律是为调整这些冲突关系而生的。国际法的产生路径与国内法类似，社会积成国家，国与国又积成社会，"由是国际之约法，几与法律

---

〔1〕 ［日］矶谷幸次郎：《法学通论》，王国维译，商务印书馆 1902 年版。

〔2〕 ［日］织田万：《法学通论》，刘崇佑译，商务印书馆 1907 年版。

〔3〕 ［日］梅谦次郎：《法学通论讲义》，王燊译，石玉麟堂 1908 年版。

〔4〕 熊元翰编：《法学通论·宪法　行政法》，上海人民出版社 2013 年版，第 5~8 页。

〔5〕 ［日］矶谷幸次郎：《法学通论》（原版为商务印书馆 1902 年版），王国维译，中国政法大学出版社 2006 年版，第 62 页。

相近。此社会之范围宽，而法律之范围所由与之共进也"。[1]夏勤、郁嶷的《法学通论》介绍了西方法理学界流行的 12 种对法律的定义，其中"共同生活要件说"指出了法律与人类共同生活的关联。此说源自匈牙利学者巴克志、英国的颇洛克，认为"法律者，指示人类共生活之要件也"。虽然法律因人类共同生活要件而发生，但人类共同生活要件不等于法，因为"凡法律之违反共同生活要件者，仅得谓之为恶法"。[2]

此外，对法律与社会的关系，各个版本的法学通论也都有涉及。例如，矶谷幸次郎认为"法律学者，以法律为基础，为标准，而探讨社会之显象者也。其所关系，大自国家政治，下迄匹夫行动，无不息息相涉"。[3]孟森所著的《新编法学通论》，对法律与社会其他现象的关系作了总结，如法律与国家、道德、政治、经济、宗教等。夏勤、郁嶷的《法学通论》也对法律与道德、宗教、政治等的关系加以探讨，并指出法律在古代"往往与他种社会现象杂糅混同，疆界不别"，"晚近以来，既离他种社会现象而独立，则其界限有不可不辨者"，[4]从而确定法律的特性。

整体而言，早期《法学通论》对法的概念、本质或由来的探讨是粗浅的，主要照搬国外理论或沿袭日本法学家的理论，其中又以矶谷幸次郎、奥田义人、梅谦次郎等人为主。这种介绍虽然谈不上理论深度，但就广度而言还是值得肯定的，法理学中几种主要的派别对法的定义以及区别都有所涉及。虽然没有直接引入法社会学派的学术观点（西方法社会学流派也正处于形成之中），且此时西方自然法学、分析法学、哲理法学等均呈鼎盛之势，但此时译入中国的教科书近乎不约而同地立足于实际，对法律生于社会的原理作了简练而清楚的说明。这固然与当时日本法学家的研究旨趣相关，另一方面也反映出译者法治救国的实用主义倾向：毕竟自然法学的玄虚、哲理法学的晦涩都不适宜这一时代主题，唯有将法律看作是社会的产物、法律因国家而存在，才能最大程度发挥其工具的职能。作为教科书，对法律与社会关系的探讨又有着教育普及的意义。在一定程度上，《法学通论》教科书承担了近代国人法律意识启蒙的作用，无数法律学子正是从《法学通论》类的教材中开始认知

---

〔1〕　孟森：《新编法学通论》，商务印书馆 1910 年版，第 28~29 页。

〔2〕　夏勤、郁嶷：《法学通论》，朝阳大学出版部 1919 年版，第 28~29 页。

〔3〕　[日]矶谷幸次郎：《法学通论》，王国维译，中国政法大学出版社 2006 年版，第 47 页。

〔4〕　《郁嶷法学文集》，法律出版社 2014 年版，第 80 页。

法律。法律是社会的产物、法律与社会其他现象关系密切的观点，对于近代法律学人思想的塑造未尝不是一个重要的起点。

小　结

学术与社会向来存在互动关系，尤其当社会面临巨变、社会秩序动荡之时，学术研究的主题便会发生转换，以适应社会变动的需要。20 世纪初叶对近代中国的传统文化和社会生活方式而言，无疑是充满悲剧意味的变局。在西方文明的强势挑战下，近代中国的政治、经济、文化、法制无一不受到怀疑和冲击，从而在传统与现代、东方与西方、摒弃与保留之间彷徨和重新定位。面对社会的巨大变革，如何挽救危亡、化解危机成为当时学术研究责无旁贷的时代命题。在"救亡压倒启蒙"的情势下，学术研究开始重兴"经世致用"学风，并与"西学东渐"在实用、救国图强的主旨上相遇而达成某种程度的共识。法社会学正是在这样的语境和主题之下，随着西学东渐的潮流进入了近代中国。

法社会学的知识对于 20 世纪初的知识阶层来说属于"西学"，但就其视角和旨趣而言，其实学界并不完全陌生。它的价值取向和中国传统的"实用理性"、整体主义以及 20 世纪初的社会需求之间存在某种一致性。"礼法之争"中法理派与礼教派的激烈交锋，表面争执的礼教存废与法治道路选择的问题，实则反映到底什么样的法律才能适应当下的社会的本质思考，正是法社会学的思维逻辑。怎样选择或构建适合于本国的法律样式原本就是中西方都要面对的问题，只不过 20 世纪初的中国是在遭遇巨大变革之际，仓皇开始重新思考和选择。从这个意义上讲，法社会学在中国的引入有着文化接榫的基础，也为引入之后引发学界的热切关注提供了注解。

20 世纪初清政府的一系列自我改革举措客观上都为法社会学的引入奠定了基础：清末大规模的法制习惯调查虽然是修律的准备工作，但在客观上使得社会学方法蔚然成风；清末修律和预备立宪需要大量法政人才，废除科举、派遣留学生和新型法政教育的推行既满足了社会对法政人才的需求，同时也为西学包括法社会学在内的翻译、引介提供了宝贵的人才资源：其一，留学生尤其是留日学生作为传播西学的主体，创办杂志、翻译法社会学经典，推动了法社会学在中国的引入和发展，起到了重要的奠基作用；其二，留学教育和新式法政教育为法社会学的研究、教育储备了充足的学术力量，构成了日后法社会学研究群体的中坚。

从最宽泛的本土化意义上讲，此时针对西方法社会学的本土化研究尚处在起步阶段，还谈不上在中国的适用，更谈不上对其进行批判性反思。初引入中国的法社会学虽然远未成型，甚至还没有准确的译名，但是从思想实质来看，其核心的观点，在《孟德斯鸠法意》等经典作品的译入、各种日译版本《法学通论》的启蒙中，以及对耶林、狄骥等法学大家的浅显介绍中，已经开始渐渐进入近代学人的视野。这些经典著作中对"法"的概念、国家、政治权力的独特理解，对中国传统的法律文化而言是巨大的突破，同时也是最早的法治启蒙。从学术研究的角度来看，清末的智识阶层对待各种法学派别采取"拿来主义"，并没有选择的自觉，对随"西学"涌入的法社会学理论的价值也没有深刻的认知，因此 20 世纪上半叶引入期的法社会学知识带有懵懂、零散、不成体系的特征，与社会改造的互动作用还有待成长。

第二章 CHAPTER 2
对西方法社会学的初步改造

20世纪20年代是近代中国各种社会矛盾的加剧期，帝制虽然被推翻、民主共和已经建立，但是在民主共和的形式下却是军事专制独裁；国际资本渗透与民族资本快速发展，劳资矛盾激化，成为社会矛盾凸显的另一表现。辛亥革命、西学和新文化运动对旧秩序、旧文化造成了冲击，但后者有着顽强的惯性，因此新旧秩序、新旧文化的冲突和抉择随处可见。社会矛盾对学术的需求愈加强烈，在此期间，西方法社会学的一些概念范畴、基本理论、治学方法等都开始为国内学界所熟知，开始进入理论的传播和应用阶段，本土化工作正式起步。

这一时期，法社会学研究最明显的特征在于对引入的理论进行初步改造，表现有三：其一，对社会本位的理论认同与立法吸纳。19世纪末20世纪初法律社会化思潮蔓延至中国，法律的进化与社会化迅速成为法学界研究的热门话题。学界围绕何为法律社会化、如何实现等问题展开了丰富的研究，并与当时"社会本位"的立法实践形成了互动。其二，试图将狄骥的社会连带学说本土化。随着李炘的《社会法学派》问世，学界对各流派的观点和谱系有了更全面和深入的认识，"社会法学"的名称正式传入。社会法学派的耶林、斯塔姆勒、狄骥、庞德等人的著作均有流传，但学界对狄骥的法律哲学思想和法学贡献较为关注，希望从他的社会连带学说中寻找解决中国时局纷乱、人心涣散的指南。其三，运用社会学方法研究法律问题的倡议与本土化研究成果开始出现。社会学界开始主张以西方社会学研究方法研究中国法律问题，有关研究方法的讨论得到重视，同时研究的自主性也开始由潜到显，表现在早期的"习惯法"研究。这一自主性的促成原因，依然源自现实的社会需求——民事司法实践的制定法指导不足与脱节。

第一节　法律社会化：立法思潮与实践的互动

一、法律社会化背后的社会变局与法学思潮

20 世纪初，社会化大生产促使欧美国家从自由资本主义转向金融资本主义，旧有的社会格局被打破。工业社会的发展带来了经济和社会的繁荣，同时也将社会矛盾推向纵深。劳资关系紧张、罢工频繁，仰赖马克思主义的传播和各国社会主义政党的活动，阶级意识在工人中间迅速形成，[1]无产阶级逐渐成长为一支不可忽视的政治力量。为缓和劳资矛盾，同时也为应付世纪之交的经济危机，国家统治权力一改无所作为的"守夜人"作风，不仅要承担起调控经济发展、干预社会公共事务、维持社会秩序稳定的重任，而且要为危机之中的国民创造福祉、体恤与帮扶社会成员。在这样的社会实践推动之下，政治国家与市民社会的矛盾在法律层面出现了新的变化：其一，法律从个人本位逐渐向社会本位过渡，保障社会利益在法律上得到确证；其二，包括民法、刑法在内的传统法律部门开始出现社会化的倾向；其三，社会化立法大量出现，社会法作为新的法律部门逐渐形成。

国际社会情势的变化不可避免地对 20 世纪初的中国产生影响。民国初期的中国，本质上是一种"次殖民地状态"。正如蔡枢衡先生的分析，中国整体上仍处于农业社会，法律本应调整农业社会的社会关系，充其量也是逐渐形成中的产业资本主义秩序。由于列强进入金融资本主义阶段后裹挟了中国经济，因而中国法律被迫带上了金融资本主义的色彩。

除外源性因素外，20 世纪 20 年代的中国自身社会问题重重。北洋政府时期，民族资本主义迅速发展，近代工业资本从 1913 年的 2.7 亿元增至 1928 年的 12 亿元左右，同期产业工人数也从 65 万增至 200 多万至 300 万，均猛增数倍。[2]与之伴随的是劳资矛盾的紧张和罢工斗争的高涨，从 1918 年到 1922 年间中国发生罢工 278 次，参与人数众多。1921 年 6 月 14 日至 17 日的广州机

---

〔1〕 朱明哲："面对社会问题的自然法——论法律社会化中的自然法学说变迁"，载《清华法学》2017 年第 6 期，第 78~79 页。

〔2〕 张景岳："北洋政府时期的人口变动与社会经济"，载《近代中国》1993 年第 1 期，第 77~99 页。

器工人罢工，参与人数多达 1 万余人。[1]工人运动此起彼伏，"绝不在其他国家之下"，且"每在社会发生极剧烈之影响"。[2]

与近代工业发展相对应的是人口城市化。城镇人口从 1912 年的 3100 万增至 1928 年的 4100 万，相当于晚清时期 70 年内增加的总数。一些大城市如上海、武汉、北京、天津等地人口已超过百万。[3]大量涌入城市的人口主要是破产农民，在缺乏技术、不适应生活方式转变、缺乏社会保障和救济等多重因素下，犯罪问题频发，加剧了社会矛盾。

面对新的社会问题，学界人士展开了新的思索。如果法学继续坚持分析法学时代的封闭与保守，继续在形式主义的思维空间和既有的规则体系内开展工作，不为迫在眉睫的社会转型和国家的立法、司法出谋划策，那么他们将因为与社会脱节而一无是处。在欧美国家，法律社会化的实践使得 19 世纪已经开始萌芽的社会法学理论在 20 世纪初进一步扩张，对资本主义早期以个人主义为圭臬的法律体系加以批判和重构。1911 年，庞德在《哈佛法学评论》杂志上发表《社会学法学的范围和目的》，标志着"社会学作为一种独立的法哲学，一种可以下定义的法哲学的诞生"。[4]同年，坎特诺维茨的《法理学和社会学》报告问世，指出"法理学是关于价值的科学，社会学是关于事实的科学，没有社会学的法理学是空洞的，没有法理学的社会学是盲目的"，号召二者的结合。[5]1913 年，欧根·埃利希出版了法社会学的奠基之作《法社会学的基本原理》，[6]狄骥的社会连带学说也于这一时期面世。法社会学开始在欧美学界占据主导地位，同时开始将影响逐步扩散至亚非拉美国家，尤其是法制现代化后发型国家的学者，对这一法学新思潮十分关注。

这股法律社会化的思想浪潮在何时传入中国？通过整理 20 世纪有关法律社会化、法律进化、社会本位等相关的著述可以发现，许多作者包括陆鼎揆、丘汉平、雷沛鸿、燕树棠、吴经熊、黄公觉、孙晓楼、张志让等人都有留学

---

[1] 中共中央党史研究室科研局编译处编：《国外中共党史中国革命史研究译文集》（第 1 集），中共党史出版社 1991 年版，第 125 页。

[2] 周开庆主编：《民国经济史》，京华书局 1967 年版，第 375 页。

[3] 张景岳："北洋政府时期的人口变动与社会经济"，载《近代中国》1993 年第 1 期，第 77~99 页。

[4] Pond, "The scope and purpose of sociological jurisprudence", *Harvard Law Review*, 1911, 24.

[5] 转引自何勤华主编：《西方法学流派撮要》，中国政法大学出版社 2003 年版，第 161 页。

[6] Eugen Ehrlich, *Fundamental Principles of the Sociology of Law*, Harvard University Press, 1913.

欧美的经历，这一思潮的涌入显然和欧美留学生回国密切相关。面对中国的社会问题，他们很自然地从留学经历的知识储备中寻找指南。比如留美回国的黄公觉认为，中国的工业虽然落后于发达国家，"但是劳动阶级感受到的痛苦，比诸任何工业发达国家的工人为甚"，"所以中国之需要社会立法，比较任何国家为迫切"。[1]以引介西方法律社会化思潮为端绪，中国的学人开始思考中国法律社会化问题。

二、成败之间：法律社会化理论的展开及与实践的互动

在西方法律社会化浪潮的席卷与解决中国社会问题的促使下，20世纪20年代左右，法律社会化理论一度成为法社会学研究的热点。尽管学者们对这一崭新的学说投入极大研究热情，"但凡思想不落伍，没有一个不以法律社会化为其立说之本"，[2]但相关的研究还是带有严重的模仿痕迹，对立法实践的指导作用有所悬浮。代表性作品如表2-1，本书择其要者加以概括和分析。

表 2-1　1921 年至 1931 年间介绍和研究法律社会化理论的作品

序号	题名	作者	所载期刊或出版社	期次	出版时间
1	社会法学派与法律之社会化	马显德	政治月刊	第 3 卷第 2 期	1923 年
2	社会法学派之起源主义及其批评	张志让	法律周刊		1924 年
3	法律之社会化	黄炳言	中大季刊	第 1 卷第 3 期	1926 年
4	法律之社会化	张宗绍	上海法科大学月刊	第 1 期	1928 年
5	社会进化与法律	孙晓楼	上海法科大学月刊	第 1 期	1928 年
6	法律社会化与社会法律化	百友	法律评论	第 6 卷第 3 期	1928 年
7	法律社会化论	郑保华	法学季刊	第 4 卷第 7 期	1930 年

〔1〕 黄公觉："社会立法"，载《政治评论》1935 年第 156~157 期合刊，第 84~89 页。
〔2〕 孙晓楼："法律社会化之途径"，载《经世》1937 年第 6 期，第 13 页。

（一）法律社会化与法律进化、社会本位的关联

法律社会化理论几乎与社会进化、法律进化、法律本位问题同时进入学人视野，而且这几个问题在当时的研究者看来有着密切的关联。孙晓楼认为法律进化是社会进化的结果，而法律进化与法律社会化有着内在一致性，"故夫社会者法律之精神，法律者社会之形式。社会进化，法律亦随之进化；社会改革，法律亦因之而改革，苟社会变而法不变，则社会不得使其编，法律变而社会不变，则法律终等于具文"。[1]张宗绍认为，"概括言之，即法律之制定，须随社会之需要而为蜕化者也"。[2]

法律的社会化对应的是法律的个人化，"由近世而至现代之法律之进化系为个人化"，[3]而现代的法律应当以从个人化进化至社会化，理由是法律本位的变化与人类社会的变迁相关联，人类社会由游猎时代、畜牧时代、农业时代过渡到工业时代，法律的本位自然对应地进化至社会本位。同时，个人主义的法律不能保障贫者的利益，反而使资本家和劳动者呈对垒状态。采社会连带主义的立法，以公共利益为重，能够促进个人和社会的协调融合，达到社会改造的目的。

不难看出，当时学者支持法律进化的理由，显然受到了 19 世纪中后期出现的进步主义法律观的影响。这种观念以线性时间观为基础，认为"时间会从某一点出发，不可逆地向前延伸，没有确定或可知的终点"，[4]法律也是呈线性发展状态的，新的社会阶段的法律一定会超越旧的社会阶段法律。此外，20 世纪初的社会主义思潮也成为当时学者论证法律进化的论据。1921 年署名范杨的作者在《社会主义与法律》一文中指出，社会主义是个人主义的对立物，并论证法律过渡至社会主义的必要性："在那工业幼稚、以原始的方法简陋的工具而谋生的时期……更没有什么资本家和劳动者永久截然的区别"。[5]

在这些影响的支配下，学者们似乎很少思考法律的发展是否应当具有民

---

〔1〕 孙晓楼："社会进化与法律"，载《上海法科大学月刊》1928 年第 1 期，第 20 页。

〔2〕 张宗绍："法律之社会化"，载《上海法科大学月刊》1928 年第 1 期，第 14 页。

〔3〕 ［日］牧野英一：《法律上之进化与进步》，朱广文译，中国政法大学出版社 2003 年版，第 93 页。

〔4〕 熊赖虎："时间观与法律"，载《中外法学》2011 年第 4 期，第 681 页。

〔5〕 范杨："社会主义与法律"，载《民国日报》1921 年 10 月 14 日。

族差异性。中国为什么一定要采世界立法趋势，立法为什么必须采取社会本位？几乎没有学者从实证的角度、从中国实际的经济状况和社会状况入手分析法律社会化的可行性，而都采取了以西方移植而来的理论为出发点，演绎式地论证西方法律社会化理论在中国的必要性。学者们用立法潮流一语蔽之："欧战以后社会本位代个人主义……流风所播，我国亦不免"；[1]"我国亦能步其后尘，以求实现"。[2]至于为何要追随这一"世界各国立法之新趋势"，并未作深入解释。张相乾的理解略比一般学者深刻，他认为社会本位取代个人本位有"时代变迁""人类进化""社会心理转移""经济潮流之压迫"等原因，[3]即便如此，这一阐释依然太过表面化，并没有深入论证为何我国要采世界各国立法趋势。世界立法取向传入中国何以成为一种价值选择或者必须跟从的一般规律？学界并未作更进一步的探索，反映出对这一理论的盲从和信心不足，导致的结果是学界虽然已对法律"不合于中国现代在进化社会之情形者綦多"[4]有所认识，却将其归因于不够"社会化"、没有追随西方潮流，将这种"不适合"更推进了一步。

（二）法律社会化的理论探讨与立法实践

按照当时学人的见解，法律社会化应当成为当时中国立法的趋势。对于法律社会化如何实现，学者观念不一，大致可分为三类。第一类从民智基础建议，如百友认为实现途径在于普法，应当使民众"了解法律之真谛"，力求"法律知识，已普及于社会全体"，"法律思想，已深入一般人脑海之中"。[5]第二类则提出改革大致的方向，如张宗绍从政治、经济和法律三个维度将法律社会化之途径归纳如下：法律社会化，从经济方面观察之，应主要致力于解决土地问题、劳工问题和人口问题；从政治方面观察之，则应致力于妥善解决女子的参政权和人民的考试权问题；从民法方面观察之，则应努力解决女子的继承权、民事行为能力问题以及扩张无过失赔偿责任等。[6]孙晓楼则认为应从四个方面着手：其一要使法律适应社会的需要；其二要注意法律的

〔1〕　王宠惠："二十五年来中国之司法"（原载《中华法学杂志》1930年第1期），载何勤华、李秀清主编：《民国法学论文精粹》（第5卷），法律出版社2004年版，第458页。
〔2〕　百友："法律社会化与社会法律化"，载《法律评论》1928年第3期，第4页。
〔3〕　张相乾："法学历史进化的考察"，载《政法月刊》1923年第6期。
〔4〕　孙晓楼："社会进化与法律"，载《上海法科大学月刊》1928年第1期，第23页。
〔5〕　百友："法律社会化与社会法律化"，载《法律评论》1928年第3期，第4页。
〔6〕　张宗绍："法律之社会化"，载《上海法科大学月刊》1928年第1期，第13~18页。

通俗性，使一般民众有知道法律的可能；其三要使诉讼手续便捷，法院组织简单，使一般民众有运用之便；其四要注意人治和法治的关系，勿轻信法治的万能，而轻视人治的重要。[1]第三类则是结合19世纪末20世纪初世界法律变化的特点对中国的法律提出了具体的建议，包括民法、刑法以及劳动和土地立法等，如黄炳言认为应当扩充行政权之范围，所有权之限制，契约自由限制，法律行为解释以诚实为基础，限制权力滥用，权利不行使之限制，原因责任之发生，刑法由事实主义趋向于保护主义。[2]

总体来看，民国初期的学者不仅对法律社会化的立法主张较为认可，而且就如何实现法律社会化进行了从大致方向到具体建议的探索。这些论述对当时的立法实践有无影响？从郑保华的文章中我们可以发现，法律的社会化确实作为一种立法原则体现在了各法典中，旧中国所订法典均表现出明显的法律社会化倾向。1926年，北洋政府完成了民律草案的总则、债、物权、亲属和继承五编，1929年，南京国民政府立法院在此基础上修订了民法典，于1929年和1930年分别公布。《中华民国民法》继承了五编制的编排体例，以德国民法为参考，实行民商合一。在立法起草的说明书中，胡汉民表示，"个人本位之立法，害多利少，已极明显，故特置重社会公益，以资救济"。[3]其中，总则规定了"禁止权利之滥用""公序良俗之保护""男女平等"等，凸显了对社会利益的保护。债编不以"债权编"命名而代之以"债编"，表明其保护弱者的社会化倾向。此外，损害赔偿的减免、禁止重利盘剥、保护受雇人、无过失责任之承担等，以及物权编限制财产权行使、缩短取得实效期间、维护永佃权人的利益、增订典权等规定；亲属编对亲属分类和亲等计算之改进、男女平等和种族健康、夫妻财产制的规定等内容，都是法律社会化之表现。甚至于法律用语都考虑了一般民众认知的需要，刻意剔除了生涩的外邦术语，[4]保障了法律的通俗性，社会本位的主张和建议大多被采纳。胡汉民称这部民法的最大特点就是"以全国社会的公共利益为本位，处处以谋

---

〔1〕 孙晓楼："法律社会化之途径"，载《经世》1937年第6期，第17~18页。

〔2〕 黄炳言："法律之社会化"，载《中大季刊》1926年第3期，第1~14页。

〔3〕 王立民、练育强、姚远主编：《"西法东渐"与近代民国寻求法制自主性研究》，上海人民出版社2015年版，第161页。

〔4〕 郑保华："法律社会化论"（原载《法学季刊》1930年第7期），载何勤华、李秀清主编：《民国法学论文精粹》（第1卷），法律出版社2003年版，第148~158页。

公共的幸福为前提"，"处处表示它维护弱者的精神"。[1]

刑事法律同样体现出了法律社会化，但较为有限。比如，法社会学主张刑法应采"主观主义""相对主义"和"社会防卫主义"，刑罚不是报复的手段而是"防止未来犯罪并保护社会之手段"，[2]但这些主张在 20 世纪 20 年代的刑法中并未全面体现。北洋政府时期于 1918 年 7 月重新修订刑律，出台了《第二次刑法修正草案》。该草案结合了社会观念的变迁和刑法学界研究的新成果作出了一些调整，比如，增加了"公共危险罪"的规定，取消了"亲属加重"内容，减弱了刑法中传统家族主义的色彩。鉴于历史原因该草案并未实施，但对于后来的《中华民国刑法》有着重要的借鉴意义。1928 年 3 月颁布的《中华民国刑法》便是王宠惠等人以《第二次刑法修正草案》为基础增删形成草案，史称"二八刑法"。虽然被郑保华誉为"社会化刑法之模范"，[3]实际上该法制定仓促，虽也考虑了社会观念的进步、参考了别国刑法的内容，比如吸收了西方刑法的三大原则，但是对于当时学界已经提出的以社会本位为出发点的主张没有充分体现，例如由刑罚的报应主义转向社会预防主义、侧重社会预防和教育刑等，直到 1935 年《中华民国刑法》才增加了保安处分制度。

民国初期法律社会化理论的移植和研究实质是一种精英阶层的叙事方式。立法实践对这种叙事方式的采纳，无论程度如何，都只代表着理论与实践的表面互动，看似热闹，实则深刻性不足。除上文分析的学界对中国法律社会化的必要性阐释不足外，对"社会化的法律"与中国社会尤其是乡土社会不相适应的情况也基本视而不见，缺乏有效的研究。社会变迁、法律转型和民众的法律观念改变并不完全同步，尤其在有着数千年传统礼俗的乡土社会，现代化的法律对乡民而言是隔膜的，甚至完全陌生，其依然保留着传承下来的生活逻辑。费孝通先生在民初乡村进行调查时发现一个"奸夫告状"的事例，说明正式的法律制度在民间社会的副作用："它破坏了原有的礼治秩序，但并不能有效地建立起法治秩序……法治秩序的好处未得，而破坏礼治秩序

---

〔1〕《胡汉民先生文集》（第4册），文物供应社1978年版，第854页。

〔2〕谢镜蓉："累犯之本质"，载《法律评论》1927年第14期，第1~4页。

〔3〕郑保华："法律社会化论"（原载《法学季刊》1930年第7期），载何勤华、李秀清主编：《民国法学论文精粹》（第1卷），法律出版社2003年版，第160页。

的弊病却已先发生了。"〔1〕法律与社会因何脱节本应是法社会学者重点关注的问题，但当时的著述普遍目光向外而不是目光向内，研究的自觉性尚未普遍形成。

法律社会化理论深刻性不足的另一个表现是对社会法的研究。学界将社会法的出现视为法律社会化思潮的产物，但在 30 年代之前对社会法的性质和内容尚无充分认识。20 世纪的西方社会法理论对应的范畴较为广泛，包括劳资矛盾、经济危机、工业问题、贫民救济等，随着工业化程度的加深还渐渐触及环境保护等领域。20 年代的中国社会化程度本身很低，社会法的范畴局限在土地问题、劳工保护等方面，较为狭窄。学界的理论关切也主要围绕这些方面展开，如黄炳言认为社会应当应社会公益之需要而制定新的立法即社会立法，"最重要者为保护劳动者之工场（工厂）法"，"他如劳动者之保险法、年金法，以及关于劳动团体之组织法等皆是"。〔2〕王世杰则回答了为何需要工会法和需要怎样的工会法问题，指出工会必须受到法律的承认，工人应当享有结社权，这也是工业化发展的需要。〔3〕学界的主张是对国民党立法政策的呼应，1926 年国民党第二次全国代表大会时已经形成保护劳工、改良劳工待遇的劳工立法原则，〔4〕1928 年立法院成立后，围绕劳工关系陆续制定了《工会法》《工会施行法》《修正工厂法》《工厂检查法》《劳资争议处理法》《工会组织条例》《土地法》《土地施行法》等社会法。1929 年的《工会法》是近代中国第一部真正意义上的劳动法，对工人权利保护在形式上是很全面的，但也存在很多缺憾。李剑华的《劳工法论》和时任实业部劳工司司长李平衡撰写的《工会与立法》一文都对 1929 年的《工会法》提出批评，认为工会法缺乏一贯主张、组织中心原则和工会的任务模糊。〔5〕至于社会救济、社会保险等立法要到 1940 年国民政府成立社会部才开始有所进展。因此，这一时期有关社会法的研究其实是比较薄弱的，一方面缺少立法实践的支撑，另一方面法社会学尚处于形成过程中，学界的研究未免有"形而上学"之嫌，因

〔1〕 费孝通：《乡土中国 生育制度》，北京大学出版社 1998 年版，第 57~58 页。
〔2〕 黄炳言："法律之社会化"，载《中大季刊》1926 年第 3 期，第 1~14 页。
〔3〕 王世杰："中国工会法问题"，载《东方杂志》1927 年第 3 期，第 5~17 页。
〔4〕 荣孟源主编：《中国国民党历次代表大会及中央全会资料》（上册），光明日报出版社 1985 年版，第 127 页。
〔5〕 邱少晖：《二十世纪中国工会法变迁研究》，中国政法大学出版社 2013 年版，第 6 页。

此吴传颐感叹就连"研究的对象，有时不免要依赖于假想"。[1]

总体来看，法社会学派的法律社会化思潮在民国初期的引入和传播，对当时的理论研究和立法实践都产生了重要的影响。应该说，这一时期学者对西方法社会学理论的本土化都还是比较朴素的主张。他们在努力理解和移植这一异质理论时仍然带有盲从和仰视痕迹，缺乏独创性和深刻性的解释。中国立法的社会化倾向在他们看来是法律发展的必然，但对于中国立法的特殊性却没有更深入的讨论，以致于在乡土秩序、社会法等领域出现问题意识的失焦。但他们寻找规范的法与当下社会生活的关联的努力使得这一研究充满了现实意味；他们对中国法律社会化不遗余力地提倡和建议，确实促进了当时法律体系的社会化和进化，这是有积极意义的。

第二节　社会连带主义法学在中国的演变与使命

莱昂·狄骥（Duguit，1859—1928 年），法国著名公法学家，社会连带主义法学的创始人、"波尔多学派"的主要代表人物。"社会连带主义理论"由法国社会学家涂尔干首先阐发，狄骥将其运用于法学研究中，形成了独具特色的"社会连带主义法学"，著述颇丰。

狄骥的学说建立在孔德开创的实证主义哲学基础上，反对从 19 世纪开始盛行的先验的、假设的个人权利学说和自然法的概念，主张建立一种基于社会连带关系而构建的社会法学。这一学说在 19 世纪末实证主义大行其道的环境下得到了学界的推崇，并且早在 1913 年和 1917 年便通过留法学生的翻译传入了中国。[2]在引入的初期，社会连带主义法学并没有引起学者太多关注。进入 20 年代后，这一学说的命运发生了转变，学者开始大规模地引介和评述狄骥的学说，从中汲取需要的部分并在传播的同时加以改造和创新，以社会连带主义学说为基础衍生甚至有意误读，以适应中国社会的需要，具体统计情况参见表 2-2。一个从法国传入的法社会学经典理论，在近代中国社会不断演变，以充当论据的角色，被赋予了解决现实问题的期待、承担了社会改造的使命。无论实效如何，都是一个耐人寻味的现象。

---

〔1〕　吴传颐："社会与社会法学"，载《中华法学杂志》1948 年第 1 期，第 10 页。

〔2〕　如周鲠生："狄骥之法学评"，载《太平洋》1917 年第 5 期。

表 2-2　1921 年至 1930 年间介绍和研究狄骥理论的作品

序号	题名	作者	所载期刊或出版社	期次	出版时间
1	法律思想之发达	陈俊三	法律评论	第 49、51 期	1924 年
2	法儒杜基之法律哲学	张志让	法律评论	第 45~46 期	1924 年
3	社会连带原理与其他诸原理之比较	陈应机	法律评论	第 55~56 期	1924 年
4	新理想主义与社会连带主义在法律上之新表现	陈俊三	法律评论	第 59~61 期	1924 年
5	法儒杜基之民事责任说	张志让	法律周刊		1924 年
6	夏尔蒙氏对杜基学说之批评	张志让	法律周刊		1924 年
7	狄骥氏的私法革新论	章渊若	东方杂志	第 26 卷第 18 期	1929 年
8	莱昂狄骥的法律思想	薛祀光	社会科学论丛	第 1 卷第 6 期	1929 年
9	狄骥氏的法律哲学	杨悦礼	中央大学社会科学季刊	第 1 卷第 1 期	1930 年

一、消除贫富阶级、凝聚人心

鸦片战争以降，时局纷乱、国无宁日、人心涣散，背后有着深刻的社会原因。皇权被推翻后，旧的权力中心不复存在，但是封建王朝的"家天下"心理依然在民众心中遗留，"天下为公"的理念和民族团结的意识还在形成之中。旧的问题尚未解决，新的问题已然出现，随着社会由传统自然经济向近代商品经济过渡，社会分工日渐专业化和精细化。社会财富不断增长，与之伴随的是传统财产占有形式发生的裂变，家族资产不断转化为个人私有。社会阶层开始出现裂变，以上海为例，出现了中产阶层、工厂无产阶级、都市贫民等新的社会群体和买办、侨民、产业工人、中小商人、职员、城市公务人员以及各类无业游民等新兴阶级与阶层。[1]大量破产的农民为寻生路涌入

〔1〕 唐振常主编：《上海史》，上海人民出版社 1989 年版，第 728 页。

城市，导致城市的贫富差距日益加大。"日在危疑震撼中者，上等社会也；日在支持竭蹶中者，中等社会也；日在饥寒交迫中者，下等社会也。"[1]据学者的考证，民国初期社会各阶层的经济收入水平和生活状况差距悬殊，官员群体、大学教授月收入可达数百元，中产阶级如中学教员、报社编辑等月收入数十元到百元不等，处于社会底层的工人群体工作时间长、环境差，收入只有十几元，生活质量极低。一个普通五口之家年收入100元即可维持生计，相较之下贫富差距不可谓不大。[2]社会各阶层地位的差异直接导致阶层利益的差距，财富集中在少数群体手中，贫穷人口增加，劳资矛盾冲突不断、罢工斗争此起彼伏，社会认同感不断降低。再加上民国初期政局震荡，进入北洋政府时期后，政局不稳、中央政权更迭频繁，从建立到完结不过16年又3个月，国家元首换了8次，国务总理更迭58次。[3]社会巨大变迁的背后是动荡和分裂。

经历过辛亥革命和新文化运动后，传统儒家思想和道德伦理受到极大冲击和否定，西学虽潮水般接连涌入，却没有一种"思想"或者"主义"能够取而代之，成为中国社会的主流信念。社会成员失去了向心力，如何凝聚人心、团结民众，各种"思想"和"主义"都显得力不从心。如同梁漱溟先生所说，中国社会原本缺乏团体组织，"人各一心、不能互助、彼此心肝痛痒都到不了一处"，没有"共同的问题，公共的要求"，从而无"公共信仰"。[4]自清末以来，一系列的历史震荡更加剧了社会共同体和文化共同体的瓦解倾向。

狄骥的社会连带主义法学何以从初达中国时的不受重视到此时的热烈追捧，与上述社会背景不无关系。社会连带学说主张"社会实多数人之融合体，即人人相与，有密切互助不可分离之关系"，是"合理之改造原理"，因此被寄予了凝聚人心、消弭矛盾、改造社会的期望，学界甚至幻想"采此主义立法"，"今日法律社会化之萌蘖，他日国治民安之先导，贫富阶级，不难因此消

---

〔1〕 黄苇、夏林根编：《近代上海地区方志经济史料选辑》，上海人民出版社1984年版，第337页。

〔2〕 杨兴隆："民国初期各阶层的收入水平与生活状况"，载《经济社会史评论》2015年第3期，第106~115页。

〔3〕 潘荣、魏又行：《北洋政府史话》，社会科学文献出版社2011年版，引言。

〔4〕 《梁漱溟全集》，山东人民出版社1990年版，第469页。

除"。[1]

这一时期，以北京大学为中心形成了研究狄骥理论的学者群体，包括周鲠生、王世杰、方孝岳、燕树棠、张志让等人。学者对社会连带主义的注意，首先从其倡导社会成员互助联结而始，进而开始关注其理论的其他方面。

1917 年，正在巴黎大学留学的周鲠生接触到了狄骥的学说，以《狄骥之法学评》一文介绍了狄骥的主权和国家公职学说。这篇小文没有引起太大反响，但显然影响了周鲠生对法律的看法。1923 年 10 月，他出版了旨在介绍法律常识的《法律》，内容分法律的概念、法律成立的程序、法律与道德、法律与社会四章。[2]在解释法律的概念时，他的观点和社会连带主义法学的观念完全一致。受到狄骥理论的影响，他将法律视为维系社会连带相依关系的规律，而法律所维护的对象，是由于社会共同生活中的人类有共通和互助的需要，此种相辅的关系即为社会连带关系。

其他学者在介绍狄骥的法律哲学时，同样注意到了这种社会连带关系，理解虽略有差异，但都认为这种社会连带关系是一个社会事实。如张志让将其阐释为"社会利害相关关系"，指出其"实为社会之根本事实"；[3]章渊若则将其分类为"求同的社会联立关系"和"分工的社会联立关系"；[4]方孝岳则提炼"社会团结"和"社会互赖"的概念，认为这二者"不是一种感情，不是一种教条，也不是行为的原则"，而应当是"一种存在的事实"。[5]"社会利害相关""社会联立""社会团结"和"社会互赖"，都是社会连带学说的翻版。

在引介过程中，狄骥的理论被寄予了法律改造的指导意义和实现社会改造的期望。有学者认为社会连带说应当成为私有制度的基础，许藻镕在一篇讨论私有财产制度的文章中分析，"（社会连带说）对于现行私有财产制度的基础观念，虽没有说明白，但是私有观念应确立在什么基础观念之上，私有财产制度的存废问题和它的范围问题……这说的理论，从现状和组织社会的

　〔1〕 郑保华："法律社会化论"（原载《法学季刊》1930 年第 7 期），载何勤华、李秀清主编：《民国法学论文精粹》（第 1 卷），法律出版社 2003 年版，第 135~137 页。

　〔2〕 周鲠生：《法律》，商务印书馆 1923 年版，第 2~3 页。

　〔3〕 张志让："法儒杜基之法律哲学（续）"，载《法律评论》1924 年第 46 期，第 5 页。

　〔4〕 章渊若："狄骥氏的私法革新论"（原载《东方杂志》1929 年第 18 期），载何勤华、李秀清主编：《民国法学论文精萃》（第 1 卷），法律出版社 2003 年版，第 627 页。

　〔5〕 方孝岳：《大陆近代法律思想小史》，商务印书馆 1921 年版，第 20 页。

原理上说起来，不得不认为正当"。[1]因此，财产法的立法原则应当从个人主义转向团体主义，以增进个人的幸福和社会的进步。在当时的学者眼中，社会连带主义有着其他主义无可比拟的优越性。例如陈俊三认为，只有社会连带主义的法律才能真正实现"自由、平等、博爱"。由于连带关系，社会成员对其中的贫弱群体有"同类意识之感觉"，会"设法救济、竭力预防"，这是个人主义、无政府主义等无法做到的。因此，社会连带主义是法律原理的最高形态，代表着法律的"新理想主义"。[2]

以社会连带主义为原则改进立法是否能够起到明确个体的社会责任、团结社会成员、消弭阶级对立与冲突、治愈社会失范的效果？答案恐怕是令人失望的。当时的学者只注意到了狄骥学说激进的一面，对其理论改造社会的寄托未免过于理想化。狄骥用社会分工代替阶级的划分，用社会互助掩盖阶级冲突现象，试图证明社会成员"集体意识"或"共同意识"的存在，并通过法律肯定这种"社会团结"，否认社会存在的不平等和不公平，本身就有着不科学性。何况不同社会，社会成员及其思想不同，所谓的社会连带关系永恒性、同一性的定论值得质疑。事实上，不同文化状态之下的社会团结方式不同。中国社会的团结方式更多是一种"观念团结"，即社会成员对儒家价值观念的认同，尽管经过了新文化运动的冲击和新旧文化的摇摆、冲突，这种认同其实依然存在，社会分工对这种团结方式的影响并不大。20世纪20年代的学者，尤其是法学界人士本着构建理想法律的社会责任感，对社会连带主义法学这一异质理论资源抱有极大的期许，但对真实的社会阶层状况缺乏关怀，有想象大于实证之感。西方法社会学理论并不一定能包容中国社会问题的特殊性，学者们从本土语境出发对狄骥理论的诠释虽然也是本土化的一种表达，但这种本土化显然还停留在初步。不过，他们对狄骥学说所代表的社会本位立法潮流非常敏感，也确实捕捉到了这一世界立法倾向的变化，对当时立法的改进起到了积极的推动作用。

二、助推社会本位立法

法律社会化的风潮下，民国初期的法律开始呈现出社会本位倾向。立法

---

〔1〕 许藻镕："现行私有财产制度的观念基础和它将来的趋势"，载《学林》1921年第1期，第91~102页。

〔2〕 陈俊三："法律思想之发达（续）"，载《法律评论》1924年第51期，第1~5页。

原则的转向，与当时学者不遗余力地倡议密切相关。狄骥的社会连带主义法学被民初学者盛赞为"现代法律界中最称正当之学说"，"实处于社会思想之指导地位"，[1] "是进步的、有系统的而且是科学方法的，所以更有它特殊的价值"。[2] 为免"法律发达之竞争场中流为落伍者也"，[3] 社会连带主义法学的主张成为助推法律向"社会本位"转型的他山之石。

　　早期学者对社会本位的理解与社会进化、法律进化的概念纠合在一起，并从社会连带学说的角度阐发。1927 年，曾在法国巴黎留学、获得法学博士学位的王世杰出版了《比较宪法》一书，该书带有明显的狄骥学说印记。在书中，他阐释了个人自由、社会进化与社会连带主义的关联："盖社会全体之进化，有赖于人类分工现象之发展……个人优性之发展，乃能促进社会分工现象之发展，亦属显而易见。以是欲求社会全体之进化，实不能不给予一切人民以诸种自由。"[4] 在他看来，人民享有的权利与自由并非"天赋"或"不言而喻的真理"，而是为了"社会全体之进化"的目的，国家给予的保护。这与狄骥对个人主义的自然法的批判路径十分相近。方孝岳则根据狄骥的"社会职务论"进一步论证了个人自由也是一种"义务"，国家负有职责促使个人履行这种义务。对应在法制方面，欧美各文明国家的法律都有限制个人追逐自身利益的内容，例如财产权在主体权利的同时也被赋予了社会职务的性质，权利主体应当利用他的财产"增加公共的福利""满足社会的需要"以"扶助扩张这社会互赖"。[5]

　　由此，他们观察到了欧美法律正在发生的变化，即 19 世纪以来的个人主义法律已经不能适应欧美社会的需求，狄骥则以经验和实证的态度一改自然法学理论对个人主义的推崇，而以社会职务、社会分工等为切入点重构了个人自由、权利与国家的关系。这种以社会为出发点的理论对欧美法律产生了重要影响，包括自由、财产权、责任、契约在内的传统法律制度都因此而被重新诠释，不仅立于当时法学潮流之前端，而且从方法论方面使中国学者彻

〔1〕 陈应机："社会连带原理与其他诸原理之比较"，载《法律评论》1924 年第 55 期，第 1 页。
〔2〕 阮毅成："狄骥对于近代法学的贡献"，载《政法论丛》1932 年第 8 期，第 21 页。
〔3〕 陈俊三："法律思想之发达"，载《法律评论》1924 年第 49 期，第 2 页。
〔4〕 王世杰：《比较宪法》（上册），商务印书馆 1927 年版，第 123 页。
〔5〕 方孝岳：《大陆近代法律思想小史》，商务印书馆 1921 年版，第 120 页。

底"服膺"。[1]

以狄骥的理论为基础，学者开始探讨法律从个人本位转向社会本位的必要性。法律本位为何要从个人转向社会？正如他们毫无疑问地接受社会连带主义学说一样，他们也同样几乎毫无疑问地接受了法律应当转向社会本位的趋势，理由有二：一是社会生活进步对法律的需求；二是法制由个人主义向社会主义演进的规律。但对于个人主义法律在西方历史上的贡献，民初学者很少提及，而且多数将其理解为社会本位的对立物、社会进化的障碍。尽管中国历史上并不存在个人本位的立法，学者们还是从西方经验中总结出了个人主义法律的弊端，如陈俊三指出，个人主义法律的自由和平等只具有表面的和形式上的意义，实则只有自由而无平等可言，在这样的法律之下只会放任自由竞争带来的恶果："其愚且贫者……情势日蹙也。"[2]因此，法律的演变趋势是"从个人主义进于社会主义，放任主义进于干涉主义，义务本位进于权利本位，更从权利本位进于社会化"。[3]

在社会连带主义法学思潮的推波助澜之下，民国的立法以社会为本位进行了法律改造，如胡汉民所说，"我们立的法是以全国社会的公共利益为本位，处处以谋公共的幸福为前提的"。[4]

三、与三民主义的捆绑

社会连带主义法学不仅助推了民初"社会本位"的立法，而且被国民党的"党义"——三民主义捆绑和吸收，直接转化为国民党立法的指导原则。

三民主义的主张，即"民族、民权、民生"三大主义，最早由孙中山先生于1905年根据同盟会政治纲领提出，是为旧三民主义。1924年，他改组国

---

〔1〕　如章渊若曾经在其《民族与宪法》一文中说，"愚为服膺狄氏之一人"，原因是"历来法家对于主观权利的解释都是玄学的诡辩而无事实的根据"，狄骥的论证则是实证的和立足于事实基础的。参见章渊若："民族与宪法"，载《时代公论》1933年第56期；章渊若："狄骥氏的私法革新论"（原载《东方杂志》1929年第18期），载何勤华、李秀清主编：《民国法学论文精萃》（第1卷），法律出版社2003年版，第623页。

〔2〕　陈俊三："法律思想之发达（续）"，载《法律评论》1924年第51期，第1~5页。

〔3〕　汪新民："社会法学派对于最近法学之影响"，载《国立中央大学半月刊》1930年第30期，第64页。

〔4〕　胡汉民："民法债编的精神"，载《胡汉民先生文集》（第4册），文物供应社1978年版，第854页。

民党，召开中国国民党第一次全国代表大会，将旧三民主义重新诠释为反帝反封建的新三民主义。

将三民主义贯彻于立法之中，应归功于胡汉民。胡汉民是孙中山的忠实追随者和三民主义的实践者。1928 年 12 月，他就任国民政府首任立法院院长，发表了"三民主义之立法精义与方法方针"的讲话，正式确立了三民主义在国民党立法政策中的指导地位。在许多场合，胡汉民都旗帜鲜明地强调三民主义的立法宗旨，认为只有三民主义的立法才能践行孙中山的三民主义，所以对国民政府的立法而言，三民主义"正如航海的罗盘、远行的指南针"，[1]必须严格遵行。除政治意识形态的原因外，这种立法观也是当时的政治局势和社会情况现实的考量。一方面，国民政府成立后，民族、民权等矛盾在一定程度上得以解决，最为棘手的还是民生问题。所以胡汉民所谓"第三个方针"的目标是民生主义的体现。另一方面，防止"阶级斗争"激化，以社会利益为目的的民生立法，也被寄希望于缓和或者解决矛盾："吾人之恐惧阶级战争……皆因其大多数人民生活状况之不满，足以滋蔓此等之潮流耳"。"单纯的强迫政策不足为训，然则何以望中国之郅治，余曰惟有法律社会化始足当之。"[2]有学者进一步指出，三民主义的法律，应以生存权为中心，所以社会进化的定律与民生主义是相同的，也即人类的生存。[3]

国民政府时期立法虽然号称以三民主义为根本宗旨，实际上与狄骥的社会连带主义法学理论有诸多相近之处，或者就是直接取材于后者。从学者们的论述中不难发现他们对三民主义立法的推许都是以社会连带主义为理论基础。如 1930 年梅仲协发表的《三民主义的法学原理》，其认为三民主义的法律本位应当是义务，原因是人类社会存在"社会连带的拘束"，此种拘束关系可分为因共同需求而关联的"同求连带"和因不同分工而关联的"分工连带"。借此连带关系共同生活的人们为了维持生存而不得不服从于某种规范，这种行为的规范，就是法律。[4]可以清楚地看到，作者据以展开的论证基础几乎复制了涂尔干和狄骥的社会连带关系理论。但对于三民主义的法律与

〔1〕 胡汉民："二年来立法工作之回顾"，载《胡汉民先生文集》（第 4 册），文物供应社 1978年版，第 911 页。

〔2〕 张宗绍："法律之社会化"，载《上海法科大学月刊》1928 年第 1 期，第 13~18 页。

〔3〕 朱显祯："三民主义的法律应该怎样"，载《新声》1930 年第 18 期，第 4 页。

〔4〕 梅仲协："三民主义的法学原理"，载《新认识月刊》1930 年第 3 期，第 13~16 页。

"社会连带的拘束"有怎样的必然联系，后者因何而成为前者的基础，并没有给出令人信服的说明（作者只是以"根据三民主义的哲理，认为义务是法律的基础"一笔带过），似乎只是借用了社会连带学说的理论框架。

胡汉民则提出了社会连带关系的另一种表述，即所谓的"社会协动论"。与梅仲协类似，他同样认为自近代以来社会成员之间关系的实质为协动关系、连带关系，这是社会生存的根本。由此出发，义务应当优先于权利，个人享有权利应当以履行义务为前提，以此形成连带或者协动。所以，所谓的"社会协动关系"，不过是对社会连带关系的简单改造。三民主义的立法，也是社会本位的立法，因为"三民主义的立法，固为整个的社会问题谋解决，而非仅仅为社会中之个人或部分人或阶级主张其绝对权利"。[1]他说，"中国向来的立法是家族的；欧美向来的立法是个人的；而我们现在三民主义的立法乃是社会的"，[2]所以三民主义的立法要注重整个民族的社会生活和社会力量之规范，立法的目的在于社会之利益而非个人的利益。

至于立法为什么要"以全社会共同的福利或全民族共同的福利为法律的目标"，从表面上看，是他对法律本位发展阶段的认识和对欧美法律历史考察的结果。欧美的法律偏重个人利益而忽略了社会利益，因而最近的立法出现了由权利本位转向义务本位、为社会公共利益而限制私人所有权以及因社会福利而限制契约自由的新趋势。不过在胡汉民看来，三民主义立法的社会本位倾向与欧美立法不同。欧美法律制度从19世纪末20世纪初出现了从个人本位到社会本位的转换，但"顾其偏重于个人自由，忽略社会全体之利益，初无大异"。[3]因而世界各国之法，是"霸道"而不是"王道"。三民主义的立法则是"王道"精神的体现，是"仁恕而公平的、以德服人的，不是以力服人的"，[4]因而我国立法是"根据党义，以社会利益为重，采各国法理之长"[5]

〔1〕《胡汉民先生文集》（第4册），文物供应社1978年版，第805页。

〔2〕胡汉民："三民主义之立法精义与立法方针"，载张国福：《中华民国法制简史》，北京大学出版社1986年版，第243页。

〔3〕胡汉民："社会生活之进化与三民主义的立法"，载《中华法学杂志》1930年第1期，第3~5页。

〔4〕胡汉民："民法债编的精神"，载《胡汉民先生文集》（第4册），文物供应社1978年版，第854页。

〔5〕胡汉民："新民法的新精神"，载《胡汉民先生文集》（第4册），文物供应社1978年版，第861页。

且符合"王道"精神的结果。

胡汉民没有论证明白的是，既然我国"王道精神""仁恕公平"且"以德服人"，为何还要向外更求，取道于狄骥的社会连带主义法学呢？究其实质，三民主义立法所谓的"社会"，与法社会学家所指的社会并不完全相同。狄骥笔下的社会先于国家存在，国家是作为社会中的一个组织、"个人的集合体"而存在，社会本位的法律本身有抑制国家权力以实现社会利益的指向。胡汉民所指的"社会"意为"社会团体""整个民族"，实为"国家本位"的代名词，对国家权力并无抑制之意。再则，狄骥虽然倡议立法从个人本位向社会本位转型，但并不排斥或否认个人自由的价值。在三民主义立法中，个人权利与自由要让位于国家利益。狄骥的理论何以到中国后偏离原来的轨道，一方面是国民党维护一党专政统治的意识形态所致，另一方面则是根深蒂固的家国传统的思维惯性。另一国民党政要戴季陶的阐释毫不掩饰地说明了这一点。他将孔子的学说附会为"以发达民生为目的，以智、仁、勇为道德基础的社会连带责任主义"，将儒家主张的修身齐家治国平天下冠以"社会连带责任"的新帽子，目的仍在于强调个人对整体、对国家的责任："一切民生的意义，只为个人利益而不顾家国天下的利益，只顾一家的利益而不顾国与天下的利益和只顾一国而不顾天下的利益，这几种自私自利的行为都是反乎人类共存的真义。"[1]由此可见，包括胡汉民在内，倡言三民主义立法的政要和学者其实对西方的社会本位都有所误读，陈炯明一语道破实质："三民主义及其发表之政纲，类皆东抄西袭……而于国情亦未适合。"[2]

总体上说，三民主义立法的社会倾向，混淆了国家与社会的界分、掺入和夹带了国民党的意识形态，是在形式上捆绑与吸收社会连带主义法学、实质为妄加比附的产物。从学术角度观察，这种捆绑也是西方法社会学理论本土化的一种，通过借鉴颇有影响力的社会连带学说论证中国的立法取向。但遗憾的是，此种推断并没有建立在对中国现实社会情况的实证研究基础上，而是冠以三民主义的名号，以社会本位的立法进一步论证西方理论的普遍性，并没有真正触及本土化的深层次内涵。

---

〔1〕 戴季陶：《孙文主义之哲学的基础》，上海民智书局1925年版，第46、49页。
〔2〕 陈炯明：《中国统一刍议》，国家图书馆藏书，第119页。

第三节　现实关切与初步自觉：民初习惯法研究

一、民初立法与司法中的习惯法

有别于国家法之大传统的民间习惯法小传统，是法社会学研究的重要主题，在中国古代也是资源丰富的存在。据梁治平先生的考证，宋代以后，习惯法在民间社会尤其是经济活动方面的重要性日益突出，而在明清时代，习惯法对缓解因制度资源稀缺而造成的巨大社会压力起到了重要作用。[1]

进入近代进程后，法制更新换代的迫切需求使得中国古代形成的国家与社会二元秩序结构受到冲击，民间习惯法的生存空间变得逼仄。在法学家昂格尔眼中，中国之所以未能走上法治道路，与习惯法没有实现和国家法的有机融合不无关系。缺乏多元的社会集团以及超验的信仰，最终使得古代中国在社会秩序的把控与规则体系的构建方面与西方国家迥异。[2]

细究之下，昂格尔的结论虽不无道理，但失之确切。古代法典中，民间习惯与国家律文的结合确属少数，但并非阙如。如《唐律》第 171 条"里正授田课农桑违法"规定土地不宜耕种者"可依乡法"；第 279 条规定盗杀牛马的例外情况可依照"乡俗"等。"乡法""乡俗"体现了唐律对民间习惯的考虑与吸收，可谓中国古代法中家法与习惯法结合的例证。进入 1920 年，在法律移植的底色之下，尽管政治家和法学家们有着"情感上执著于自己的历史，在理智上却又献身于外来的价值"的倾向，[3]但并未将习惯法放诸四野。从《大清民律草案》第 1 条便可看出，[4]习惯依然被看作律法的重要补充，这种法条表述同样保留在民国时期的民法之中。自清末至民国的民商事习惯调查，形成了近千册调查报告，积累了极具参考价值的丰硕成果。遗憾的是，由于人口增长、地域因素限制、司法导入机制限制等原因，清末民初民事习

---

〔1〕　梁治平：《在边缘处思考》，法律出版社 2003 年版，第 12~13 页。

〔2〕　[美]昂格尔：《现代社会中的法律》，吴玉章、周汉华译，中国政法大学出版社 1994 年版，第 41~127 页。

〔3〕　陈新宇："习惯中国的法律宿命"，载《检察日报》2011 年 7 月 21 日。

〔4〕　《大清民律草案》第 1 条规定："民事，本律所未规定者，依习惯法；无习惯法者，依条理。"

惯对民法典制定的作用相当有限。[1]

尽管习惯没有作为规范性知识大量进入近代法律的体系，但作为事实性知识却进入了法社会学者（或具有法社会学倾向的学者）的视野。法社会学向来有将习俗纳入研究范围的传统，韦伯认为"从社会学的角度看，习惯、惯例和法律之间的演变界限是非常模糊的"，[2]共同体的习惯生活方式就法社会学者被视为实质的交往规则而存在。依托于社会内生秩序和群体的内心确信，习惯法在全世界都是"一种不仅最古老而且也最普遍的法律渊源"，[3]从文化角度看法律多元是一种普遍现象。虽然在清末民初法治救国与立法主义的浪潮下，近代中国的习惯法无论从规则体系还是司法实践都退至边缘化的地位，但同时也受到 19 世纪末 20 世纪初法社会学思潮的启发，对习惯法的重新发现和研究，可以被视为近代中国法社会学起步的重要一环。

（一）立法中的习惯法

早在清末民律草案制定之时，修律大臣沈家本等人就已经意识到，"惟各省地大物博，习尚不同，使非人情风俗纤悉周知，恐创定民商各法见诸实行，必有窒碍"，[4]为保证法律的顺利实行，借鉴他山之石与调查本土习俗同等重要。

《大清民律草案》第一编"总则"中"法例"第 1 条即对习惯法和条理的效力加以肯定。此外，正文提及"习惯"的法条有 22 条，另有一条（第 208 条）提及"通常惯例"。清朝覆灭之后，《大清民律草案》没有来得及实施，但也并未完全被束之高阁。民初时期政治局势混乱，国会无法正常行使立法职能，完善的立法体系无法建立，反而是清末制定的法律起到了过渡的作用。北洋政府时期，尽管政局动荡，依然承继清末民商事习惯调查的传统，为后续民法的制定奠定了基础。到《中华民国民律草案》中，习惯也并未被否定，不仅保留了《大清民律草案》中涉及习惯的大多数条文，而且还新增了 17 条与习惯有关的条文。[5]《中华民国民法》对传统民商事习惯的取舍更

〔1〕 张洪涛："近代中国的'以礼入法'及其补正——以清末民初民事习惯法典化为例的实证研究"，载《比较法研究》2016 年第 2 期，第 127～141 页。

〔2〕 ［德］马克斯·韦伯：《论经济与社会中的法律》，张乃根译，中国大百科全书出版社 1998 年版，第 25 页。

〔3〕 ［美］H. W. 埃尔曼：《比较法律文化》，贺卫方、高鸿钧译，清华大学出版社 2002 年版，第 32 页。

〔4〕 《大清法规大全卷·二十下·吏政部·内管制二》，政学社 1901～1909 年版，第 13 页。

〔5〕 苗鸣宇：《民事习惯与民法典的互动——近代民事习惯调查研究》，中国人民公安大学出版社 2008 年版，第 35 页。

加理性和务实，基本贯彻了"参以各国法例，准诸本国习惯"的立法理念。在总则部分，第1、2条恢复了《大清民律草案》对习惯作为民法非正式渊源形式的规定，并增加了适用习惯的禁止性原则，[1]法典中直接吸收了典权制度和家族制度，废除了《大清民律草案》中盲目移植的不动产质权制度，同时以"法律"代替"本律"，保证了法制体系的统一性，化解了习惯法对制定法的冲击问题。

除原则性规定外，清末至民初民事立法中大量内容直接源自民间习惯。不完全列举，如关于典权、婚约、事实婚、合会等方面的规定均参考了习惯，是本土化的产物。因此，尽管由于时局动荡等原因，清末和民初的大规模民事习惯调查的成果虽然未能很好地与制定法结合，但此时的民事立法还是在竭尽可能的范围内保留了相当多的习惯法。

基于近代以来民商分立的立法传统，参酌习惯的做法同样体现在商法中。清末新政时期的《商人通例》《公司律》《破产律》等都考虑到了"师法外国"与"通变宜民"兼顾的立法目的，如《破产律》："商部经过调查东西各国破产律及各埠商会条陈和商人习惯，参酌考订成《破产律》。"[2]民国政府在此基础上继续完善，制定了如《公司保息条例》等旨在发展工商业的法律，并修订了《商人通例》《公司条例》。时任农商总长的张謇对修订工作特别加以说明，"调查各埠商业习惯，历时三载，然后参酌法理，编纂而成"。[3]

（二）司法中的习惯法

如前所述，民国初期制定法缺乏，早期民事司法中适用的是《大清现行刑律》民事部分，随着社会快速发展，逐渐无法适应调整社会关系和司法审判的需要。民初的司法机关不得不进行各种法律续造，包括对民事习惯的采纳。例如，大理院曾在1913年发布过与《大清民律草案》第1条十分类似的法律适用原则："判断民事案件，应先依法律所规定，法律无明文者依习惯法，无习惯法者，依条理。"两年后，大理院再次发布了"法律无明文者，从习惯；无习惯者，从条理"，重申了习惯和条理的非正式法源地位。同时，为

---

[1] 《中华民国民法》第1条规定："民事，法律所未规定者，依习惯；无习惯者，依法理。"第2条规定："民事所适用之习惯，以不背于公共秩序或善良风俗为限。"

[2] 汪敬虞主编：《中国近代经济史（1895-1927）》（中册），人民出版社2000年版，第1485页。

[3] 沈家五编：《张謇农商总长任期经济资料选编》，南京大学出版社1987年版，第24页。

规范各地审判,大理院在 1913 年发布的判例中还对习惯作为补充法源的要件进行了解释:"凡习惯法成立之要件有四:(一)有内部要素,即人人有确信以为法之心;(二)有外部要素,即于一定期间内,就同一事项反复为同一之行为;(三)系法令所未规定之事项;(四)无背于公共之秩序及利益。"

严格说来,大理院两次发布的判例中,"习惯法"和"习惯"的用语含义不尽相同。[1]按照通常的理解,习惯法需满足受众广泛性、行为的重复性以及不与正式法的基本价值相悖等特性,才有可能被制定法吸纳为部分或作为补充的渊源。习惯则往往带有小众、区域性、缺乏普遍性等特点,俗语云"十里不同风,百里不同俗",特定区域或者群体的习惯很难获得社会成员普遍的认同。

大理院将"习惯"扩充至非正式渊源,命各地审判机关参酌适用,显然有着"非常时期之非常举措"的考虑。究其原因,首先当为制定法不足之缘故。在正式渊源与非正式渊源适用的位次上,大理院的态度是非常明确的,民国四年(1915 年)上字第 22 号判例清楚说明,"故苟有明文足资根据,则习惯及通常条例即不得援用"。[2]然而,民初是法制极不完备的社会,尽管按照临时约法民国政府基本确立了三权分立的法治原则,国会被视为立法权的重心,但在时局动荡、政治斗争激烈的复杂形势之下,国会很难充分履行立法职责。清末修订的法律大多存在严重的水土不服问题,以《大清民律草案》为例:"前三编全以德、日、瑞三国之民法为模范,偏于新学理。于我国旧有习惯未加参酌。后二编虽采用旧律,但未经多数学者之讨论,仍不免有缺漏错误……不能认为适宜之法案也。"[3]在参议院搁置该草案后,民事活动的法律文本由《大清现行刑律》的民事有效部分暂时替代。但《大清现行刑律》的民事部分仅对婚姻、田宅等部分作了极为简单的大纲式规定,虽然有若干单行法作为补充,仍无法调整复杂的社会关系。

其次,早期的大理院将习惯法列为制定法的补充渊源,并为习惯法限定了适用的条件,尤其是第四项"无背于公共之秩序及利益"赋予了法官较大的自由裁量权,从侧面反映出制定法的匮乏和司法机关以"法官造法"方式

---

〔1〕 也有学者持不同意见,如公丕祥教授认为大理院对习惯和习惯法的用法是互通的。参见公丕祥主编:《民俗习惯司法运用的理论与实践》,法律出版社 2011 年版,第 53 页。

〔2〕 郭卫编:《大理院判决例全书》,中国政法大学出版社 2013 年版,第 211 页。

〔3〕 杨幼炯:《近代中国立法史》,商务印书馆 1936 年版,第 73 页。

弥补的努力。然而，将大量区域性很强的习惯上升为习惯法的造法方式是值得商榷的。各地民情风俗有异，强行赋予某些习惯法以普遍拘束力可能会因事实上的排异反应而失去实际效力。大理院注意到了这一问题，在民国四年（1915年）上字第1276号判例中提道："凡法律无明文规定者，本应适用习惯法则。但习惯法则通常概无强行通行之效力"。[1] 其实在各地的审判活动中，对特定的习惯加以确认，达到处理个案的目的才是更切合实际的日常。据大理院民国四年（1915年）上字第2354号判例记载，倘若诉讼当事人主张适用习惯法则，而该习惯法则经法院调查审核属实且认为合法的话，"自应援用之以为判断之准据"。[2]

根据《大理院公报》和《直隶高等审判厅判牍集要》《上海地方审判厅司法实记》等记载的判例，习惯确实起到了有效的补充作用。如大理院民国四年（1915年）上字第977号判决展示了一起家族内处分祖遗祭田的案件。地方原有各房房长可共同代理全体族人处分的习惯，判决认为这一习惯有助于促进民事关系结转，并对这一习惯加以肯定，将其作为对制定法中"族人处分祖遗祭田，以得族人全体之同意为有效条件"的补充。

耐人寻味的是，各地审判机关以习惯、条理等审理的案件数量甚多，据学者尹伟琴的统计，以民国时期浙江龙泉祭田纠纷案件判决依据为例，以民间习惯为判决依据的案例占到20%，成文法在判决依据中才占1/4的分量，"地方习惯""条理""情理"等判决依据仍然占较大比例。[3] 有时习惯甚至超越了补充和变通制定法的作用。例如大理院民国四年（1915年）上字第2242号判决肯定了江苏省买卖荒地不订立契约亦有物权转移效力的习惯。而律文明确规定典卖田产必须有契据，且经官府税契方为有效。再如直隶高等审判厅民国二年（1913年）审理的一起案件中，确认了"兄弟分居，为中国风俗习惯所明许"，排斥了现行法的规定。[4]

从法社会学的角度解释，习惯反映着联合体内部的力量平衡，"联合体中所有成员在联合体生活中的利益、他们适当运用联合体内起作用的每一种力

---

〔1〕 郭卫编：《大理院判决例全书》，中国政法大学出版社2013年版，第211~212页。

〔2〕 郭卫编：《大理院判决例全书》，中国政法大学出版社2013年版，第212页。

〔3〕 牛锦红："民初土地纠纷案件判决依据解析——以《江苏省司法汇报》和《司法公报》为分析对象"，载《江苏社会科学》2015年第3期，第157页。

〔4〕 直隶高等审判厅编：《直隶高等审判厅判牍集要》（第1册），第135页。

量的过程中的利益、他们在安置每一个联合体成员至其能提供最佳服务之位置过程中的利益、这些利益与个人对自己生活的热情、对自己个性的坚持、对自己利益的追求构成了一种平衡"。[1]民初审判中习惯的广泛运用，固然有着制定法匮乏的客观原因，根本原因还是在于联合体成员在长期社会生活中博弈形成的习惯所具有的非制度性权威力量。例如，土地纠纷中计量单位与现行法律规定不符的问题，就反映出了民间习惯的强大惯性。如永嘉县土地丈量用"鲁班尺"、嘉善县的水田丈量比实田少一至三分等，都与现行法规定有出入。但据案例表明，"现有争执时，本厅派员前往丈量，亦沿用鲁班尺，合弓折亩计算，历无异议"，[2]考虑到民间习惯更有利于解决纠纷，司法人员在适用方面的倾向性还是非常明显的。

民初这种"中西交错""新旧交织"、规范性知识与事实性知识杂糅、习俗与条文并存的局面无疑为法学研究提供了良好范本。尤其在新近舶来的法社会学理论的观照下，对习惯或习惯法的考察则成为本土法社会学研究的重要起点。

二、民初法学研究中的习惯法问题

(一) 不同视角下的习惯与习惯法

何为习惯？民初的法理学教科书也称之为"惯习"，多从规则主义和国家立法角度认识习惯，将其理解为制定之外的间接法源："间接法源者，其本身虽不能直接发生法之效力，而由国家承认之后，得成为法者也。如法律，命令，规则，条例等，属于前者。惯习，条理，学说，判例，外国法，道德，宗教等，则属于后者。"[3]而惯习法，则是"由惯行而发生之人之行为准则，国民承认之为法者也"。[4]惯习和惯习法有前后相继之关系，"惯习法者，由惯习而生法律之效力"，[5]或者认为习惯和习惯法是元素与整体的关系："今总括法律渊源之大者为三，即习惯，判例，立法是也。习惯乃组成习惯法之

〔1〕［奥］尤根·埃利希：《法律社会学基本原理》，叶名怡、袁震译，中国社会科学出版社 2009 年版，第 61 页。
〔2〕前南京国民政府司法行政部编：《民事习惯调查报告录》，中国政法大学出版社 2000 年版，第 278 页。
〔3〕白鹏飞：《法学通论》，上海民智书局 1928 年版，第 17 页。
〔4〕白鹏飞：《法学通论》，上海民智书局 1928 年版，第 20 页。
〔5〕佚名："制定法与习惯法"，载《东方杂志》1914 年第 11 期，第 37 页。

原素。"[1]

也有学者有着不同于规则主义的观点，认为习惯原本就是不成文的法律，这一视角已经颇有法社会学的意味了。对使用习惯的人民而言，"习惯和法律的区别只是形式上的"，"这种习惯的成立，并非由于帝王圣论的规定，亦非经过国会法定的手段"，但却是他们"默认为无明文的律法而不能违背的"。[2]尤其值得注意的是 1925 年谢光第在《法律评论》发表的《意识的法律与无意识的法律》一文。此文中，作者认为习惯是一种"无意识的法律"，而一般民众对习惯的法律意义并无清醒的认识。[3]

这种"无意识"或"半意识"状态下的"法律"，非常类似于道德规范。在民初学者笔下，习惯与道德规范的界限并不十分清晰，而习惯转化为制定法的过程也可类比于道德性法律的转化。"（习惯）其于法律上之地位，乃为道德之过程……盖习惯在未成为法律之前，仅为单纯之习惯或曰单纯之道德问题。""迨单纯之习惯进而为法律时，即习惯取得国家权力认为有法律之效力时，而此习惯或道德信条便成为习惯法。"[4]换言之，习惯法的质料源自民间实践，效力则要取决于国家权力。

在王伯琦看来，同为人类社会规范，道德、习惯和法律有密切的关系，"法律的前驱是习惯，而习惯又是启端于道德"。[5]道德习惯在全世界各民族的法制中均占有重要地位，他分析了习惯法发展的一般规律，即社会情况稳定尤其是小国寡民状态时，习惯法可以维持基本的秩序。当社会情况动荡、外来文化冲击、剧烈革命之时，社会阶级利益冲突逐渐严重，习惯法便不足以调整社会关系而需要成文立法补救了。我国的习惯法"统名为礼"，"亦就是道德上许多抽象概念的具体化"，与法律的区别在于"具体化的方法比较粗陋朴素"，此外其形成也并非大众无意识的从同而是"少数智者有意识的创建"。[6]至于中国因何从习惯法时期过渡至成文法时期，王伯琦认为同样是由

---

[1]　傅文楷："法律之渊源"，载《法学季刊》1926 年第 1 期，第 22 页。

[2]　黄秩荣："习惯在法律上之地位"，载《法学季刊》1925 年第 3 期，第 179 页。

[3]　谢光第："意识的法律与无意识的法律"，载《法律评论》1925 年第 90 期。

[4]　傅文楷："法律之渊源"，载《法学季刊》1926 年第 1 期，第 23 页。

[5]　王伯琦："习惯在法律上地位的演变"，载王伯琦：《近代法律思潮与中国固有文化》，清华大学出版社 2005 年版，第 283 页。

[6]　王伯琦："习惯在法律上地位的演变"，载王伯琦：《近代法律思潮与中国固有文化》，清华大学出版社 2005 年版，第 294～296 页。

于战争后期社会情况混乱，浮泛不确切的习俗无力应对社会控制的需求，成文法应运而生。

（二）习惯法与制定法之关系

对于习惯何以要成为法律以及何以成为法律，民初学者进行了深入的探讨。习惯何以要成为法律，有学者以为便利人民、补充制定法之不足以及防止审判官借口"律无明文"而拒绝裁判是主要的原因。人类的聪明智慧有限而法律上的各项问题无穷，习惯是"救济法律之穷的不二法门"。[1]所以，"惯习法者，既可以合社会之实情，又可以补法律之不足也"。[2]

那么除补充作用外，习惯是否可以排斥成文法的效力？法律对此并无明文规定。王伯琦考察德国、法国、瑞士的习惯法后发现，在德国习惯法被视为民族意识的表征，因此成文法制定后产生的习惯法有排斥与之冲突的制定法之效力。法国、瑞士则不承认习惯法的排斥效力。对我国而言，王伯琦认为应当分情况看待。通常情况下赋予习惯以此等效力是危险的，可能导致"无意识的习惯推翻有意制定的成文法"，不利于法治。倘若社会发生剧变、法律确已无法调整，仍然排斥习惯"亦就未免拘泥了"。[3]

关于习惯法成为法律的要件，有学者从实质与形式两方面进行了归纳总结。从实质角度，一是习惯应当为真理、公道所支持；二是习惯应当为人类理性的反映。从形式要件来看，则有人民确信说、主权者认定说、永续惯行说、法院认定说及条件具备说等。[4]这些解说可以看作《中华民国民律草案》第 1 条以及大理院和各地司法机关广泛应用习惯审理案件的注脚。

对于习惯法和成文法的关系，民初学者非常重视二者的二元并存和互动的实际状态。在已经给定的前制定法的时代前提下，学者们显然已经接受了成文法不足和舶来法律与中国本土无法融合的现实，表现在学术研究里，则呈现出某种趋同的一致性，那就是对习惯法的推崇。在学者看来，"制定法固为惯习法所诞生，斯惯习法难为制定法所消减"，"法律规定如不合社会需要

---

〔1〕 黄秩荣："习惯在法律上之地位"，载《法学季刊》1925 年第 3 期，第 179～180 页。

〔2〕 佚名："制定法与习惯法"，载《东方杂志》1914 年第 11 期，第 38 页。

〔3〕 王伯琦："习惯在法律上地位的演变"，载王伯琦：《近代法律思潮与中国固有文化》，清华大学出版社 2005 年版，第 311～312 页。

〔4〕 傅文楷："法律之渊源"，载《法学季刊》1926 年第 1 期，第 20～30 页。

时，法院不尊律文，另依习惯或条理以为判决，不乏其例"。[1]习惯法甚至被视为与制定法同等重要的法律渊源，成文法、习惯法和条理相辅相成，共同构成法律的全体。以法国为例，法国民法典虽为制定法之典范，但是法国社会却并不被立法者的初意拘束，正是法院在司法实践中不断吸收习惯与判例以补充制定法之不足，才使得法国民法典的立法本旨早已于无形之中悄然生变，与社会发展得以同步。

（三）民初习惯法研究简评

法学界对习惯法的坚持，并不完全立足于纯粹法理研究的视角。社会实践与法学理论从来都是相互激荡的，这一特点在中国近代法律发展进程中尤为明显。民国初年战败的德国在华治权被取消，十月革命之后的俄国也放弃了该项权利。再加上新建交的一些国家不再要求治外法权，民初不少政治家甚至一些法律家都产生了一种错觉，即认为要想彻底取消西方在华的领事裁判权，途径便是全面加快法律移植进程，"吾人欲与世界各国言归于好，必不可不先整其法纪，不可不牺牲我国旧有之习惯以迎合世界公共之心理"。[2]对于这种抛弃本国习惯法资源、全盘西化的倡议，法学界从各种角度给予了驳斥。有学者从法之本质入手，分析一国法律与本国国民的固有联系，认为法乃是"载国民之特性而发之于外者也"。"中国法律，全根诸人民之特性，本乎固有之良规，非由外烁，信足以自成一系"。[3]也有学者从法律所代表的意志角度分析，认为习惯法代表着人民的意志，"至于近代，德谟克拉西风行天下，万事皆以民众意思为向背……于是习惯法以人民之总意或合意为基础之说遂起"。[4]法律的形式不拘于制定法一种，也并不由立法者主观意志决定，而是源自社会生活本身，这可以说是民初学者从习惯法的研究中得到的最富有法社会学意味的启示。

从总体上看，民初对习惯法的研究是一个良好的开端，也为当时的立法和司法提供了理论基础。但当时学者的研究没有深入问题的本质层面，即当时的中国社会为什么需要习惯法存在。近代之前，家国一体的治理模式很好地融合了国家与民间、国法与宗法的关系，二者在价值取向和利益追求上是

---

[1] 张正学："法院判断民事案件适用之法则"，载《法学季刊》1925年第4期，第175~176页。

[2] 杨端六："法律世界中之中国"，载《东方杂志》1920年第20期，第14页。

[3] 庐复："中国法系论"，载《东方杂志》1918年第7期，第8页。

[4] 李炘：《法形论》，公慎书局1922年版，第10~11页。

一致的。近代以后，以国家为主导推进法制现代化，势必要求树立制定法的权威，使得国家法和民间法的关系不再协调，"国家为表层结构，民间社会为深层结构"。[1]民间社会根深蒂固的生活逻辑所形成的秩序并不必然随着国家法律现代化而自动转型，而是依然会在有限的空间里继续延续和自我发展，形成各种习惯和惯例。对这一点，所见民初文献似乎还没有深入地揭示。

小　结

"一段时期的法学理论是一段时期社会需求的产物"，[2]对于民初的法社会学理论而言，这段时期的法学理论其实是学者根据社会需求从欧美采撷和移植的产物。尽管研究的独立性和创新性尚待提升，但学界在引介西方法学理论时已经表现出有意识的选择性。对法律社会化理论、社会连带主义法学等内容的引介和研究，除因这些理论代表当时西方最新的法学潮流外，还有一个直接的目的在于学者们试图从中找到解决民初各种社会问题的指南。

在西方法律社会化浪潮席卷与解决中国现实问题促动之下，学界开始关注法律社会化问题，围绕法律社会化的概念、法律社会化与法律进化、社会本位的关联和法律社会化实现途径等展开介绍。学术界的建议与国民政府社会本位的立法形成了互动，在一定意义上推动了当时法律体系的社会化和进化，具有积极的价值。但是对于初兴的法社会学而言，学者们在努力理解和移植这一理论时不免带有模仿盲从痕迹，缺乏独创性和深刻性的解释，例如对中国法律社会化的深层次原因探讨不足。对法律社会化和社会法的关系认识不够深入，将社会法的范畴局限在劳工法与土地法领域，由于缺少立法实践的支撑，学界的研究对实践的指导停留在"悬浮"状态。

20世纪20年代，耶林、庞德、狄骥、斯塔姆勒等法社会学家的理论在中国都有流传，相较而言狄骥的社会连带主义和社会职务说得到了这一时期学者的认可和推崇。学者们从狄骥的理论中寻找可资利用的资源，意图助力社会改造，使得这一外来资源承担了解决中国社会问题的使命。狄骥主张社会

---

[1]　张生：《民国初期民法的近代化——以固有法与继受法的整合为中心》，中国政法大学出版社2002年版，第11页。

[2]　李文军："近代中国社会本位法学的'外来资源'"，载《四川大学法律评论》2017年第2期，第149页。

成员之间通过社会分工和互助形成连带关系，对于自清末以来社会秩序动荡、人心涣散，急需寻找主流价值观念的民初学界而言，社会连带主义引起了他们的极大兴趣。学者提出的"社会团结""社会互赖""社会协动""社会利害相关关系"等都是社会连带主义学说的翻版。然而，在现实的中国社会中，民众之间的连带关系其实与社会分工关联性并不强，对于能够真正促成社会团结的资源，当时的学界研究并未深入。狄骥所主张的"社会本位"被民初政界和学界吸收借鉴，形成了所谓的三民主义立法原则，对民初立法起到了积极的推动作用。但是学者以法社会学的"社会本位"论作为理论框架去诠释实质为"国家本位"的三民主义立法，实际是一种有目的的捆绑，实则存在误读与异化，也没有深入本土化的深层内涵，而是对西方理论演绎性推理的结论。

20世纪20年代法社会学研究的另一个理论面向是"习惯法"的研究。民国法律在采用世界先进立法原则的基础上，兼顾了传统与习惯，从立法和司法角度缓解了法律和社会的张力，表现出一定的法制自主性。近代法社会学研究的自主性也是从对习惯法的研究开始初显端倪的，显现出了法律——社会的视角与社会学方法的初步尝试，同时也使得法社会学的理论和方法从知识译介开始走向初步的本土化实践。

总体而言，如果用较为严苛的标准加以衡量，传播期的法社会学在研究对象、研究方法、研究内容和研究群体方面仍有待充实和完善，对异质理论的引介、推崇仍然是这一时期的主色调。但值得肯定的是，他们对异质理论的选择带有了解决本土社会问题的目的性而不再是不管三七二十一的"拿来主义"，对西方法社会学理论和方法的进一步了解，为下一阶段法社会学的自觉和创新奠定了重要的基础。

C| 第三章 CHAPTER 3
近代中国法社会学的本土化构建

从最宽泛的意义上说，自 20 世纪初西方法社会学传入、发展的过程都可以被视为本土化的过程。但是在不同发展阶段，本土化的成就有着显著差别。学者早期对西方法社会学基本概念、理论框架与研究方法的译介、引入是描述性的和不加改造的，表现出对他者的仰视与服膺。尽管也存在对异质理论选择性的偏好，以及略带误解性质的运用，但早期的本土化自觉性和程度都不明显。

具有更深入内涵的本土化始于 20 世纪 30、40 年代，这一时期同时也是中国法社会学研究短暂的兴盛期。换言之，学者本土化意识的觉醒和创新性的研究活动，促成了近代中国法社会学研究的繁荣。

第一节　民族危机下的思想变迁与法社会学研究的创新

一、从追随西潮到探索中国本位法学

20 世纪 30、40 年代对于整个中国社会科学界而言都是一个反省、批判与开辟自我成长道路的时期，对西方价值标准普适性的质疑开始达到顶峰。1935 年发表在主流媒体的一篇文章尖锐地指出，"大一统政治制度的崩溃，继之以有增无减的动乱，给社会和人群带来了长久而深远的沮丧和不安"，"中国在国际势力的宰割之余根本自己就丧失了罗盘针，东风吹则西倒、西风吹则东倒，没有一个确定的方向"。[1]

反映在思想界，"不知道风往哪一个方向吹"的结果就是"学问却如走马

---

〔1〕 庄心在："中国本位的文化建设宣言的回响"，载《中央日报》1935 年 1 月 17 日。

灯"。[1]随波逐流、"尊西崇新"的现象早已引起少数清醒的学者的警觉，"本来真实的学问，应该是由环境发生，但是如今的中国学问，概是外国学术的骈枝"。[2]1935年1月，反对依附西方文化的思潮找到了一个出口，就是以王新命、何炳松、黄文山等十位教授为首，联名发表了《中国本位的文化建设宣言》，该宣言指出"中国政治的形态，社会的组织和思想的内容和形式，已经失去它的特征"，而"由这些没有特征的政治、社会和思想所发育的人民，也渐渐不能算是中国人"。[3]

本意师法西洋、解民于倒悬，不料却每况愈下甚至有文化亡国的危险，不得不令人反思，是否陷入了制度迷信的泥潭？这些振聋发聩的声音在法学界同样得到了回应，"文化的领域看不见中国"的考语，"若用以说明中国现行的法律，实在是非常确当"。[4]某种程度上说，法学界的自省似乎比整个思想界更为明确和深入，甚至比"十教授"更早意识到了法律制度的中国化问题。[5]"十教授"虽然振臂一呼竖起了"中国本位"的旗帜，但对于究竟何谓"中国本位"并没有提出具体化的建议。十位教授的本意，是"纠正一般盲目复古和盲目西化两种不合此时中国需要的动向"，"至于走向那（哪）个方向，达到建设文化的目的，那是我们大家所同负的责任"。[6]"一十宣言"一出，主张"科学化、标准化、普通化"有之，"以农村为本位"者有之，主张"现代化"者有之，借机推销"三民主义"或主张中国旧有文化者亦有之，反而显得盲目和混乱。[7]与之相比，法学界的研究路径虽有不同，不满和诉求倒是基本一致的。

---

〔1〕　庄心在："文化上的战斗——三论中国本位文化建设运动的前途"，载《时事新报》1935年6月2日。

〔2〕　董时进："乡居杂记"，载《独立评论》1932年12月4日。

〔3〕　张宪文等：《中华民国史》（第2卷），南京大学出版社2005年版，第458页。

〔4〕　阮毅成："怎样建设中国本位的法律"，载阮毅成：《毅成论法选集》，正中书局1936年版，第14页。

〔5〕　民国时期，也有极少数人对中国法学持乐观态度，甚至认为取得了与世界法学并肩的地位，如高维廉在《中国法学思想之国际地位》一文中认为以吴经熊为代表的中国法学家已取得世界法学之"领袖"地位；端木恺在《中国新分析派法学简述》一文中也认为其老师吴经熊"已经引起全球法学家的注意。这不特是沉寂已久的中国法律思想上的一大转机，并且是世界法律思想上的一大革命"。（详见何勤华、李秀清主编：《民国法学论文精粹》（第1卷），法律出版社2003年版，第276~278页；吴经熊、华懋生：《法学文选》，中国政法大学出版社2003年版，第236页。）

〔6〕　马方若编：《中国文化建设讨论集》，经纬书局1935年版，第1页。

〔7〕　潘光哲等：《中华民国专题史》（第2卷），南京大学出版社2015年版，第256~257页。

自 20 世纪 20 年代中期开始，已经有学者零星指出了中国法学不切实际的问题，但在当时还没有引发广泛的注意。[1]30 年代后，这种声音逐渐变得强烈。有学者尖锐地指出，"到现在为止，中国法学尚未决定那（哪）一条路走，不是说'法学欧化'，便是说'本位法学'"。[2]很多学者都指出了当时中国法学"萎靡不振"的处事态度和"营养不良"的衰弱症，并试图总结其表现和原因。孙晓楼认为从根本上是因为我们鄙弃了自己的民族性和社会状况，学术研究崇尚欧美文化，在甲午战争之后就丧失了自己的德性和自信。[3]章渊若也有类似的观点，但他主要从如何研究法律科学的角度出发，认为法学研究者应当承担起责任，对中国留学生"只晓得盲从外国的理论、制度，不知道中国的国情"的现象提出了尖锐的批评。[4]杨兆龙对法学贫乏的原因有了更为全面的总结，将法学存在的毛病总结为五个方面：法学内容的陈腐、研究范围的狭窄、法律技术的机械、法律见解的肤浅、适应及创造能力的薄弱。他认为这些问题或出自法学研究者本身，或出自法学教育之落后，或由于社会对法律或法学专家的不重视，因而号召建立摒弃前述毛病的"新法学"。[5]

至于中国法学究竟应往何处走，抑或中国本位的法学究竟为何，又应当如何建设中国本位的法学？民国学者提出了不同的研究路径。结合当时世界法学发展的潮流，许多学者虽然主张创建独立的中国法学，但还是选择了法社会学的研究立场。与之前盲从的态度相比，这种法社会学的立场更强调对中国国情和现实的关注，如朱正主张以"人事化的法理学"代替"机械化的法理学"，认为"建设中国法学最重大的任务之一"是创建"着重法律对于社会实际生活的贡献"的法学。[6]杨幼炯也主张应参酌世界大势、根据中国

---

〔1〕 参见吴昆吾："论中国今日法学家之过"，载《法律评论》1924 年第 52 期，第 3~7 页；君希："对于法学家之希望"，载《法律评论》1925 年第 86 期，第 1~3 页等。

〔2〕 朱正："对中国法学的希望"（原载《今日评论》1940 年第 4 期），载张昌山编：《今日评论 文存五》，云南人民出版社 2019 年版，第 169 页。

〔3〕 孙晓楼："法律民族化的检讨"（原载《东方杂志》1937 年第 7 期），载孙莉主编：《东吴法学先贤文录·法理学卷》，中国政法大学出版社 2015 年版，第 47 页。

〔4〕 章渊若："怎样研究法律科学"，载《文化建设》1935 年第 8 期，第 6 页。

〔5〕 杨兆龙："法学界的贫乏"，载《新法学》1948 年第 1 期，第 3~61 页。

〔6〕 朱正："对中国法学的希望"（原载《今日评论》1940 年第 4 期），载张昌山编：《今日评论 文存五》，云南人民出版社 2019 年版，第 170 页。

国情另创新的法学系统。[1]整体而言，这些学者所认为的中国本位法学，是建立在借鉴法社会学理论与方法基础上的，他们不约而同地主张法学界应当实现从教条到实用的转变。如林纪东提出法学研究应注重实用，标准"非在某种法制自身之逻辑系统完整与否，而在于某种法制对于社会实际状况适合与否，能否发生实际之效用"。[2]武汉大学法学教授梅汝璈也提出了他对现代法学发展趋势的观察，认为法学研究趋势最显著之一就是从分析的研究转而向机能的研究。他对之前的法学研究提出了严厉的批评，认为20世纪以前的法学是"书本上的法学"，"只注重分析书本上的法律而不研究实施上的法律"，"他们对于这些定则和制度在社会上的实际效用是完全不顾的"，[3]而现在法学的发展趋势是，"社会功利派""社会法学派""新康德派"，都十分注重研究法律在实行上的机能作用。

尽管这些主张不无道理，但是这些观点仍然是对西方法学发展趋势在中国的套用，是演绎式推断的结果。对西方社会而言，概念法学深耕多年已成桎梏，自然要寻求向社会法学的转向。对中国而言，法学研究的任务应该是努力构建严密的概念体系，防止固有观念的侵袭，使来自西方的法律真正扎根中国社会。有鉴于此，王伯琦认为当时法学界急于提倡社会法学或自由法运动是不合时宜的，推行和研究概念法学才是当务之急，"他们的社会观念是以19世纪太嚣张的个人观念为对象的，我们跟着他们唱一样的调调儿，未免是无病呻吟"。[4]在他看来，概念法学之所以更值得提倡，是由于首先旧中国没有形成成文法的权威，其次当下正处于构建法律体系之时，这些现实情况决定了急需概念法学完成逻辑推演与体系构建的任务。不同国家的法制发展有特殊性，当时的中国所缺乏的，恰是在西方已备受批评的概念法学。王伯琦的论断在众多倡导社会法学的声音中显出了难得的清醒，尽管他的态度是反对提倡社会法学的，但他的立场或者方法又是"社会法学"的。

中国本位的法学应以建设中国本位法系为依归，否则学术研究就是无指

---

[1] 杨幼炯："今后我国法学之新动向"（原载《中华法学杂志》1936年第1期），载何勤华、李秀清主编：《民国法学论文精粹》（第1卷），法律出版社2003年版，第384页。

[2] 林纪东："我国法学界目前应有之转变"，载《法律评论》1932年第9期，第17~18页。

[3] 梅汝璈："现代法学之趋势"（原载《新时代半月刊》1931年第3~4期合刊），载何勤华、李秀清主编：《民国法学论文精粹》（第1卷），法律出版社2003年版，第438~439页。

[4] 王伯琦："自然法之复兴与概念逻辑——兼论私法的解释及法源"，载王伯琦：《近代法律思潮与中国固有文化》，清华大学出版社2005年版，第189页。

向的活动。围绕建设中国本位法系的议题，居正、阮毅成等人都有所论述，只是在思路和论证方式方面有所不同。对于要建设中国本位的法律的原因，阮毅成以为我国现行的法律类似于各国法律的杂烩，乃凑合各国法律而成。这种法律体系与国民的感情距离甚远，甚至与民众有不同的价值观，"所以往往人民以为是者，法律以为非；人民以为非者，法律以为是。法律距国民的感情日远，欲人民信仰法律，信仰政府，岂非南辕北辙？"[1]即使依赖政治力量强行形成法律秩序，也不能获得国民的信仰，得不到普遍的尊崇。居正则对近代以来的法律作了区分，对清末和北洋政府时期的法律给予批评，认为二者或因袭古代陈规，或盲目继受外国法系，属于缺乏中心思想的抄袭物。但是他对南京国民政府时期的立法则给予了充分肯定，认为这些法律"完整""便利"，虽也不乏对他国法律的借鉴，但"详为折衷，期于尽善"。[2]那么，正趋于"尽善"的国民政府立法为何还要重建中国法系？居正的理由是中国社会情势的变化需要立法作出新的回应。抗战胜利后，不平等条约废除在即，司法主权收回，中国国际地位有所提升，新的形势下理应对未来的法律预作打算。[3]

重建中国法系的目的是复兴中国法系在世界上的地位，但提倡中国本位并不意味着回归传统礼教。居正特别指出，所谓重建中国法系绝不可误会为"提倡复古"，而是要"苦心经营创造""撷取各国之长"，[4]用革命的立法进取创造，开创有新生命的中国法系。这一新法系，按照孙晓楼的理解应当是一场"法律民族化运动"，第一要"谋民族性本位的发展"，第二要"谋社会性的发展"。我国法律民族性体现在独有的传统道德，例如"守望相助、疾病相扶持"的互助观念、"孝悌忠信、礼义廉耻"的道德观念和"刑期无刑，必也使无讼"的感化观念等，应当因势利导保留此种民族性，不应当沾染西方法律"权利争斗主义色彩"。法律的社会性则应体现在"适应时代的需要，与夫社会的风俗习惯经济状况及人民之智识程度"。他认为，民族化并不等于不要现代化或者完全复古化，而是要"拿中国固有的民族性与夫现实的社会性

---

〔1〕 阮毅成："所企望于全国司法会议者"，载《东方杂志》1935 年第 10 期，第 28 页。
〔2〕 居正：《为什么要重建中国法系》，大东书局 1946 年版，第 53~56 页。
〔3〕 居正：《为什么要重建中国法系》，大东书局 1946 年版，第 56~59 页。
〔4〕 居正：《为什么要重建中国法系》，大东书局 1946 年版，第 58 页。

做材料、做基础，用西洋科学的方法来整理、来改善"。[1]

至于如何重建中国法系，居正提出三个取向：国家要由农业社会国家进入农工业社会国家；治理模式从过去的礼治进入现代的法治；法律则要实现从家族生活本位到民族生活本位的转变。[2]阮毅成则提出更为具体的目标，除形式的法律条文外，他主张从学科角度应当首先建立一个中国本位的法理学，以为一切立法的渊源。[3]

纵观整个 20 世纪 30、40 年代，抗战时期的语境促发了民族主义的高涨，反思与重建是思想界的主题词。在文化人士看来，亡国灭种的危机，同时也是确立民族自信、振兴民族精神、实现民族复兴的契机。这种浓重的主导因素和理论诉求几乎遍及了当时的政治、教育、文化等领域，法学界也不例外。可以说，反思与自省、批判与自觉成为这一时期法学发展的流行趋势，法社会学在这一时期的知识生产也被涂抹了这种色调，为近代中国法社会学的兴盛添上了浓墨重彩的一笔。

二、法社会学的知识生产与创新

（一）旨趣转向：从狄骥到庞德

与 20 世纪 20 年代推崇狄骥的社会连带法学不同，30、40 年代庞德的利益法学颇受民国学者重视和追捧。美国的法社会学开始异军突起，逐渐取代了欧洲法社会学的核心地位。狄骥与庞德虽然有着研究倾向的趋同性，例如在保障社会利益、注重研究法律的社会效果、吸收社会学研究方法等方面一致，但在理论的侧重点方面又有所差异，狄骥的主张相对较为激进，他对个人主义法律观提出了批评，强调以社会连带主义和社会职务说重新构建立法原则。庞德的主张相对温和，主张通过法律对个人利益、公共利益和社会利益的调和以实现社会控制的目的。30、40 年代，民族意识高涨，群体本位思想被提升至前所未有的位置，加上国民政府在外交上的亲英美政策影响了学术研究的风向，使得以庞德为代表的美国法社会学家的理论在中国备受推崇。

〔1〕　孙晓楼："法律民族化的检讨"（原载《东方杂志》1937 年第 7 期），载孙莉主编：《东吴法学先贤文录·法理学卷》，中国政法大学出版社 2015 年版，第 49~54 页。
〔2〕　居正：《为什么要重建中国法系》，大东书局 1946 年版，第 60~77 页。
〔3〕　阮毅成："怎样建设中国本位的法律"，载阮毅成：《毅成论法选集》，正中书局 1936 年版，第 18 页。

庞德在20世纪30年代多次赴南京、上海游历讲学，不断扩大其学术影响，逐渐取代了20年代狄骥在中国学者心目中的地位。

与20年代相比，狄骥的著作在30年代只有《拿破仑法典以来私法的普通变迁》[1]《公法的变迁》[2]译入，另有全面介绍狄骥生平与著作的文章《狄骥的著作及其学说》。[3]相较于学界对庞德学说的热度，对狄骥的研究可谓冷清了。这一时期对狄骥思想的关注点仍集中于"社会连带法学"，如陈任生在探讨个人法向社会法转变时，从社会连带论、法的发生论和义务本位论三个层次总结了狄骥的义务本位法学观点，将狄骥所界定的法归结为"渊源于社会的规范"，而社会的规范则由社会连带而来，"这社会连带的'法'，是包含着个人行为的规准依社会的组织的制裁力而成立的"。但作者认为，尽管狄骥的学说曾掀起法学界的波澜，其难点也是明显的。在资本主义社会，社会分裂为资本与劳动两个阶级，社会连带的"法"没有存在余地，"法"的实质不过是少数人的权利而已。[4]在一片推崇社会法学的声音中，这样的评价是全面而中肯的。凌其翰是比较关注狄骥的一位学者，他认为，狄骥的思想"必为现代法律思想之关键无疑也"。1932年他译述了法国鲍那尔教授的《狄骥的著作及其学说》。该文分为上下两篇，上篇《狄骥著作解剖》，分析了狄骥法学思想中的法律社会学、实证主义以及个人主义的成分；下篇《狄骥学术概述》，通过狄骥的法律与国家学说分析了他的哲学立场。[5]

自1926年、1928年庞德的《社会法理学论略》（陆鼎揆译）[6]、《法学肄言》（雷沛鸿译）[7]相继出版后，1931年，庞德的另一部重要著作《法学史》（雷宾南译）[8]也被介绍至国内。《法学史》共三章，主要介绍了法学的

〔1〕 〔法〕狄骥：《拿破仑法典以来私法的普通变迁》，徐砥平译，会文堂新记书局1935年版。
〔2〕 〔法〕狄骥：《公法的变迁》，徐砥平译，商务印书馆1933年版。
〔3〕 〔法〕鲍那尔："狄骥的著作及其学说"，凌其翰译述（原载《法学杂志》1932年第1期），载吴经熊、华懋生编：《法学文选》，中国政法大学出版社2003年版，第111~130页。
〔4〕 陈任生："从个人法到社会法"（原载《东方杂志》1933年第5期），载何勤华、李秀清主编：《民国法学论文精粹》（第1卷），法律出版社2003年版，第455~463页。
〔5〕 〔法〕鲍那尔："狄骥的著作及其学说"，凌其翰译述，载吴经熊、华懋生编：《法学文选》，中国政法大学出版社2003年版，第111~130页。
〔6〕 〔美〕滂特：《社会法理学论略》，陆鼎揆译，商务印书馆1926年版。
〔7〕 〔美〕滂恩：《法学肄言》，雷沛鸿译，商务印书馆1928年版。雷沛鸿（1888—1967年），字宾南，广西南宁人，曾在英、美留学。
〔8〕 〔美〕滂恩：《法学史》，雷宾南译，商务印书馆1931年版。

历史及现代法学的特性和今日法学关注的问题，这些著作曾多次再版。直至1948年，《新法学》还连续刊登了庞德的《近代司法的问题》，[1]可见其学说影响之深远。30、40年代间，据笔者的不完全统计，以对庞德（滂特、滂德、滂恩）学说的介绍为篇名约有10余篇，此外，介绍社会法学派的文章也会系统地提及庞德的学说，统计约有30余篇，代表作统计情况见表3-1。

表3-1　20世纪30、40年代介绍和研究庞德理论的代表作品

序号	题名	作者	所载期刊或出版社	期次	出版时间
1	法律之目的	庞德著，曾毓钊译	法学季刊	第5卷第8期	1931年
2	法学史	滂恩著，雷宾南译	商务印书馆		1931年
3	社会法学问题	陶坚中	朝阳杂志	第1期	1932年
4	社会法理学	谢志耘	政治学报	第2卷	1932年
5	法律哲学之功用	庞德著，孙浩宣译	民族杂志	第1卷第5期	1933年
6	滂德法律哲学述评	格罗斯孟著，陈恩成等译	新民月刊	第1卷第2期	1935年
7	滂恩教授对于现代法学之贡献	梁鋆立	东方杂志	第32卷第16号	1935年
8	法律不灭论	庞德著，陈晓译	法学杂志	第10卷第1期	1937年
9	法学家庞德的思想和工作	周碧钗	法学杂志	第10卷第2期	1937年
10	滂德的法律目的观——社会利益说	杨谦鸣	法学杂志	第10卷第3期	1938年
11	滂德之法学近著三种	韩德培	思想与时代	第31期	1944年

---

〔1〕〔美〕庞德："近代司法的问题"，译者不详，载《新法学》1948年第1~3期。

续表

序号	题名	作者	所载期刊 或出版社	期次	出版时间
12	滂德之社会法学	沈玉清	东方杂志	第 42 卷第 5 期	1946 年
13	庞德之法学思想	吴经熊著， 狄润君译	震旦法律 经济杂志	第 3 卷第 5~6 期	1947 年
14	近代司法的问题	庞德著， 译者不详	新法学	第 1~3 期	1948 年

这些文章通常是对庞德法学思想的脉络源流、理论体系加以介绍和评价，如韩德培先生的一篇书评《滂德之法学近著三种》，对庞德的《现代法律学说》《通过法律的社会控制》《行政法》做了引介。《现代法律学说》中庞德对分析实证主义者定义的法律进行了批判，认为这是"法律上的专断主义"。这种观点否认法律的目的性与理想性，庞德认为是受马克斯（今译马克思）经济史观、傅洛德（今译弗洛伊德）心理学以及爱因斯坦相对论的影响，导致法学界产生了"怀疑的现实主义"。但社会科学与自然科学不同，"我们对于社会制度及人类自身的行为，却必须加以批评"，所以法律不能不讲"目的""应该"和"理想"，这就是为什么"通过法律之社会控制"的原因：实现"文明的理想"。《行政法》则注重实践问题的研究，面对行政权力的日益扩张，庞德的意见是行政机关之权力应受普通法院的控制。[1]

沈玉清的《滂德之社会法学》是笔者所见的较为全面总结庞德法学思想的文章。这篇发表于 1946 年的民国论文，将庞德的法学思想概括为"滂德对于历史法学派之反响、法律之目的、法律工程说、法律之相对性、法律社会利益化、社会法学之范围与功用、法律与道德的关系"七个方面，并将其全部学说总结为五点："1. 关于法律哲学问题：主张调和法律的稳定性与变动性之需要；2. 关于调和的方法：社会工程；3. 关于实施社会工程的方法，即均衡社会利益，使其在可能范围内尽量满足社会利益；4. 其法律哲学的特质：法律的活动主义，对抗以前的法律悲观主义；5. 其法律哲学的注意点：否认抽象的公平正义观念，而着重人类社会的具体福利。"文末，作者提出了庞德

---

〔1〕 韩德培："滂德之法学近著三种"，载《思想与时代》1944 年第 31 期，第 47~51 页。

思想的不足之处：其一，法律为社会工程之说无法解释古代自然生成的习惯法；其二，社会利益的概念模糊，利益的价值尺度也未标明，为法律应重社会利益的实践带来了困难；其三，公平正义观念不能因重社会利益而忽略；其四，庞德的社会法学过于注重法的目的而忽视了法的性质，容易使法律沦为政治工具。[1]该文对庞德的学术思想总结较为具体系统，称得上是对庞德思想的一种全景式展现，为读者勾勒出了庞德社会法学的基本轮廓。然而从思想提炼角度而言不免有落入窠臼之感，倡议以庞德之社会法学补我国法院推事"不察实情而极尽形式逻辑推理"之弊则显得简单而突兀。

吴经熊对庞德思想在近代中国的传播与发扬可谓居功至伟。作为学贯中西的民国著名法学家，吴经熊曾与包括庞德在内的许多欧美法学家结下深厚的学术情谊，他本人的学术思想与研究方法也曾深受法社会学的影响。早在20年代陆鼎揆翻译的庞德之《社会法理学论略》中，吴经熊为其作序，尊称庞德为"庞老夫子"，认为"他的方法大约和孔子删诗书相仿佛的"。[2]1947年，他发表《庞德之法学思想》，对庞德的学术思想作了精辟的分析和积极的支持。在他看来，庞德的法律哲学可谓实用主义和功利主义，他对法律史的解释、法律工程说等理论的构建都充分表明了这一点。他将庞德的社会利益学说看作法学界的巨大革命，震撼力不亚于哥白尼的太阳系学说，认为"以社会利益之理论，作为立法之理论及司法判决之根据，无有比其更适合，更含蓄，更平稳者"。[3]

（二）对社会法学派认识的深化

学界对法学流派的最早认识，是1903年署名耐轩的学者在《法政学报》上发表的《论法学学派之源流》。[4]进入20世纪20年代后，西方法学派别渐成鼎立之势，本着法制建设的需要与融入世界的目的，当时法学界人士对各派学说的引介与传播不遗余力，社会法学派正是在这一背景下被介绍至国人面前的。1922年，留学东瀛的李炘在明治大学接触到了日本法社会学家穗积父子、牧野英一、志田甲太郎的学说，这让专业虽然是商法的李炘产生了极

〔1〕沈玉清："滂德之社会法学"，载《东方杂志》1946年第5期，第13~59页。
〔2〕［美］滂特：《社会法理学论略》，陆鼎揆译，商务印书馆1933年版，吴经熊序，第2页。
〔3〕吴经熊："庞德之法学思想"，狄润君译（原载《震旦法律经济杂志》1947年第5~6期），载何勤华、李秀清主编：《民国法学论文精粹》（第1卷），法律出版社2003年版，第692~707页。
〔4〕耐轩："论法学学派之源流"，载《政法学报》1903年第4期，第29~40页。

大的兴趣。他撰写了《社会法学派》一文，从社会学的奠基人孔德的学说开始，完整梳理了法社会学派的发展历程与学术谱系。他认为法社会学经历了实证学、生理学、心理学与综合统一四个阶段，这四个阶段是法律学与社会学贴合并渐次与实证法学分道扬镳的过程。[1]在近代法社会学起步的关键时期，这种源流与谱系的梳理至关重要。在李炘之前，尽管学界已经有对法社会学源流与谱系的介绍，但流于泛泛而鲜少有系统的描述和对脉络准确的把控。自他之后，近代中国法学界对法社会学派理论的认识由模糊转向清晰，而学界对这一学派的主张概括、观点归纳等均以李炘所认知的范围为起点。

从20世纪20年代后期开始，学界对法学派别的理解开始逐渐趋于理性，到30、40年代这种理性的认识进一步深化。主要有两方面表现：

第一，学界在选定和研究不同学派理论时，开始带有强烈的自我意识。对学派的划分，学者的认识带有浓厚的主观色彩。如1926年丘汉平的《现代法律哲学之三大派别》认为法律哲学重要的三大派别为新康德派、新黑格尔派和实证派，美国法律哲学"尚属幼稚"，奥斯丁的法律命令说"实无法律哲学之价值"。[2]到1929年何世桢的《近世法律哲学的派别和趋势》则认为法律哲学应分为分析派、历史派、哲学派和社会法学派，新康德派和新黑格尔派则被他归入社会法学派的支派之下，以斯塔姆勒和柯勒为学术代表。[3]而在王传璧看来，近代法学应分为哲学派、历史派和分析派，社会哲学派被他分入了哲学派，而且认为社会哲学派起源于德国的历史法学派。[4]

对于社会法学派的兴起，学界一般归因于社会变迁和学术进化，但在具体论述时各有不同。如张志让认为，作为哲学派、解析派和历史派之外的"第四种"学派兴起的原因有二，"原有三派学说之陈腐失用为其第一原因"，因这三派均有阻挠法律改良之弊；"近世社会与经济之状态变更，因此有新需要发生"是促发社会法学派的第二原因。[5]王凤瀛则从旧有学派的弊端角度出发，论证了随着社会阶段的变化需要有维护社会利益的学派产生："分析、

---

〔1〕 李炘："社会法学派（未完）"，载《法政学报》1922年第1期，第1~7页；李炘："社会法学派（续）"，载《法政学报》1922年第2期，第1~11页。

〔2〕 丘汉平："现代法律哲学之三大派别"，载《法学季刊》1926年第8期，第389~402页。

〔3〕 何世桢："近代法律哲学的派别和趋势"，载吴经熊、华懋生编：《法学文选》，中国政法大学出版社2003年版，第41~58页。

〔4〕 王传璧："近世法律思想之趋势"，载《法学季刊》1926年第7期，第315~328页。

〔5〕 张志让："社会法学派之起源主义及批评"，载《法律周刊》1924年第28期，第6~7页。

历史两派，渐露破绽，势力不复如往日之盛"，对法的目的、效用阐发甚少，"未能促进法律改善"，而且本质上和自然法学派一样都试图"求得一种绝对的永久的原理原则"。[1]20 世纪社会日益进化，旧有学派所固守的 19 世纪的法学原理已经与现代社会发展的潮流不相吻合了。

第二，在比较、分析的基础上，社会法学派逐渐受到推崇。这种推崇与 20 年代初期或更早时期不加选择地引介、对各种所谓先进学说尤宜注意的态度不同，而是经过了深思熟虑的比较与鉴别。如丘汉平从研究方法的角度比较各派优劣，认为分析派偏重命令说，将国家法令视为法律正宗而否认法律之外的公平与正义，忽略法律的作用于目的，"只做到整理二字"，对法学的贡献有限。历史学派与分析派相同的弊病在于治学方法是单一的演绎式，不同之处仅在于他们只重视法律之已往而忽视了现在。哲理学派固然对法律价值的发挥贡献巨大，但过于推演而流于玄学。社会法理学派则包括了各派的长处，"破空前之建树"而成为未来的法学基础，其功绩"非各派所可望项也"。[2]王传璧从实际应用的角度谈到其他派别的缺陷，如分析法学束缚立法者和司法者手脚，使法官和立法者不敢越雷池一步、无法妥当运用法律；历史法学派只知道"以经验造成条例"而忽视法律与现代、未来的关系，难言合理；哲学派虽有深厚理论渊源却不过是镜花水月、无法企及。这些派别都已经走向零落残败，最终将被新兴的社会法学派取而代之。[3]

当然，置身 20 世纪上半叶的近代法学家们与社会法学派一拍即合，更重要的原因是"恰逢其时"。西方法学思潮的主流已经经过了 17 世纪的古典自然法学、18 世纪的历史法学和 19 世纪的分析法学，处在流行前沿的正是 19 世纪末、20 世纪初方兴未艾的法社会学。在追赶潮流的同时，更为重要的是，法社会学以实证的态度、科学的研究方式，为久乱求治的中国社会带来一线希望，法学界在各种比较甄别后将其当作了匡时良药。从学科认识的角度观察，学者对西方法学的认知也在发生变化。从开始的盲目跟从到有选择地比较和鉴别，体现出了一定的自主性，但是在对法社会学的推崇中似乎又体现出了盲目性。

〔1〕　王凤瀛："各国法学思潮之变迁"，载《法律评论》1924 年第 53 期，第 10~11 页。
〔2〕　丘汉平："从西半球的法学说到三民主义的法理学"，载何勤华、洪佳期编：《丘汉平法学文集》，中国政法大学出版社 2004 年版，第 285~289 页。
〔3〕　王传璧："近世法律思想之趋势"，载《法学季刊》1926 年第 7 期，第 315~328 页。

表 3-2 20 世纪 30、40 年代社会法学派研究著述概览

序号	题名	作者	所载期刊或出版社	期次	出版时间
1	社会法学派对于最近法学之影响	汪新民	国立中央大学半月刊	第 1 卷第 13 期	1930 年 6 月
2	法理学之学派及其研究方法	龚子华	中华周刊	第 432 期	1932 年 2 月
3	社会法学派的产生及影响	汪新民	安徽学报	第 1 卷第 2 期	1933 年 4 月
4	社会法学派之形成及其发展	萧邦承	法轨期刊	第 2 卷第 1 期	1935 年 1 月
5	社会法理学派评述	丘杉和	民钟季刊	第 2 期	1936 年

（三）对社会学研究方法的认识与运用

建议从多元角度研究法律问题，早在 1923 年出版的周鲠生的《法律》序言中已经有所提及："法律这个题目固然是属于法学的范围，但同时也是可以从社会学、伦理学、政治学种种方面去研究的。"[1]但是早期学者对法学研究方法的关注并不多，建议法社会学的方法研究法律者更少。哪些方法是社会学方法、如何具体运用社会学方法研究法律问题，20 年代的学者还仅仅停留在倡议阶段，李炘在《社会法学派》中也提及这一点："今日学者徒知其重要，而努力宣传，至于具体的方法，尚无道及之者"。[2]

1928 年出版的穗积重远的《法理学大纲》[李鹤鸣（李达）译]从观察法理学的意义角度总结了法律学的研究方法：分析的方法、历史的方法、比较的方法、社会学的方法、哲学的方法，并提出要综合运用，"若惟用其一，尚不能完成法律学"。[3]这一观点得到不少学者的认可，萧邦承的《社会法学派之形成及其发展》等均与此观点类似。李祖荫的《法律学方法论》中还将穗积重远的五种方法与英国普莱士的四种方法（玄学、历史、分析和比较）加以对比，认为穗积重远的综合研究方法更切实际，倘若仅用分析、历史和

---

[1] 周鲠生：《法律》，商务印书馆 1923 年版，第 1 页。

[2] 李炘："社会法学派（未完）"，载《法政学报》1922 年第 1 期，第 6 页。

[3] ［日］穗积重远：《法理学大纲》，李鹤鸣译，商务印书馆 1928 年版，第 5~6 页。

比较的方法容易流于板滞和空虚，而哲学方法和社会学方法可增加灵活性和切实性。[1]

到 20 世纪 30 年代后，就如何研究法律，学者开始推崇社会法学派的方法。对于社会学研究方法的优势，同样是学者们经过比较分析后的选择。王凤瀛在分析了哲学的、历史的和分析的方法分析法律的弊端后，总结出社会学方法的优点有二：一是"以理论之推行，谋实际之调和"。采社会方法者在阐释法律的现在与既往时也要研究法律应然的状态，但他认为与 18 世纪自然法学派并不相同，因为其研究的重点是顺应适宜现在社会状态的法律。二是"以社会为研究之对象"。社会方法与哲学方法不同的是，并不信奉绝对的法律，而是以社会现象为着手基础，说明社会的变化和与之相适应的法律。从价值取向来看，哲学方法侧重理想，历史及分析方法渐趋实际，而社会方法则"欲调和理想实际而允执厥中者也"，是对旧有法学方法的取长补短。[2]孙晓楼的《如何研究法律学》对各种研究方法进行了全面的总结，包括分析法学派的研究方法、历史法学派的研究方法、比较法学派之研究方法和社会学派之研究方法，他指出社会法派是"以法律抽象的内容考究法律作用为对象"，因此他们的研究方法是"以社会学的方法为研究之方法，即谓社会的福利、社会的功用、社会的利益等，都是这派最注意之处"。[3]他推崇社会法学派的研究方法，因为研究法律不可不注意实际功用，上述五种方法中，社会法学派的研究方法是最切实的，应当成为研究法学最妥善的方法。

社会学派的研究方法如何运用，梅汝璈在《现代法学之趋势》中指出，机能（Functional）的研究是"社会功利派""新康德派"或"社会法学派"研究的主要方法，也就是研究法律在实行上的机能，是否能够产生立法者所希望的社会效果，若不能其原因为何，等等。他举例说明许多法律条文看似合理正当，实行上却是具文，譬如禁酒、禁娼、假释、缓刑等，"如果你只分析它在书本上的条文而不研究它在实施上的功效，那种研究是白费力气的"。[4]

---

〔1〕　李祖荫：《法律学方法论》，湖南大学法律学会 1944 年版，第 4 页。

〔2〕　王凤瀛："说研究法律之方法"（原载《法学季刊》1924 年第 8 期），载何勤华、李秀清主编：《民国法学论文精粹》（第 1 卷），法律出版社 2003 年版，第 195~201 页。

〔3〕　孙晓楼："如何研究法律学"（原载《光年》1935 年第 48 期），载孙莉主编：《东吴法学先贤文录·法理学卷》，中国政法大学出版社 2015 年版，第 246~247 页。

〔4〕　梅汝璈："现代法学之趋势"（原载《新时代半月刊》1931 年第 3~4 期合刊），载何勤华、李秀清主编：《民国法学论文精萃》（第 1 卷），法律出版社 2003 年版，第 440 页。

相较而言，法学界对社会学研究方法的倡导多停留在理论分析与比较层面，真正将其运用于法律问题研究并取得有价值的成果的则是社会学界的学者。1929 年和 1931 年，社会学界的孙本文和杨开道分别出版了《社会学的领域》和《社会研究法》，都倡导社会调查的方法："比观察法更进一步的方法，可分为社会调查和个案调查"；[1]"研究现在的事实，最好的方法有社会调查和个例研究两种"。[2] 以社会调查的方法研究法律问题成为这一时期社会学研究的重要内容之一，例如刚从燕京大学毕业的严景耀，在 1929 年和 1930 年到监狱调查，和犯人访谈，写成了《北京犯罪之社会分析》[3]，讨论了犯罪现象和社会情况的关联。与之类似的研究还有张镜予的《北京司法部犯罪统计的分析》[4]，周叔昭的《北平一百名女犯的研究》[5]，徐蕙芳、刘清於的《上海女性犯的社会分析》[6]，梁绍文的《五十个强盗——浙江省第二监狱罪犯调查之分析》[7] 等。

这些著作着重探求了犯罪和社会环境的关系，提出刑罚制度不应以消极惩罚为唯一目的，应当重视犯罪预防等立法改良意见，为如何运用社会法学派的方法研究法律问题提供了生动的模板。然而社会学界的研究主题和范围相对狭窄，一般局限在犯罪问题方面，结论也以揭示犯罪与社会的关联为主，对法律实行的机能研究较少。总体而言，尽管学者们对社会法学派的研究方法颇为重视和强调，但是有分量的法律实施功效研究成果还是较为薄弱的。

表 3-3   20 世纪 30、40 年代法学研究方法著述概览

序号	题名	作者	所载期刊或出版社	期次	出版时间
1	如何研究法律	李志慎	法政半月刊	第 1 卷第 3 期	1934 年

[1]　孙本文：《社会学的领域》，世界书局 1929 年版，第 70 页。
[2]　杨开道：《社会研究法》，上海书店 1931 年版，第 21 页。
[3]　严景耀：《北京犯罪之社会分析》，燕京大学社会学系 1928 年版。
[4]　张镜予："北京司法部犯罪统计的分析"，载《社会学界》1928 年第 2 期，第 79~144 页。
[5]　周叔昭："北平一百名女犯的研究"，载《社会学界》1932 年第 6 期，第 31~86 页。
[6]　徐蕙芳、刘清於："上海女性犯的社会分析"，载《大陆杂志》1932 年第 6 期，第 1~23 页。
[7]　梁绍文："五十个强盗——浙江省第二监狱罪犯调查之分析"，载《复旦大学社会系半年刊》1933 年第 1 期，第 23~88 页。

续表

序号	题名	作者	所载期刊或出版社	期次	出版时间
2	如何研究法律学	孙晓楼	光年	第 48 期	1935 年
3	研究法律学之方法	晋生	新建议	第 3 卷第 14 期	1936 年
4	法律学方法论	李祖荫	湖南大学法律学会		1944 年
5	动态法律研究方法论	刘志歊	新青半月杂志	第 3 期	1945 年

（四）法社会学研究的本土化向度

法社会学属于舶来学问，在西方社会有着产生的内在必然性，但对于中国而言则具有外生性。社会法学派主张的以社会学方法研究法律问题对于习惯直线型和整体型思维的中国学者而言意味着科学和实证，这在当时几乎是不容置疑的真理，客观地说对近代法学学科的建立有积极的意义。

进入 20 世纪 30、40 年代后，民国学者在看待和运用法社会学的理论时，开始逐渐呈现出反思和自省，一方面出于认识论的动因，他们对西方法学理论的两面性有了清醒的认知；另一方面则是主体性动因，是中国的知识阶层从西方文化涌入之时就不满足于被动充当"传声筒"的情绪积累到一定程度的反映。他们开始思索和质疑西方法律和法学的普适性，反思和检点移植的法律和法学与本国国情的契合程度，同时从本国本土的实际情况出发，针对本国的社会与法律问题提出自己的理论设想，从而揭示本国本土独有的客观真相，法社会学研究的本土化或中国化开始进入比引入西方理论更深的层次。金耀基先生谈及社会学的中国化时曾说："社会学中国化至少含有两个不同层次的意义：一是指建立中国的社会学，即要赋予社会学一特殊的中国性格；二是指使社会学充分地在中国发展，使它与中国的社会发生关系，为中国所用，在中国生根。"[1]这两个层面对 20 世纪上半叶的法社会学而言同样适用，在理论与实践两个方面，当时的学者作出了艰苦卓绝的努力。

借用金耀基先生的论述，本书将 20 世纪 30、40 年代法社会学研究的本

---

[1] 中国社会学研究会："台湾学者谈社会及行为科学研究中国化"，载《社会》1982 年第 1 期，第 45~47 页。

土化向度概括为理论与实践两个层面。其一，就理论层面而言，1931 年张知本的《社会法律学》问世，对近代中国法社会学而言具有开创性意义，可以说是学科构建的起步。尽管不免粗糙，但这是近代中国法社会学理论的第一次系统化。此外，蔡枢衡、吴经熊等人的研究也开辟了法社会学本土化进程的新境界。蔡枢衡从反思"法律与社会脱节"问题切入，建议"今后中国真正的法学文化之建设，似应以法学之国家的民族的自觉或觉醒为起点"，[1]并指出解脱"中国法学的贫困"之道在于"去西方化与寻找中国性"。吴经熊则以中西会通的方式，贡献出了"心理法理学""法律多元论""法律三度论"等融合西方法社会学观点的中国式创新理论。其二，就实践层面而言，用社会学的研究方法认识国情和改造落后的中国社会成为这一时期法学和社会学界的现实关照，尤以社会学界贡献良多。与法学界尚处于理论建构阶段相比，社会学界早已开始了以社会学方法研究法律问题的主旨追求。20 世纪 30 年代，孙本文、吴文藻推行"社会学中国化"，晏阳初、梁漱溟领导的乡村建设运动，陈翰笙的农村研究，李景汉的定县调查与费孝通的江村调查等，都将目光投向了"中国农村问题的根本解决"。[2]抗战爆发后，"国家的危机，实际问题的严重，他们无法不正视现实"。因避难而转入西南后方的社会学者，因缘际会地加入了田野研究的内容，使得原本就倡导"中国学派"的社会学研究更加深了本土化和中国化的色彩，"成了战时中国社会学的共同风气"。[3]

法社会学在实践层面的本土化成果正是在这样的研究风气下得以呈现，如瞿同祖以功能主义为视角、实证分析方法为工具，对中国古代社会与法律所作的分析将"社会决定法律"的基调向前推进了一大步；严景耀则以"身临其境"的田野调查方法，总结了犯罪现象与社会变迁的深切关联，将西方社会学研究方法成功运用于中国犯罪问题，同时也为中国法社会学进入本土化发展的新阶段提供了证明。

---

〔1〕 蔡枢衡：《中国法律之批判》，山西人民出版社 2014 年版，第 80 页。

〔2〕 阎明：《中国社会学史：一门学科与一个时代》，清华大学出版社 2010 年版，第 238 页。

〔3〕 《费孝通文集》，群言出版社 1999 年版，第 413 页。

第二节　对中国法学贫困的批判与本土法社会学的构建

一、发现中国法学的贫困与出路：以蔡枢衡《中国法律之批判》为中心

1942 年，西南联合大学法律系教授蔡枢衡（1904—1983 年）出版了《中国法律之批判》。这部诞生于炮火连天之中的论文集，除正文外，还收录了他六篇自 30、40 年代以来在《今日评论》《云南日报》等杂志和报纸上发表的文章。册子虽薄，对当时的中国法律建设和中国法学却不啻为当头棒喝，发人深省。

为法理学作出巨大贡献的蔡枢衡，更主要的身份是刑法学教授。1904 年生于江西永修的蔡枢衡，幼年接受私塾教育，少年进入新式学堂，1919 年中学毕业后求学日本，就读于日本中央大学法学部，毕业后转入中央大学研究生院、东京帝国大学法学院研究院继续攻读，师从日本法学家牧野英一（1878—1970 年）。牧野英一是日本著名的刑法学家和法理学家，因主张"法律社会化""社会立法"而被视为日本法社会学派的代表人物。蔡枢衡虽然主修刑法，但对法理学抱有浓厚兴趣，他对于法律和社会关系的看法应该受到了牧野博士的很大影响。

1935 年 8 月，蔡枢衡从日本回国，开始在北京大学法学院法律系执教，四年内即由讲师升至教授。抗战初期他随北京大学南迁，任西南联合大学法学院法律系教授。《中国法律之批判》成书于他在西南联大任教期间，反映了作者对中国法律和法学的深刻思考。抗战胜利后中国建设面临着道路的选择，摆在文化界面前的问题是，如何使"外来的"和"固有的"有机结合，或者说，如何实现"开新中的复古""复古中的开新"？在法律和法学领域，批评的立场和焦点都聚集在制度本身以及制度和现实的不适合，然而"本质上都是政治问题或从政治政策出发的探讨"，[1]法学研究是缺位的。同样，"外来的"和"固有的"如何有机结合也被法学人士忽略了。

蔡枢衡何以发现中国法学的贫困，又是如何对这种贫困展开进一步分析和批评以及对如何"消灭"这种贫困的思考，都值得深入探讨。

---

〔1〕　蔡枢衡：《中国法律之批判》，山西人民出版社 2014 年版，序言。

（一）"法律的脱节"与法学的"视而不见"

从 1928 年至 1937 年之间，国民政府先后公布实施了包括宪法（《训政时期约法》）、民法、民事诉讼法、刑法、刑事诉讼法和行政法在内的六个门类的法律规范，以大陆法系国家为仿照对象初步建立起以法典为中心的基本法律框架。从清末开始法律移植，直至国民政府时期六法体系初建，30 多年来的法制建设从形式上看成效显著。

蔡枢衡在开篇却提出令一个法学人士"最感烦闷"，也是"法学史和法哲学上待决的悬案"："三十年来的中国法和中国法的历史脱了节；和中国社会的现象也不适合。"[1]然而，尽管"问题大得可怕，而讨论的量小质微又足惊人"。[2]法学人士讨论太少的原因，是由于 30 年前中国接受了西洋近代的和现代的法律，这是沈派的胜利，而后 30 年来的中国法律、法学和法学人士都是"这种胜利纪录的继承和拥护者"，在这些继承者和拥护者眼中，法律与社会、历史的脱节只是两个"不成问题的问题"。其实，这不过是沈派政策论的胜利和反沈派国情论的失败，"脱节"的问题反而被掩盖起来了。解决问题的关键在于提出沈派与反沈派之外的第三个立场，也就是"只有分析了沈家本派及其反对派各自内在矛盾的必然表现，则我们对于沈派和反沈派之认识和批判，实为正确解答问题之先决条件"。[3]

在"沈家本及其反对派批判"部分，蔡枢衡将沈派和反沈派"不可救药的致命伤"逐一罗列，展开了深刻的批判。

第一，沈派的主张欠缺民族自我意识，反沈派的主张忽略了现实关照。在撤销领事裁判权、法治救国的背景下，沈派以移植西方法律为手段的改革容易赢得国家权力的支持，数十年的立法政策已经证明了这一点，而反沈派的意见始终不被立法政策采纳。站在反沈派立场的董康的主张从不发生作用，在部长地位的罗文干[4]恢复流刑的主张也不曾实现。新刑法修订时，连反沈派仅存的战利品——反映反沈派主张的暂行章程和暂行条例也都"失了足"。可以说，30 年来的立法都是（西方）很新颖的思想和学说的结晶，但是这些变法政策或立法政策的本质却是中华民族丧失了独立自主性的结果，因此沈

---

[1]　蔡枢衡：《中国法律之批判》，山西人民出版社 2014 年版，第 1 页。

[2]　蔡枢衡：《中国法律之批判》，山西人民出版社 2014 年版，第 2 页。

[3]　蔡枢衡：《中国法律之批判》，山西人民出版社 2014 年版，第 3 页。

[4]　罗文干（1888—1941 年），广东番禺人，早年留学英国，曾任国民政府司法行政部部长。

派存在着民族自我意识之欠缺的天然缺憾。

与之相比，反沈派主张的国情论可算是民族自我意识的表现，然而蔡枢衡认为，这种民族自觉意识同样有着不自觉或反自我的成分，原因在于反沈派没有认清社会现实。其实反沈派看法的本质是一种唯物论或反映论，本不失为真理，但是他们反映的根据是农业社会秩序。事实上，中国早已不是独立自主时代的农业社会，而是外国工业原料的供给者、过剩产品的消费者和过剩资本的接受者，无独立的经济地位可言。同时，反沈派在视野方面不完全，只看到农业社会而忽视了民族工商业的发展，他们的看法不能超出农业社会的经验或常识的范围，所以他们并没有认识到前进的因素，也没有抓住问题的核心。所以蔡枢衡认为，我们虽然认可唯物论或反映论的真理性，但无法肯定农业社会组织是反映的合理根据，反沈派的主张其实是一种"唯心论"。

反沈派的主张同时也是"礼治论"，他们的论据是把旧道德当作批评新法律的标准，主张法律与道德的合一。但在农业社会，礼、习惯和道德仅有形式的差别，其实质都是一种"社会意识"，将社会意识视为法律评判的标准当然是唯心的。法律与道德合一是中国社会史上的事实，但也是农业社会的特征。社会急剧变化之时，法律常比习惯、道德更为进步，用旧道德批评新法律只会暴露反沈派经验论的缺乏性，而且使自己陷于反法治论的困境，礼治和法治同时进行的主张更是陷入了矛盾的深渊。

面对法律与社会、历史脱节的情形，法学人士却视而不见，缺乏理论建树。沈派的法学人士作为继承者和拥护者，将精力集中在立法旨趣、立法例和解释的学说上，"十之八九的法学著作都显示着法和社会、法和哲学的脱节，法学的科学性之不显明"，只能算是"成功了政治或立法政策的法律学"而忽视了"法学的哲学性和社会科学性"。[1]反沈派的看法则是农业社会生产和生活经验的反映，把循环当作历史的法则，实则缺乏科学性。两派的观点各有其盲目之处，陷入了各自的唯心论，对社会现实的指导意义有限。

第二，沈派以撤销领事裁判权为目的看似胜过反沈派以维护旧道德为目的，但结局是殊途同归的失败。

撤销领事裁判权成为清末修律的重要动因，其实沈派和反沈派对收回法

---

〔1〕　蔡枢衡：《中国法律之批判》，山西人民出版社 2014 年版，第 15 页。

外治权并无分歧，"前者当废、后者当为，这已经是朝野上下的共识。造成分歧与论争的，乃是学习的原则、修律的标准，以及因此而涉及的法律内容上的废立"。[1]反沈派的主张是将旧律中有关伦常的条文逐一修订，吸纳进新刑律的正文之内，实现所谓的法律道德合一。蔡枢衡认为，沈派把撤销领事裁判权当作变法的目的，从另一方面说是为了图强而变法，但变法图强本质上是一种唯心论："第一，强不强的判断标准不是法律而是社会组织和国力；第二，法律促进社会发展的作用是相对的，换句话说法律对于社会的发展只能推波助澜，不能兴风作浪。"[2]

所以，即使沈派的目的观比反沈派的目的观略胜一筹，也仅限于此。关键问题并不在于撤销领事裁判权或者法律道德合一论，而在于中国当时现实的次殖民地或半殖民地身份。沈派的主张无意识地符合了这个身份而得以占上风，反沈派没有正确把握社会现实而落了下风，但这只是暂时的。在蔡枢衡著作发表的第二年也即 1943 年，中国政府与英美分别签订《中英新约》和《中美新约》，英美在华领事裁判权被废除，沈派变法政策的最初动因已经解决。抗战胜利之后，随着殖民地身份的丧失，沈派立论的根基也就不复存在。

（二）法学的新立场及其应有的法律观和方法论

蔡枢衡指出，次殖民地身份丧失虽然是沈派失足的时候，但绝不是反沈派死灰复燃的机会。事实上，沈派与反沈派分别对应着历史与现实：沈派代表"次殖民地"的身份和重获司法主权及救国图强，反沈派代表旧的社会秩序与意识。在"外来"与"固有"、历史与现实之间，中国法学应如何选择？

蔡枢衡先生指出了沈派和反沈派之外的第三立场及其可能的两个形态。明日中国之法学，应当是把抗战最后胜利之获得或殖民地身份之丧失当作诞生的契机，把民族的独立自主性当作根据的第三立场，也是中国法学史上的第三个阶段。它有两个可能形态："一个是适应历史曲线的，它的特点必定是反民族自我和反独立自主的；另一个是适应民族独立自主和没有了领事裁判权的新国情的，它的特点必定是民族性昂扬、表现独立自主精神的。"[3]所谓的第三立场、第三阶段，是对沈派和反沈派的扬弃和超越，其世界观、法律

---

〔1〕 梁治平：《礼教与法律：法律移植时代的文化冲突》，广西师范大学出版社 2015 年版，第 39 页。
〔2〕 蔡枢衡：《中国法律之批判》，山西人民出版社 2014 年版，第 16 页。
〔3〕 蔡枢衡：《中国法律之批判》，山西人民出版社 2014 年版，第 19 页。

观和方法论，是把反沈派的世界观、法律观和方法论中积极的成分提炼出来，再与现代的知识相结合。积极的成分既包括反沈派的唯物论或反映论，也包括沈派促进社会发展和维持社会秩序的目的观，抛弃了反沈派静态的以农业社会为基础和忽略工商业发展的弊端与沈派以撤销领事裁判权和图强为目的的立法宗旨。所以，蔡枢衡认为第三立场是结合了沈派与反沈派的优势，一面承认目的对社会发展和维持社会的作用同时肯定其相对性，一面肯定社会对法律的决定性同时允许目的的成分存在。

蔡枢衡的深刻之处还在于，他指出了沈派和反沈派的通病在于没有方法论。反沈派说不清为什么法律和国情必须相符，沈派道不明为什么法律必须和政治目的相适合，所以二者尽管各不相让，却在理论上谁也胜不了谁。第三立场必须抛弃这种没有方法论的态度，有意识地从两派论证中提取方法论的因素加以构成。对此，他论证了社会和法律以及政治和法律之间的关系都是本质与现象、形式与内容的关系，二者之间存在因果关系、相互适应。在蔡枢衡看来这是一种反映论。这种反映论同样可以从 30 年来的立法历史与现实中汲取教训，例如宪法公布和宪法草案拟定不止一次，但是真正的宪制却不会立竿见影地实现，但若干部门的现象比专制时代好了些；新法在农村的普及程度不及城市，但也会影响若干人的行动；领事裁判权虽然尚未撤销、国家也没有预想中强大，但是因为法律制度的变更，社会成员的法律意识和正义感情都有所进步。[1]这些事实可以说明形式反作用于内容、现象反作用于本质的原理。两方面结合，构成了第三立场的方法论。

（三）第三立场下的新法学创造

在第三立场的世界观、法律观和方法论的基础上，蔡枢衡对中国法律的现在与未来作了分析和预判。他的思考并未止步于此，而是提出第三立场的另一个任务是创造新法学，要将基本观念作为法学领域的引领，实现与每一个法律部门特殊意识的结合，从而构建新的法学体系。

对海禁大开之后的中国法学，蔡枢衡认为"大体上可说中国有法律意识，而没有自我觉醒的法律意识，也很少有意识的体系"，仅有"摘拾、祖述和翻译"，对中国社会没有清楚认知，反而成了各种学说的传声筒："今日中国法学之总体，直为一幅次殖民地风景图：在法哲学方面，留美学成回国者，则

---

〔1〕　蔡枢衡：《中国法律之批判》，山西人民出版社 2014 年版，第 24~25 页。

有一套庞德学说之传播；出身法国者，必对狄骥之学说服膺拳拳；德国回来者，则于康德派之斯塔姆勒法哲学五体投地；以中国闭关时代的农业社会为背景之理论家，又有其王道、礼治、德治之古说。五颜六色，尽漫然杂居之状观。然考其本质，无一为自我现实之反映；无一为自我明日之预言；无一为国家民族利益之代表者；无一能负建国过程中法学理论应负之责任。"[1]

"今日中国法学中，未曾孕育中国民族之灵魂；今日中国之法学界，殊少造福在民族国家之企图；进入中国法学教育，亦不能满足建国事业关于法学人才之需要。"所以当前的急务有三：建设新法学、法学界自我反省和法学教育的改弦更张。[2]针对以往没有自我觉醒和少有意识的缺陷，蔡枢衡提出第三阶段的法律意识应当是自我的、觉醒的和体系的。自我和觉醒并不反对学习和观摩名家创作，甚至创造本身应当以学习和观摩为先决条件。但自我创造的深层含义是"自己直接反映现实、独立构成概念、解决问题"，才不会有丧失时空和对象的弊病以及概念化与抽象化的倾向。同时，由于法律意识是自我觉醒的，所以创造的材料只能是中国的法律、判例、风俗、习惯、学说和思想，而不是外国的历史、现实和理想。当然，自我的创造并不反对比较研究，但比较过程中须注意与社会背景的关联，避免舍本逐末。而且，自我的创造需要把握一切有关的社会科学知识并且融会贯通，缺少社会科学知识的基础无法实现自我创造。

"体系"的要求则需要创造者有意识地把握方法论。人类的思维虽然有着经验的倾向性，但同时也有反法则的因素，沈派和反沈派都因为没有掌握方法论而犯了认识方面的错误。正确地把握和妥当地运用方法论意识是第三阶段或者第三立场的特色，也是构成体系的必备条件，否则就会和沈派、反沈派犯同样的错误而趋于平庸。科学的方法论和第三立场的世界观、法律观是密切相关的，应用的时候，不仅需要有正确的世界观，还要有对于社会科学各部门广泛而深邃的理解。

至此，蔡枢衡先生完成了他对中国法学贫困的观察和分析，并系统阐述了建立在第三立场或第三阶段基础上新法学的创造。新法学并非对沈派和反沈派完全的摒弃，而是建立在二者基础上的去粗取精、推陈创新，而且应当

---

[1] 蔡枢衡：《中国法理自觉的发展》，清华大学出版社 2005 年版，第 98~99 页。

[2] 蔡枢衡：《中国法理自觉的发展》，清华大学出版社 2005 年版，第 101 页。

以"自我的创造"为出发点和归宿。在他看来，只有"自我的"的法学研究才是自己创造的，才是克服"法学幼稚"的前提；而"觉醒的"法律意识则是中国未来法学建设之灵魂；对于"体系的"新法学，其关键就在于解释法律，而法律解释的目的，就在于求法律条文和客观社会实际间的呼应或同一，解释的终局是使推论而得的意思和社会现实相适应，发现与社会相适应的法律。[1]

蔡枢衡在北大执教时，个性恬淡不喜交往，许章润形容他是"本分的边缘化者""始终恪守书生担当"，"生前冷清，身后寂寞，恰成就了书生事业，这是不易之律"。[2]一个"一生主治刑事法学、兼修法理与法史"的学者，缘何成为"法理自觉"、促使法学自新的第一人？蔡先生在文中说，"我自己是想站在这个立场，并且逐行这个立场应有使命的一人"，"自然我便成了一个义不容辞的首次探险者"。[3]尽管在前言中他一再表示本书用了很短的时间写成，"问题的解答全凭著者一人之见""问题提出的方式也是出于著者个人闭门造车式的杜撰""这篇文章的内容只是一种既没有成熟又不完全的认识"，[4]但是毫无疑问，他的"首次探险"已经触及了当时中国法律和中国法学最为核心的弊病，可谓由表及里、入木三分。尤其是法学，他认为充其量不过是翻译文化、移植文化，拾人牙慧的"意识商人"而已。法律本应是本国社会现实的反映，自然科学可以移植，法学却是万万不可抄袭的。若想法学不"亡国"，唯有以自我创造为起点，反映本民族当下的社会秩序，以实现民族的自主和自觉，方能摆脱"幼稚病"。

与同时代法学人士相比，蔡枢衡有着可贵的清醒、理性与深刻。我们不禁要问，为什么他有着独到的眼力剖析法学贫困的深层次原因，又以"首次探险者"的境界提出了消灭法学贫困之可能的途径？从知识社会学的视角分析，这与他的知识系统和知识素养分不开。蔡枢衡赴日求学时，日本的"法律社会化"思潮正如火如荼。

早在1886年日本法学家穗积陈重便提出"法律进化主义"，1924年在其

---

〔1〕　李栋："中国近代法学的反思者——蔡枢衡"，载《人民法院报》2016年4月29日。

〔2〕　许章润："法律的文化自觉——蔡枢衡与《中国法律之批判》"，载许章润：《法学家的智慧：关于法律的知识品格与人文类型》，清华大学出版社2004年版，第115页。

〔3〕　蔡枢衡：《中国法律之批判》，山西人民出版社2014年版，第21页。

〔4〕　蔡枢衡：《中国法律之批判》，山西人民出版社2014年版，"写在前面"。

著作《法律进化论》中进一步阐发。[1]1920年之后，随着埃利希、庞德等人的思想传入日本，日本的法学人士对法社会学产生了浓厚的兴趣，穗积重远、末弘严太郎等人都尝试用社会学的方法研究法律现象。作为日本新派刑法理论的代表人物，蔡枢衡的导师牧野英一以法律进化主义为理论基础，主张刑法从个人保护到社会保护的转变，倡导罪刑法定主义、刑法的解释应当以社会进步为指导原则、主张教育刑论等，认为"法律的进化在于法律的社会化"，渗透了法社会学的思想。[2]这种立足于社会视角观察法律与社会关系的方法对蔡枢衡影响颇深，奠定了他一生的学术旨趣。

在《中国法律之批判》中，蔡枢衡不止一处流露出对"唯物论"或"反映论"的赞许，认为这不失为真理，也是反沈派略胜一筹的地方，只不过反沈派对真实的社会现实的把握出了偏差，第三立场的法学应当汲取教训。没有资料表明当时的蔡枢衡是一位马克思主义者，他对唯物主义立场的坚持更多是出自一种学术研究的自觉。他在日本求学之时，日本的马克思主义法学已经诞生，对日本法学界产生了深刻的影响。1925年日本法学家平野义太郎发表《法律与阶级斗争》，[3]分析了阶级斗争的法的社会规范意义。1934年，平野义太郎的另一著作《日本资本主义社会的构造》则分析出自明治维新以来日本被迫接受了西方的现代法制，但其资本主义的经济基础却是半封建的土地所有制。这种法律与社会脱节、无法反映真实社会秩序的现象与中国近代以来的情形如出一辙。平野义太郎被视为对日本法社会学具有划时代意义的人物，在当时的法学界颇有影响，蔡枢衡很有可能接触过这些著作。在他赴日求学的时代，唯物辩证法和历史唯物主义正在崛起，为当时的学界带来了一股真理的清风。蔡枢衡与同时代的其他学者一样深受这些论述的影响，并将其作为自己的思维模式和学术研究的基础，在对中国法律的批判中加以娴熟的应用。同时，正是以此预设为前提，蔡枢衡深刻地指出，"现代中国没有法律科学——当然更没有法学，有的只是冒牌货或伪造品"。"骤然看来，目前中国法学，只是一个量——发达不发达的问题，实际上，却是一个

---

〔1〕 陈根发：《当代日本法学思潮与流派》，法律出版社2005年版，第137页。

〔2〕 参见［日］牧野英一：《法律上之进化与进步》，朱广文译，中国政法大学出版社2003年版。

〔3〕 该书于1930年译入我国，参见［日］平野义太郎：《法律与阶级斗争》，萨孟武译，新生命书局1930年版。

质——有无的问题"。[1]

　　站在今日立场评论，蔡枢衡以社会进化论的直线史观为参照论断中国法律发展的规律未免有失武断，对新法律与工商业社会的对应关系的论证也不免简单，同时将当时的中国法学研究笼统地概括为"幼稚"也有失公允。但是，结合当时的社会背景，蔡枢衡先生对法学研究的批评是中肯深刻的。他站在"法律与社会是现象与本质、形式与内容的关系"的立场，努力探索中国社会需要的法律和构建第三立场的法学的努力，以及对法学研究缺乏主体性和自觉性的峻刻批判，本身就是对近代法学走向自觉的贡献。

二、"全球意义"的理论创新：吴经熊的法社会学贡献

　　对20世纪上半叶的中国法学，学界的一般印象是法学的西学东渐，蔡枢衡先生称其为"次殖民地风景图"，是翻译、祖述和摘拾的产物。[2]然而，如果对以吴经熊为代表的民国法学家的学术创新有深入的考察，似乎可以得出不同的结论。

　　吴经熊（1899—1986年），浙江鄞县人，幼年受传统文化教育。1917年入东吴大学法科学习，毕业后赴美留学，获美国密歇根大学法学博士学位。他一生经历丰富多彩，先后担任过上海特区法院法官、立法委员、立法院宪法草案起草委员会副委员长、国民党第六届候补中央执委等职务，以及东吴大学和中国文化学院（今中国文化大学）法学教授。1937年后他皈依天主教，曾出任中华民国派驻梵蒂冈教廷公使。在法学史上，他最为人津津乐道的是与多位西方法学大师的深厚情谊和学术沟通，一直被视为中西法律思想交流的佳话。

　　（一）融通中西文化的"吴氏风格"理论

　　在近代中国法社会学自西向东传播的过程中，吴经熊是一位桥梁式的重要人物。早在1920年，他赴美国密歇根大学求学之时接触到了霍姆斯、庞德等人的法律思想，深感是霍姆斯大法官与狄金森教授将他"从教条主义的睡梦中唤醒了"。[3]作为一个年轻的学子，吴经熊怀着仰慕之心勇敢地致信霍

---

[1]　蔡枢衡：《中国法理自觉的发展》，清华大学出版社2005年版，第141页。
[2]　蔡枢衡：《中国法理自觉的发展》，清华大学出版社2005年版，第98~99页。
[3]　《吴经熊法学文选》，中国政法大学出版社2012年版，第13页。

姆斯法官，不想很快就收到了回复，从此开始了他与这位法社会学大师长达 15 年之久的学术交流。霍姆斯主张经验主义，其法律的生命并不在于逻辑以及主张法律的实质是预测等观点对吴经熊的影响很大。1922 年，吴经熊赴德国柏林大学游学时结识了法社会学家斯塔姆勒，对斯塔姆勒的新康德主义产生了浓厚的兴趣。在综合分析了霍姆斯和斯塔姆勒的法学思想后，吴经熊撰写了《霍姆斯大法官的法律哲学》一文，发表在 1923 年 3 月的《密歇根法律评论》上，得到了两位法学家的认可。1923 年，他又赴美国哈佛大学担任研究员研究比较法律哲学，受到美国法社会学大师庞德的亲自指导。应该说，吴经熊对庞德思想的了解是比较透彻的。在与庞德深入探讨交流一年后，他撰写了《罗斯科·庞德的法律哲学》一文，深得庞德的肯认。同时，在哈佛大学研究期间他还认识了卡多佐法官，并在 1924 年完成了介绍卡多佐法律思想的文章。纵观吴经熊的学术历程，与多位法社会学大家的直接交流无疑为他提供了了解法社会学思想的最佳契机，也为他回国后传播和引介西方法社会学奠定了基础。

1922 年，尚未回国的吴经熊托付友人在国内《创造》杂志发表了文章《法律的基本概念》，可以看作是他将所了解的西方法社会学思想向国人引介的初次尝试。文中观点带有强烈的斯塔姆勒、埃利希等人法学观点的印记。例如他借用中国传统思想中的"理"来阐释西方法学中法律的本质或者标准，并将"理"分为实质的理与抽象的理，实质的理是"随时推移、随地变迁"的，抽象的理则指万变之中的不变："宇宙间的一点精灵"，正是因为有宇宙中的这个精灵，"所以法律能够时时进步，时时生长"，[1]显然是斯塔姆勒"变动的自然法"理论的翻版。他呼吁"我们自应创造活法，废止死法，创造动法，废止静法"，认为法学家的本分就在于"一方面革除死法，另一方面创造活法"，[2]也是埃利希"活法"理论的应用。他对西方法社会学的理论抱有很大希冀，在同时期发表在《密执安法律评论》的另一篇文章中说，"最后，这是我的一个尝试，尝试着让世界相信，中国的法律思想已经为拥抱现代

---

〔1〕 吴经熊："法律的基本概念"（原载《创造》1922 年第 6 期），载吴经熊：《法律哲学研究》，清华大学出版社 2005 年版，第 9 页。

〔2〕 吴经熊："法律的基本概念"（原载《创造》1922 年第 6 期），载吴经熊：《法律哲学研究》，清华大学出版社 2005 年版，第 10 页。

的法社会理论做了充分的准备"。[1]

《法律的基本概念》是吴经熊早期对西方法社会学所作的较为浅显的引介。随后，他所撰写的《霍姆斯大法官的法律哲学》《罗斯科·庞德的法律哲学》《卡多佐法官的法律哲学》等文章则全面而深入地介绍了法社会学的源流与谱系，以及几位法社会学大师理论的精粹，为当时学术界了解法社会学提供了重要参考。同时，这些对法社会学理论的梳理工作，也为他在此基础上的继承与超越做了准备。

在引介和传播西方法社会学大师观点的基础上，吴经熊提出了"心理法理学""法律多元论""法律三度论"等颇具吴氏风格的理论，同时也可看作是融合了法社会学观点的中国化创新。在《心理法理学的问题与方法》一文中，他指出心理法理学依赖经验解释法律现象的研究模式，并且提出"行为主义心理学并不能胜任诠释法律现象，法律经常使用一些如意志、意愿、故意、过失、动机、错误、目的等精神概念"。所以心理法理学的特点在于"把法律制度、法律判决和法律理论作为质料，并努力展示在这些质料背后起作用的心理因素或力量"，因而与逻辑分析的分析法学不同。他也指出心理法理学与庞德的社会法学有别，"社会法学谈到利益、需求、功能，心理法理学论及与生俱来的性格、情感、习惯、情结等"。但吴经熊认为，"心理法理学是社会法理学一个不可或缺的基础"，在庞德的《法律史解释》中充分运用现代心理学可资证明。[2]尽管就笔者所搜集的资料显示，他似乎并没有就这个研究方向继续深入下去，但是他对心理法理学所研究的问题和方法的关注是有价值的。从某种意义上说，庞德所主张的利益、需求、功能等内容未必能从心理角度满足社会公众对公平正义的需求，因此心理法理学的研究角度是对法社会学的一种补充。

"法律多元论"则是典型的以"法的社会科学研究"为视角的研究结论。从19世纪末20世纪初开始，埃利希、韦伯、古尔维奇等人借助社会学、人类学、法律史等资源拉开了"法律多元论"研究的序幕。当时美国的法社会学家霍姆斯、庞德、卡多佐等人都主张法律多元，与他们交往甚多的吴经熊

[1] John wu, "Reading from Ancient Chinese Codes and other Source of Chinese Law and Legal Ideas", *Mich. L. Rev.* (1920-1921), p. 503.

[2] 吴经熊："心理法理学的问题与方法"（原载《法学季刊》1925年第4期），载《吴经熊法学文选》，中国政法大学出版社2012年版，第45~46页。

也深受这些观点的启发。他先后发表《法律之一元论》《法律之多元论》等文章，与西方法社会学家相应和。他认为，从 17 世纪初至 19 世纪末，至少包括自然法学派、历史法学派、分析法学派、形而上学法学派、法律的唯物史观五派法律学说都是主张法律一元论的，例如自然法学派主张法律出自一个最高的原则，尽管究竟为何尚无定论；历史法学派认为是民族灵魂；分析法学派认为是命令，法律唯物史观认为法律的基础是经济等。[1]但是，法律的进化过程并非单一的，"法律进化的原因固然很多，比方伦理、心理、时代、环境，在法律进化的程序上，皆多少影响发生"，[2]因而提出法律多元论的主张。

"法律三度论"是吴经熊法学学术生涯中非常重要的贡献，也是他对斯塔姆勒和霍姆斯对法律定义的重新诠释与发展。他认为如同哲学家假定的抽象的"人"一样，法学家所假定的抽象的"法律"在真实的世界是不存在的，真实存在的只有"个别特殊"意义上的法律。每一个具体存在的法律均有三度：时间度、空间度、事实度，此所谓"法律三度论"。"法律三度论"的意义在于指出法律并非法学家臆想的某种理念，而要将其放入真实的时空与事实之中立体地考察；法律学也并非静止的坐而论道，而是"进入一崭新的领域，它不再是一种形式学科，而变为一种归纳的学科"。所谓时间度，是指法律的时间属性，法律适用者应当尤其注意"时间吞食制定法"的情形。制定法可能被后法或者习惯废止，前一种情况是立法者的意志，后一种情形则是"社会大众的默示同意"。[3]所谓空间度，是指法律的空间效力，即"所有的法律，均在一定的领域，或对一定的人民（如游牧民族）发生效力"，其管辖权是有范围限定的。所谓事实度，则是指"所有法律均与事实有关"，每一法律都与真实或拟制假定的事实相关。在这一逻辑层面，"什么是法律"的本质追问毫无意义。吴经熊援引了霍姆斯法官的说法，认为"法律是一种预测"，倘若某一案件存在对应的制定法，法官则应根据制定法及制定法的解释作出预测；倘若某一案件并无相关制定法，法官应当根据同类事实抽象出先例；

---

〔1〕 吴经熊："法律之一元论"（原载吴经熊：《法学论丛》，上海商务印书馆 1928 版），载《吴经熊法学文选》，中国政法大学出版社 2012 年版，第 50~54 页。

〔2〕 吴经熊："法律之多元论"（原载吴经熊：《法律哲学研究》，上海法学编译社 1933 年版），载吴经熊：《法律哲学研究》，清华大学出版社 2005 年版，第 83 页。

〔3〕 吴经熊："法律三度论"（原载吴经熊等：《中国法学论著选集》，汉林出版社 1976 年版），载吴经熊：《法律哲学研究》，清华大学出版社 2005 年版，第 17~18 页。

若该案毫无先例，法官则需参考权威的法学著作。总而言之，法官应当根据事实，参考制定法、制定法解释、先例、权威著作等资源作出判决预测。可以看出，他所描述的案件裁断过程参考了英美法系法官"造法"、自由心证等内容，其理论基础直接源自霍姆斯的"法律预测论"，但有所发展。吴经熊的论证没有停留在事实层面，而是从逻辑层面分析法律的"三度"，将结论引向预测，实际上为霍姆斯的预测论提供了逻辑论证。

客观地说，吴经熊并不属于严格意义上的法社会学家。他的人生阅历丰富，思想渊源十分复杂，除了伴其一生的中国禅宗文化与天主教信仰外，法律思想更是包罗万象，包括自然法思想、新分析法学、法社会学、综合法学在内的各种因素都可以找到影子，实证主义、经验主义和理性主义杂糅，更不乏对法律的浪漫精神与想象，以至于他本人都不认同将自己归入法学的任何一派。但这并不妨碍他在促成近代中国法社会学发展与成熟方面的贡献。重新审视吴经熊的法律哲学，"超越中西方"是极为恰当的评价。从法社会学的角度而言，他从西方法社会学大师的理论中汲取甚多、获益甚多，逐渐形成了独特的实用理性主义的研究模式，在短短的两年间贡献出了青胜于蓝的学术成果。

（二）吴氏理论的"全球意义"

吴经熊的理论与同时代其他学人相比，似乎有些"不接地气"。研究吴经熊的田默迪博士在《东西方之间的法律哲学——吴经熊早期法律哲学思想之比较研究》中同样注意到了这个问题，即吴经熊的文章中几乎从未反映出他所处时代的巨大变革，无论政局动荡、民生多艰，还是文化交锋、新旧冲突，都在他的文章中不见踪影。他似乎更醉心于理论的引介与构建，和当时的社会现实天然地有着某种隔膜。对于一个与诸多世界知名的法社会学家有着深入交往、熟谙法社会学研究立场，一个立志要做"中国的孟德斯鸠"而回国并且有着成功法律实践的学者而言，不得不说是个疑问。田默迪博士认为这是由于"他很关心与西方的交往，但或许是他太有独立思考的能力，太贯注于自己的兴趣，也早就深入了灵性的范围"。[1]

在本书看来，这与吴经熊的学术旨趣有很大关系。从某种意义上说，吴

---

[1]　田默迪：《东西方之间的法律哲学——吴经熊早期法律哲学思想之比较研究》，中国政法大学出版社 2004 年版，第 6~7 页。

经熊对于近代中国法学的贡献应该归于两点：

　　第一，吴经熊是引介、承继西方尤其是霍姆斯、庞德法社会学理论的重要桥梁。当然，在他之前，法社会学的观点早已输入中国，斯丹木拉、霍姆斯、庞德等人对法学界并不算陌生。吴经熊的独特之处在于，一方面他与这些法学大师的成功的沟通交流无形中增加了法社会学在中国的地位，同时也在一定程度上输出了中国文化。另一方面，吴经熊的引介更为系统和全面，同时试图用贴近中国文化的语言拉近西方法社会学与国人的距离。例如，他以"理"来阐释西方法学中法的概念，指出"欧美十八九世纪的理是个昭昭灵灵不可捉摸的理"，"二十世纪的理是个实事求是的理——固非玄想中的理，又非书本中之理，却是社会日常行事中之理"，[1]十分形象生动且易于理解和接受。他所提出的"法律三度论"不仅对国内立法有影响且"轰动欧美"。[2]端木恺认为，"吴经熊教授以'法律即预测'的格言为出发点，确定了法律的三个度，就是时间、效力范围与事实的争点，这并不是什么新的发现"，但是"把它们组织起来，成为法律的化合元素，却是吴经熊教授的首功"。[3]尽管他被视为对中国新分析法学构建贡献巨大的人，但按照吴经熊的本意，法律三度论是从逻辑分析的角度论证法律预测论的成立，从而将霍姆斯的格言转化为理论体系。从这一点上说，吴经熊不仅是霍姆斯理论的全面引入者，同时也是继承者和创新者。

　　吴经熊并不是传统意义上学贯中西的学者，和梁启超等人在知识系统方面并不具有同构性。自幼优越的家境、教会式教育和留学经历，使得他身上的西化和超然色彩分外浓厚："今日捧读吴氏遗著，首先让人感慨莫名的，除开其所用语言本身多为英语不论，论理念论范式，无一不是英美派西方的，很难当得上一个'中国法学'的代表人物的头衔"。[4]如许章润教授所描述，

---

　　〔1〕　吴经熊："法律的基本概念"（原载《创造》1922年第6期），载吴经熊：《法律哲学研究》，清华大学出版社2005年版，第7页。
　　〔2〕　1928年12月5日，胡汉民在立法院成立演说《三民主义之立法精义与立法方针》中特别引用"法律三度论"说明立法工作要点。参见胡汉民："三民主义之立法精义与立法方针"，载张国福：《中华民国法制简史》，北京大学出版社1986年版，第245页。
　　〔3〕　端木恺："中国新分析学派法学简述"，载吴经熊、华懋生编：《法学文选》，中国政法大学出版社2003年版，第253～256页。
　　〔4〕　许章润：《法学家的智慧：关于法律的知识品格与人文类型》，清华大学出版社2004年版，第99页。

尽管在中国法学界声名显赫，他其实更像是一个西化的法学家。1927 年至 1937 年间，他的兴趣集中在向中国法学界引介西方法律哲学上，甚至他的理论本身就是霍姆斯、庞德等人观点在中国的延续与承继，直至 1937 年他逐渐淡出法学界。1927 年他被任命为"上海临时法院"的法官，在写给霍姆斯的信中，他激动地表达了实践霍姆斯理论的决心："我将有大量机会来做法律领域创造性的工作了。我可以试着将中国法律霍姆斯化了。"[1]

和同时代的法学人士相比，吴经熊似乎并没有被"三十年来的中国法和中国法的历史脱了节；和中国社会的现象也不适合"[2]的问题所困扰，也没有受到民族主义太多的感染，他的兴致在于"将中国法律霍姆斯化"。这固然和他看待泰西法律与中国社会的态度有关——所谓的"天衣无缝论"，[3]此外，当时的吴经熊的精力显然没有放在对中国传统法律文化的深刻体察和了解上。1929 年，蔡枢衡在《法律本质之再认识》一文中曾经对吴经熊对中国旧法制哲学基础的观点有过切中肯的评价："吴博士把天人交感的宇宙观，道德化的法律思想，和息事宁人的人生观三件事作中国旧法制的哲学基础，而且没有指出三个基础间的相互关系和各自地位……中国旧法制的本质，吴博士的文章中也没有把握住。"[4]他的学术旨趣始于他与几位法学大师的交往，同时也致力于引介和践行这些大师的理论，尽管这些理论与中国社会现实存在不小的差距。他在担任法官期间，审理了不少社会影响较大的案件，对"中国法律霍姆斯化"做到了身体力行，但这种司法实践的成功有特定的时空背景，"西化的上海需要西化的吴经熊，西化的吴经熊也需要西化的上海"，"是因为他的法学知识恰到好处地契合了那个时代的上海的需要"。[5]

与当时西化的上海处在同一时空之下的，还有费孝通所描述的"乡土社

〔1〕　吴经熊：《超越东西方》，周伟驰译，社会科学文献出版社 2002 年版，第 120~121 页。

〔2〕　蔡枢衡：《中国法律之批判》，山西人民出版社 2014 年版，第 1 页。

〔3〕　吴经熊认为西方的社会本位与中国传统家族本位十分契合："俗语说得好，无巧不成事，刚好泰西最新法律思想和立法趋势，和中国原有的民族心理相吻合，简直是天衣无缝！"参见吴经熊："新民法与民族主义"（原载《上海市场》1931 年第 1 期），载吴经熊：《法律哲学研究》，清华大学出版社 2005 年版，第 173 页。）

〔4〕　蔡枢衡："法律本质之再认识"，载蔡枢衡：《中国法理自觉的发展》，清华大学出版社 2005 年版，第 68~69 页。

〔5〕　喻中："吴经熊与马锡五：现代中国两种法律传统的象征"，载《法商研究》2007 年第 1 期，第 137 页。

会"，在陕北乡村成功的司法经验却是"马锡五审判方式"，一种民间秩序与乡土规则的代表。中国社会与法律传统的这种复杂性并没有反映在吴经熊的著述中。

第二，吴经熊代表着与西方学者的某种"中西学术对立关系"，[1]呈现出中西法学的交流与"相互竞争"。对当时的中国法学而言，这可能是吴经熊更大的贡献，也是他的知识产出的"全球意义"所在。

在他的文章中，对斯塔姆勒、霍姆斯、庞德和卡多佐的学术观点有肯定性评价，也有中肯的批判。这些都得到了被评价者的回应，当然这些回应"可能是缘于吴经熊在自己的论文中批评了他们的观点，也有可能是缘于他们之间使用的语言是'西方语言'，另有可能是缘于他们之间已经存在了一种'密切的私人关系'"。[2]

无论出于何种缘由，这种相互的学术沟通和交流已经超出了我们对中西法学的固化认知：中西法学的关系并不完全是中国对西方的"西学东渐"、单方面的输入，而是存在另一种可能，即中西方法学的对立与竞争。在吴经熊试图以庞德的实用主义整合斯塔姆勒和霍姆斯的学术观点（而斯塔姆勒和霍姆斯在法律观方面是截然对立的）以建立一种全新的理解时，被整合的对象则表达了"同情式的理解"和对这种整合委婉的反对。[3]这种"有来有往"的交流固然是个例，但至少说明另一种可能的真实存在。同时，吴经熊本人在当时已经跻身世界法学之林，他的标签至少在中国法学界来看已经不是纯粹的中国法学家。端木恺在《中国新分析学派法学简述》中评论说："自从去年吴教授的《法学论丛》出版以来，已经引起全球法学家注意。这不仅是沉寂已久的中国法律思想上的一大转机，并且是世界法律思想上的一大革命。"[4]

作为吴经熊学生的端木恺不免对老师有溢美之词，另一位美国西北大学法学教授魏格摩在《伊利诺大学法律评论》上对《法学论丛》的评价似可证明

---

〔1〕 刘星："民国时期的'法学权威'——一个知识社会学的微观分析"，载《比较法研究》2006年第1期，第27页。

〔2〕 刘星："民国时期的'法学权威'——一个知识社会学的微观分析"，载《比较法研究》2006年第1期，第27页。

〔3〕 ［德］司丹木拉：《现代法学之根本趋势》，张季忻译，中国政法大学出版社2003年版，第88~89页。

〔4〕 端木恺："中国新分析学派法学简述"，载吴经熊、华懋生编：《法学文选》，中国政法大学出版社2003年版，第232页。

"轰动欧美"所言非虚："作为一名法律哲学家，该作者现在站在前列。"[1]吴氏理论，作为中国法学的代表，尤其是他对霍姆斯等人理论的继承和发扬，在当时是世界法社会学的组成部分。从这个意义上说，吴经熊的文章中何以不见中国的社会现实与民族主义的内容，未尝不是一种刻意的淡化，而他对东西文化的超越未尝不是对二者对立立场刻意的圆融。这种视角，可以让人们更为深入地反向理解为什么近现代的中国还有其他民族国家某些法理知识及其法学可以是全球意义的，可以成为"世界法学的一个内在组成部分"。[2]

三、近代法社会学的初步构建：张知本的《社会法律学》

张知本（1881—1976年），字怀九，湖北江陵人，我国近代四大法学家之一。[3]清末时曾参加科举考中秀才，后就读武昌两湖书院，1904年官费赴日本法政大学留学，在日本参加了孙中山先生领导的中国同盟会。回国后，他经历了漫长的宦海生涯，曾任中国同盟会湖北支部评议长、湖北军政府司法部部长、国民党武汉政治分会委员、湖北省政府主席、立法委员会主席、司法行政部长、行政法院院长等职，对民国时期的宪法制度、司法制度贡献卓著。他一生重视法学教育和法律人才培养，曾担任江汉大学、上海法科大学、湖北省立法科大学、北平朝阳学院等高等学府的校长，而且著述颇丰，留有《宪法论》《社会法律学》《破产法论》等著作。

1904年，尚在日本法政大学求学的张知本与邹麟书、刘爕臣合著并出版发行了《法学通论》一书，内容主要取材于日本法学家奥田义人和梅谦次郎的法学理论。张知本负责该书的绪论和第一编，其中"法学"部分对法学的本体、材料、学派等通识性内容作了介绍。对"法学"的界定，张知本认为"法学即社会学之一部，而最复杂之科学也"，与物理学、数学、经济学、伦理学等学科都有关联。在"法学之流派"中，他以法学研究方法为标准将法学流派划分为宗教法学派、理想法学派、实验法学派，"三派中又各有小派分

---

〔1〕　吴经熊：《超越东西方》，周伟驰译，社会科学文献出版社2002年版，第138页。

〔2〕　刘星："民国时期的'法学权威'——一个知识社会学的微观分析"，载《比较法研究》2006年第1期，第52页。

〔3〕　另外三位为王宠惠、董康、江庸。

立，而于大体，皆不得脱其所属"。[1]如果说彼时因为法社会学作为流派的影响力还不足以被张知本注意的话，那么1931年9月出版的《社会法律学》则补足了这一缺失，使法社会学在近代中国开始真正具备了学问的形态。尽管在张知本的《社会法律学》问世之前，已经有相当多的文章和教科书对西方法社会学的纲领、主张、流派、代表人物加以介绍，但近代中国还不曾有过专门的法社会学著作，正如李景禧所说，"社会法的专著只有张知本先生的《社会法律学》一册"。[2]从民国初年国人首次接触到社会法学，经过二三十余年的引入、传播和发展，汇流至张知本的《社会法律学》，促成了中国近代法社会学的初步构建。

一门学科形成相对独立的知识体系，至少应当满足研究对象、研究范围、理论基础、研究方法、发展趋势等基本构成要素，同时有学科创始人及其代表作，以及较为稳定地从事这一学科研究的学术群体。西方法社会学自诞生以后，在欧美蓬勃发展，研究者甚众，满足这些标准自不待言。近代中国法社会学则立足于移植和继受，构建本土的法社会学知识体系需要首先完成对传入的西方法社会学资源的整理，并以此为基础实现改造与创新。客观地说，《社会法律学》共分七章，分别对社会法律学的意义、历史、派别、法律观、社会进化与法律、今日应有之立法以及现代法律社会之趋势等问题进行了探究，全书结构清晰、逻辑严谨，有着很高的学术水准，同时又带有民国时期学术研究的特点和张氏个人的学术印记。从学科基本构成要素分析，《社会法律学》对西方法社会学的知识体系加以系统的梳理，使得该学科的研究对象、理论基础、研究内容、研究方法等得以全面的呈现，基本实现了学科的初步构建。

（一）对法社会学研究对象的确定

确定独立的学科研究对象是构建一门学科的基础。在《社会法律学》出现之前，学界已经对社会法学派的研究对象有所认识，但都不够系统和全面。比如不同法学学派都以法律现象为关注对象，法社会学与其他派别相比有何不同？如前文所述，学者们虽然比较了不同学派的利弊，但很少有人对法社会学的研究对象给出直接的界定。在《社会法律学》中，张知本明确提出了

[1] 张知本："法学通论"，载《张知本法学文集》，法律出版社2018年版，第21页。
[2] 李景禧："社会法的基础概念"，载《法学杂志》1937年第6期，第69页。

法社会学的研究对象问题。

在序言中，他首先指出法社会学的定位：法律本应以"调和全体人类之利益"为己任，而从事这一研究者，即社会法律学也。[1]社会法律学虽然也以法律现象为研究对象，在方法和目的方面则有别于一般法律学。首先，研究对象与研究方法不同。法社会学以"形成社会现象之法律"而非单纯意义的法律为研究对象，以社会学方法而非一般法学方法为研究方法，注重观察法律与社会生活的关系、研究法律的实在价值与功能效用，故而与一般法律学有所不同。其次，研究宗旨不同。法社会学的研究目的是调节社会成员的利益冲突，以增进多数人类生活上所要求之最大利益为宗旨；一般法律学则立足个人主义立场，唯一目的在于在维护个人自由之权利。社会集团不是个人简单的集合而是个人之间相互结合的产物，极端追求个人利益则是社会之害。因此，法社会学的出现是对以往一般法律学个人主义的纠偏补弊。

（二）对法社会学理论基础和法律观的整理

《社会法律学》对社会法学派的理论基础进行了分析与整理，同时也涉及对法社会学基本法律观的说明。在分析和整理的过程中，作者加入了不少颇有创见的看法，从而使得近代中国法社会学的早期建构带有了一定的自觉性和初步的创新。

1. 唯物派法律学

在《社会法律学》中随处可见唯物派法律学的踪迹，这与张知本本人的认识不无关系。他颇为认同马克思的主张："马氏以经济关系为法律之唯一基础，此与吾人意见相合。"[2]按照这一理解，法社会学视野下的"法律"并非立法者的任意，乃是从经济基础发生和发展而来。国家法律，无论公法、私法都是经济关系的产物，法律关系与政治关系都源自生产的各种形态，法律不过是将各种经济关系公布和记载的载体。至于那些不直接规定经济关系的法律部门（如行政法、诉讼法等），则是为了维持和实现经济生活的手段，因此一切法律俱为经济的产物是无可置疑的。

为了进一步说明法律的基础是经济关系并求得更为圆满的解释，张知本对可能引发误解的法律的相对独立性、人类行为的参与以及地理关系的影响

---

〔1〕张知本："社会法律学"，载《张知本法学文集》，法律出版社2018年版，第79页。
〔2〕张知本："社会法律学"，载《张知本法学文集》，法律出版社2018年版，第102页。

三个问题作了进一步的说明。其一，法律在应经济关系要求产生后便具有独立生命，呈现出对经济的反作用。此种反作用的根源在于法律对利益保障的分化与固化，既得利益阶级为永保自身利益必然会成为旧法律的维护者，构成了对生产力发展的桎梏，则改革法律之运动就会随之而起。其二，经济关系并非自然作用于法律，需要有立法者的中介，法律同时也是人力参与的结果。其三，地理关系影响法律的情形也不可忽视。比如大陆国家因地理原因自给自足，很少采取自由贸易政策，海洋国家则刚好相反。但其深层次原因依然是经济关系决定的，是"经济关系所支配之地理关系也"。[1]

张知本赞同的从经济基础的视角观察法律的方法，颇有马克思主义政治经济学的味道，"多少包含了一些历史唯物主义成分"。[2]马克思在《〈政治经济学批判〉序言》中说，"法的关系正像国家的形式一样，既不能从它们本身来理解，也不能从所谓人类精神的一般发展来理解，相反，它们根源于物质的生活关系"。[3]张知本对"法律根源于经济基础"的看法，与马克思的判断不谋而合。从1918年开始，马克思主义进入中国，经过李大钊、李达等人的传播和诠释，马克思主义理论体系中的唯物史观对当时的学界而言并不陌生。作为三民主义的信奉者、国民党元老级别人物，他之所以赞同"法之经济基础"的观点，显然是立足于法社会学的立场，出自"社会决定法律"的学术自觉。

2. 社会利益说

对于法社会学的经典理论社会连带学说、社会利益说等，《社会法律学》中都有所涉及，张知本显然更赞同以社会利益说作为法社会学的理论基础。他认为正确的法律的社会目的，应当为社会全体利益存在，而并非少数人谋利的工具。首先，他指出了狄骥"社会连带"理论的不足之处。人类的社会生活必须彼此依赖，此种连带关系形成了人类社会秩序的基础。但狄骥只注意到了社会成员的相互依赖，却忽略了社会成员之间的彼此竞争。社会生活所需的物资资料是有限的，社会成员之间会因分配不均而产生冲突，所谓的相互依赖关系反而会演变成利害对立关系。其次，法律的目的就在于调和各

〔1〕 张知本："社会法律学"，载《张知本法学文集》，法律出版社2018年版，第105~108页。
〔2〕 童之伟："20世纪上半叶法本位研究之得失"，载《法商研究（中南财经政法大学学报）》2000年第6期，第6页。
〔3〕《马克思恩格斯全集》（第31卷），人民出版社1998年版，第412页。

种利益，使强弱者彼此不至于互相侵害对方利益，所谓的连带关系始得建立、社会全体利益始得维持。至于法律所应保障的社会公共利益形式，张知本参考了庞德的利益学说，包括一般的安全、社会制度之安定、自然力之利用及保存、一般道德之维持、促进文化之发展、个人生活之维持六类。而且与当时一般的法社会学者不同，他并没有将个人利益与社会利益决然对立，而是主张个人利益之于社会利益的重要性，也即庞德所界定的六种社会利益中居于核心地位的应当是"个人生活之维持"，自然力之利用及保存、一般道德之维持是实现个人生活之维持的手段，一般的安全、社会制度之安定、促进文化之发展则是个人生活之维持实现后的结果。究其原因，在于个人生活之维持取决于限制无限的私人占有社会财富和个人之间的残忍剥夺，自然力之利用及保存、一般道德之维持有助于这两个前提的满足。如个人生活得以维持，则一般的安全、社会制度之安定、促进文化之发展即可顺利实现。

3. 权利本位否定论

张知本对权利本位否定论的观点依然是在社会法律学的视野下探讨的。

法律的目的在于社会利益，意味着对个人权利的轻视，因此张知本认为法社会学的主张之一是对个人权利的否定。在他看来，既然法律以维护社会利益为任务，那么所有维护个人利益的权利本位的法律是抛弃其本来之使命的立法。他认为这一主张，在社会法律学的前驱孔德、主要代表人物狄骥那里是一脉相承的。孔德认为"各个人在社会上惟有义务、并无权利，换言之，各个人只有履行义务之权利，绝不有履行义务之权利以外之权利"，[1]其核心要义即是以义务本位取代权利本位。狄骥则在此理论基础上作了进一步发挥，从公法和私法两个角度论证权利否定论：公法方面，否认国家主权和个人天赋权，主张国家应以积极态度助长公益事业；私法方面则试图以社会的作用观念代替个人的自由权、所有权，唯其如此，"方与人类在社会连带关系中，共同生活之实际情形不相背驰"。[2]张知本认为这是法社会学的基本原理，为社会法律学者所公认。

不过，张知本虽然倾向狄骥的权利本位否定论，但并不完全认可。除援引上述张氏认为社会法律学中"较有权威者"的理论说明权利否定论外，他

[1] 张知本："社会法律学"，载《张知本法学文集》，法律出版社 2018 年版，第 114 页。
[2] 张知本："社会法律学"，载《张知本法学文集》，法律出版社 2018 年版，第 116 页。

还从法律发展的历史角度，对义务本位与权利本位的更替及背后的缘由作了补充说明。法律发展的规律是从义务本位到权利本位再到义务本位，只不过现代所谓的义务本位增加了社会利益的内涵，同时也澄清了新的义务本位之下的法律，并非完全不保护个人权利，而是"法律所应保护之权利，是为履行社会义务而行使权利之权利，不是为扩张个人利益而行使权利之权利"。[1]

4. 社会进化理论

《社会法律学》对社会进化理论做了探讨，认为经济组织的变化导致了其他社会现象，如法律、政治、宗教、艺术、哲学等的随之变化。不过，虽然物质的生产力是推动社会进化之原动力，人类的历史亦少不了人类自身的创造。但此种创造并非随心所欲，而是社会物质条件在人类头脑中的反映。张知本的结论是，社会进化的原动力是生产力，但要通过反映于人类的脑海而实现。

以社会进化之原理观照法律进化之原理，"即可知法律是属于社会之上层建筑者，社会之经济基础一有变动，则法律之上层建筑，亦即受影响而发生变动"。法律同时对经济基础有反作用，体现在"或者因保护之设定而促其发展，或者因限制之严厉而为其桎梏"。[2]随后他分别以原始社会、古代社会、封建社会、市民社会为例，分析了不同社会发展阶段法律与经济的交互作用。不难看出，他对经济基础与上层建筑、法律与社会进化关系的认识，与马克思主义的话语表达十分类似，所描述的不同社会发展阶段与法律的关系，也非常接近于马克思主义法学以经济基础和阶级本质为标准所划分法的历史类型。这种巧合一方面是社会法律学与马克思主义法学在学理上的相融互通，另一方面，也从侧面反映出马克思主义的唯物论对当时法社会学研究的影响。

（三）对法社会学基本观点的整理与创新

1. 社会本位

由于个人自由主义法律观念的滥觞，20 世纪人类的社会共同生活已形成贫富极为失衡的状态。法社会学认为，解决之道在于改良立法，采纳社会本位。对社会本位立法的特征，《社会法律学》整理为四个方面：其一，个人所有权之限制。私有制度的漫无限制是造成社会不平衡的主要原因，解决之道，

---

〔1〕 张知本："社会法律学"，载《张知本法学文集》，法律出版社 2018 年版，第 113~118 页。
〔2〕 张知本："社会法律学"，载《张知本法学文集》，法律出版社 2018 年版，第 131~133 页。

自然是从限制私有权入手。为谋取全体社会之利益计，应当实现公用事业的国营和土地私有权、财产所有权的立法限制。其二，契约自由之限制。贫富的悬隔使得契约自由原则无法保障交易双方意思表示的真实，劳动者与雇主签订的雇佣合同即是一例。因此，所谓契约自由只是保障了经济上居于优势地位的自由，处于劣势地位的劳动者毫无自由和利益可言。应当以社会利益作为法律生效的补充，而不应以当事者之间意思表示为唯一要件。其三，相续权之限制。张知本总结学界观点，指出现存的财产相续制度，包括强制统一相续制、强制均分相续制和遗言自由制三种形式，可能导致贫富差距、社会不公等种种弊害。对学界提出的相续权完全否认说、限制遗产相续额说、限制相续人范围说和征收相续税说等改革意见，张知本认为均有理由，具体如何采用须依据本国的经济情形决定。其四，社会保险制度之设定。张知本认为社会保险制度可为贫者提供救济，是法律达成社会目的的重要制度，而且也是许多国家业已实行的制度。具体而言，包括设立伤害保险、疾病保险（妇人生育在内）、老者及废疾保险、孤寡保险、失业保险，以及由国家和雇主承担保险基金等。

2. 现代法律社会的发展趋势

法社会学主张现代法律的趋势是社会化，并主张立法的"社会本位"。张知本和同时代多数学者一样，都赞同这一主张，不同之处在于他对法律社会化内在原因的解释以及中国应当构建"社会本位"法律体系的构想，不仅是他本人法治理想的集中体现，同时也呈现出法社会学的本土化色彩。

第一，张知本认为现代法律之社会化趋势的根本原因在于社会生产力的发展。同时期的学者一般都将法律本位的演变归结为社会发展阶段的自然更替，并将西方社会法律从个人本位向社会本位的演化视为普遍适用的规律，[1]中国自然不能例外。至于深层次的理论论证则比较缺乏，例如与中国社会贴合的法律本位究竟为何，社会本位是否适合中国具体的法律生活？几乎没有人论及。相较之下，张知本的解释虽然也流于表面，但略胜一筹的是他的论证趋近于唯物论色彩，多了几分实证的意味。在他看来，由于社会生产力的

---

〔1〕　参见欧阳谿：《法学通论》，上海会文堂编译社 1933 年版，第 242 页；周邦式编：《法律学概要》，新中国书局 1932 年版，第 130 页等。

发展，法律已成为"阻碍社会进化的桎梏、制造贫富不均之酵母"，〔1〕富者阶级与贫者阶级的斗争日趋激烈。他并不主张暴力革命重建社会秩序，在贫富双方的力量均无法彻底消灭对方时，为寻求共同生活，双方不得不寻求彼此利益调和之道，即所谓"社会互助论"，从而使得法律呈现出社会化的倾向。

第二，对于如何构建"社会本位"的法律体系，张知本认为有两种途径：其一，旧法律部门之改良，如宪法、民法、刑法等；其二，新法律部门之创设，如劳动法、土地法等。对于前者，他主张在宪法方面扩张选举权，如无产者积极参与立法、无产者参与合组政府等，以缓和贫富矛盾；民法方面则主张扩张解释权、禁止权利滥用、限制契约自由、赔偿责任之变迁等。对于后者他提倡劳动立法，认为劳动立法是"现代社会政策立法中最主要之一"，不仅限制契约自由，而且可以"抑制资产阶级财富之无限膨胀""减少无产阶级生活之极大窘迫"，合乎法律之社会的目的，是"调和利益之最善的立法"。〔2〕

将解决阶级矛盾的希望寄托于某个法律部门的创设，或者法律体系立法本位的改良不免偏颇，但就学科本身而言，张知本对当时法社会学发展趋势的把握是准确的。倡导以社会学方法研究法律问题、主张法律体系的"社会本位"倾向、注重实现法律的社会目的，倡议增设社会法部门，都反映出以张知本为代表的法社会学者为解决社会问题的思考与努力。

从学科意义而言，张知本的《社会法律学》是对近代以来中国法社会学理论的集大成之作。该书集中介绍了法社会学的相关知识和主要理论，同时贯穿了作者本人对社会本位、权利与义务等基本问题的独到见解，具有知识建构层面的奠基意义。立足于今日法社会学发展的视角观察，该书自然有很多不成熟的地方，例如作者的方法论意识虽然受到唯物论的影响，但并未深入；对狄骥等人的观点虽然有所修正却存在误解，出现了将个人权利和个人利益对立的认识错误等。尤为重要的是，作为一部中国学者贡献的法社会学著作却对本土问题的研究不足，脱离中国的法律生活实际展开纯粹理论的介绍与分析，实践意义有限。但对于诞生在 20 世纪 30 年代的中国首部本土法社会学著作，其开创性价值是不容否定的。

---

〔1〕 张知本："社会法律学"，载《张知本法学文集》，法律出版社 2018 年版，第 162 页。
〔2〕 张知本："社会法律学"，载《张知本法学文集》，法律出版社 2018 年版，第 182 页。

第三节　社会学方法的本土化运用：以瞿同祖与严景耀为中心

法社会学在中国本土化的另一个面向是西方社会学方法研究中国现实的法律问题。从近代中国法社会学学科构建的角度而言，这种面向反映的是以西方社会学方法研究中国的个案，结论可能验证、修正或者反驳西方理论的普遍性或科学性，并不足以产生以研究中国现实的法律与社会为中心的法社会学。但这并不意味着否定学者的学术贡献，除对 20 世纪上半叶中国法社会学发展的重要促进作用外，这种努力的价值在于凸显了法社会学对解决中国具体而现实的问题需求的回应。

"民族自尊心……是本土化运动……产生的原因之一"，"对中国这样的有着悠久的文化传统的国家来说可能更为强烈"。[1]20 世纪 30、40 年代民族独立的社会思潮高涨，投射在学术研究领域，激发了学界研究本民族问题、提升民族自信的动力。早在 1927 年，梁启超就撰文指出社会学应当研究的中国问题。到 1930 年，社会学界提倡中国化、本土化的呼声越来越高，不少学者都对空洞的、脱离中国实际的"教室里的社会学"[2]非常不满。著名社会学家孙本文力主"采用欧美社会学上之方法，根据欧美社会学家精密有效的学理，整理中国固有的社会思想和社会制度，并根据全国社会学实际状况，综合而成有系统有组织的中国化社会学"。[3]1933 年，燕京大学社会学系主任吴文藻先生在学校的工作之一就是"建立'适合我国国情'的社会学教学和科研体系，使'中国式的社会学扎根于中国的土壤之上'"。[4]他提出社会学研究的立场应当是，"以试用假设始，实地证验终"。[5]必须使（西方的）理论与（中国的）事实相结合，现实的社会学才能根植于中国土壤之上；同时又必须培养和训练理论符合事实的学科人才开展独立的研究，社会学才算

---

〔1〕　周晓虹："本土化和全球化：社会心理学的现代双翼"，载《社会学研究》1994 年第 6 期，第 15 页。

〔2〕　费孝通："中国社会学的成长"，载云南大学、云南省档案馆编：《国立云南大学教授文集（三）》，云南大学出版社 2011 年版，第 299 页。

〔3〕　孙本文：《当代中国社会学》，商务印书馆 2011 年版，第 298 页。

〔4〕　"吴文藻"，载 http://www.shehui.pku.edu.cn/second/index.aspx? nodeid = 20&page = Content Page&contentid = 238，2023 年 1 月 10 日访问。

〔5〕　吴文藻：《论社会学中国化》，商务印书馆 2017 年版，总序第 3 页。

彻底的中国化。

在这一思潮的影响下，燕京大学社会学系成为"社会学中国化"教学和研究的主阵地。从法社会学的角度观察，社会学者以社会学方法对中国法律问题的研究则从另一角度推进了法社会学的进步，也将这一时期"反省和自觉"的主基调推向更纵深处。

瞿同祖和严景耀都是燕京大学社会学系毕业的佼佼者。严景耀（1905—1976年）1924年考入燕京大学社会学系，学习犯罪学。瞿同祖（1910—2008年）则是1930年进入燕京大学，主修社会学，1934年入研究院学习社会史。瞿同祖入研究院学习时，严景耀已于1929年从研究院毕业，留校担任助教。二人所学专业虽然不同，却都在燕京大学社会学系接受了系统的社会学方法的训练，并受到燕大社会学系中国问题意识的熏陶，形成了自觉的本土化研究意识。

燕京大学社会学系办学的指导思想是结合本国实际，"使学生明了中国现时社会情况"，开设了"中国社会问题""中国社会思想史""儒教的社会和政治原理"等课程；同时对西方社会学的各种学派比较分析之后引入了"功能学派"作为研究中国社会问题的理论框架，[1]邀请了功能学派的学者来燕大做讲座。据瞿同祖回忆，他当时选修了吴文藻、杨开道、陶希圣等人开设的社会学课程，并听完了芝加哥大学社会学系教授、"功能学派"代表学者派克的讲座，获益匪浅。1929年后吴文藻在燕京大学社会学系任教，主讲"人类学""西洋社会思想史"和"家族社会学"课程，他对原本采用的西洋教材不满，亲自编写了更符合中国实际的中文教材，而且身体力行，在教学过程和研究方法方面努力倡导"社会学的中国化"，坚持用本国的资料和实例进行讲解，主张精通西方理论的同时了解中国国情。[2]

吴文藻在担任燕大社会学系主任期间，十分重视实地社区调查，不仅开设相关课程，而且派遣研究生和助教到国内参与实地调查。当时李景汉讲授"社会研究方法"课程，经常亲自带领学生去附近农村实地调查，选修这门课程的严景耀深受启发。1928年，他受燕京大学社会学系的委托，赴河北、山

---

〔1〕 刘楠："民国时期燕京大学社会学系的社会服务与改造"，西北师范大学2014年硕士学位论文，第41页。

〔2〕 林耀华、陈永龄、王庆仁："吴文藻传略"，载吴文藻：《论社会学中国化》，商务印书馆2010年版，第598页。

西、河南、湖北、江西、安徽、江苏、浙江八省的监狱展开调查，收获颇丰。1930 年，中央研究院社会科学研究所与燕京大学社会学系合作，请严景耀对山西、河北、湖北、湖南四省的监狱与犯罪进行调查研究。有了这些前期的调查资料作为积淀，严景耀写出了《中国的犯罪问题与社会变迁的关系》，成为犯罪社会学史上的扛鼎之作。燕大社会学系这种精通西方社会学理论、研究中国实际问题、重视实地调查研究的培养模式，对瞿、严二人的学术风格和研究范式都产生了深刻的影响。

一、西方社会学视角下的中国法律史解读：瞿同祖的《中国法律与中国社会》

出身湖南长沙仕宦家庭的瞿同祖，有着和民国多数学者相似的成长背景。幼年时期深受国学熏陶，打下了深厚的中国传统文化功底；后在育英中学和汇文中学读书，又受到英文教育的训练，为他日后成为学贯中西的法学大家奠定了坚实的基础。在燕京大学社会学系和研究院求学期间，在吴文藻、杨开道等业师影响下，他对法律史产生了浓厚兴趣，尤其是在接触到亨利·梅因的《古代法》《早期法律与习俗》以及维纳格勒多夫的《历史法学大纲》后，"颇有效颦之志……益有撰中国法制史之意"，"也想写出像梅因那样能成一家之言的书"。[1]

梅因的法人类学贡献在于开辟了一种"通过社会思想、文化、政治的演变来研究法律制度的变迁，以及法律变迁对社会历史演变的反作用"[2]的研究范式，一反自然法学派就法理论法理的研究路径，对瞿同祖震动很大，可以说成为他重要的学术渊源之一。在他随后开展的研究中，这种"去自然法化"的倾向非常明显，他并不从传统儒家伦理的路径切入去分析法律的道德内涵（而这是分析中国古代法律最为常见的范式），而是尽力挖掘法律背后复杂的社会现实，从而揭示社会事实与古代法律之间的互动关系。《中国法律与中国社会》是一次成功的"本土化"尝试，是他把从西方社会学理论中汲取的视角与方法纳入自己的研究系统的过程。

---

〔1〕　王健："瞿同祖与法律社会史研究——瞿同祖先生访谈录"，载《中外法学》1998 年第 4 期，第 17 页。

〔2〕　张冠梓主编：《法律人类学：名家与名著》，山东人民出版社 2011 年版，第 92 页。

瞿同祖谈及自己的研究模式时，印证了这一点。他提到自己写作的方式与一般研究者不同，并不是从找资料、参考外国著作入手，而是"先阅读外国学者的著作，从中受到启发，形成一定的方法论，然后开始研究法制史，写作有关法制史的著作"。因为是创新地将法律与社会结合研究，故命名为《中国法律与中国社会》，目的是试图从法律的角度来研究社会而不只是研究法律，"因此书中不仅引用了法律材料还大量引用了社会史材料"。[1] 他所提及的"方法论"，指的是社会学、社会人类学的方法，并且从马林诺夫斯基等社会人类学家的著作中"深受启发""从方法论上得到了有益的借鉴"。[2] 那么，具体而言，他是如何发现和运用这种方法论，从而展开对中国古代法律本土化的研究？本书以瞿先生的《中国法律与中国社会》为中心，试图对他的研究立场与范式作一分析。

（一）"法律是社会产物"的立场

《中国法律与中国社会》的研究视角可以从梅因的《古代法》溯源。对待法律的态度，梅因完全是社会学的视角，所有先验的、所谓毋庸置疑的法律概念在他这里都是不存在的。以自然法为例，在自然法学派看来平等、自由等观念是与生俱来的真理而无需证明，《古代法》却认真考察了自然法兴起的社会基础。在梅因看来，自然法的出现和兴盛都与罗马帝国时期为解决罗马市民和异邦人的冲突相关。冲突解决的规则积累成体系即为万民法，这便是自然法的前身。对罗马人来说，万民法的作用在于补救市民法的不足，本身并没有革命性的意义，也不是无政府状态下的产物，它产生的原因和运作的功能完全是社会化的。

瞿同祖深受这个设定的影响，并认为在承继方面，"亨利·梅因研究西欧封建社会的结果，和我们研究中国封建社会的结论"是相合且可以互相佐证的。[3] 宗法制度的产生，从功能角度看同样是维护封建制度的产物，类似地，礼治在瞿同祖看来也"断不是说仅凭一些抽象的伦理上、道德上的原理原则

〔1〕 瞿同祖、赵利栋："为学贵在勤奋与一丝不苟——瞿同祖先生访谈录"，载《近代史研究》2007 年第 4 期，第 152 页。

〔2〕 瞿同祖、赵利栋："为学贵在勤奋与一丝不苟——瞿同祖先生访谈录"，载《近代史研究》2007 年第 4 期，第 153 页。

〔3〕 瞿同祖：《中国封建社会》，上海人民出版社 2005 年版，第 91 页。

来治世之谓",〔1〕而是承担着使社会成员尊卑、贵贱、长幼、亲疏有别的社会功能。通过礼形成上下有别、井然有序的社会秩序，达到"经国家、定社稷"的目的，所以瞿同祖认为儒家和法家并不存在根本对立，虽然出发点和结论不同，在目的上却是殊途同归的。所以礼治和法治不过是儒法两家为达到不同的理想社会秩序所用的不同工具罢了。从这个意义上说，瞿先生视野里的"礼"如同梅因笔下的"自然法"一样，并不承担太多的道德内涵，而是社会治理的工具。

在《中国法律与中国社会》中，瞿先生特意强调该书并不在意琐碎的变化，而是将古代法律从汉到清作为一个静态的整体来研究。他之所以将古代法作"整体化"的处理，目的就在于将这一整体放诸社会结构中，考察法律之外的其他社会现象对法可能的影响。不难看出这是借鉴了法人类学的解释范式，只不过把共时性的社会事实移换作历时性的历史文献材料。他反对分析法学的研究范式，认为"仅仅研究条文是不够的"。法律是社会的产物，因此"不能像分析学派那样，将法律看成一种孤立的存在，而忽略其与社会的关系。只有充分了解产生某一法律的社会背景，才能了解这些法律的意义和作用；也只有考察法律在社会上的运用，才能了解法律的实施情况"。〔2〕在《清代地方政府》中这种批评变得委婉，但依然明确："法律法令并不总是被遵守，文字上的法与现实中的法经常是有差距的。"〔3〕这种"法律是社会产物"的立场显然是对梅因等人法人类学基本观点的承继。在《中国法律与中国社会》一书中，他始终坚持了这一立场，同时也贯穿了瞿先生的整个研究生涯。

（二）结构——功能主义视角下的家族与阶级

瞿同祖的学术渊源和知识结构中，结构主义和功能主义是两个重要的来源。燕大社会学系在20世纪20、30年代对西方结构主义和功能主义理论的引入和研究不遗余力，曾邀请英国结构主义代表人物布朗和美国功能学派的派克到校讲学。瞿同祖怀着极大的兴趣听完了派克为期半年的"社会学"讲座。他的老师吴文藻则是国内功能主义学派的热心倡导者和实践者，经过比较选择后认为"功能学派是社会人类学中最先进，而亦是先进学术界上最有力

〔1〕 瞿同祖：《中国法律与中国社会》，商务印书馆2017年版，第322页。
〔2〕 瞿同祖、赵利栋："为学贵在勤奋与一丝不苟——瞿同祖先生访谈录"，载《近代史研究》2007年第4期，第153页。
〔3〕 瞿同祖：《清代地方政府》，范忠信、晏锋译，法律出版社2003年版，第2页。

的一个学派",〔1〕并努力在燕大社会学系中推广。当时燕大社会学系的教师发表了一系列文章介绍功能学派,包括吴文藻本人的《功能派社会人类学的由来与现状》《布朗教授的思想背景与其在学术上的贡献》、杨开道的《布朗教授的安达曼岛人研究》等,介绍和宣传功能学派的研究成果。《中国法律与中国社会》首次出版时,是以吴文藻主编的社会科学丛刊甲集第五种的面目问世的,在总序中吴先生指出,"所谓功能观点乃是先视社区为一整个,就在这整个的立足点上来考察其全部社会生活,并视此社会生活的各方面为密切相关的一个统一体系的各部分"。〔2〕社会生活中的事物,无论风俗、制度或是信仰都有其社会中的特定功能,对于这些事物的了解应先从发现其功能开始,这就是所谓功能主义的视角。

在结构主义看来,一切社会生活和社会活动之下,都隐藏着支配这些表面现象的内在结构,社会学家的任务就是发现这些结构。布朗所发现的结构是"亲族","亲族系统的结构就是作为一种具体的存在物的亲族社会关系的制度性形态,这种形态在不同的社会具有不同的表现形式"。〔3〕同时,"社会的基本结构是家庭和阶级,观察到的任何人类社会的社会现象,并不是直接源于个体特性,而是源于将个体结合到一起的社会结构。"〔4〕我们可以看到布朗概括的范畴对瞿同祖选择"家族""阶级"概念作为社会内在结构的巨大启发。不过,包括布朗、马林诺夫斯基等人在内,以亲族为系统分析的对象都是简单的蒙昧社会,亲族群体几乎是唯一的社会结构。在存在国家、各级行政组织、家族等复杂社会组织的古代中国社会,单一的分析工具显然是不够的,所以瞿同祖说尽管他们研究的对象是蒙昧社会,"但我从方法论上得到了有益的借鉴"。〔5〕他借鉴了西方社会学结构主义与功能学派的分析方法,以家

〔1〕 吴文藻:"功能派社会人类学的由来与现状",载吴文藻:《论社会学中国化》,商务印书馆 2010 年版,第 598 页。

〔2〕 吴文藻:"社会学丛刊总序",载瞿同祖:《中国法律与中国社会》,商务印书馆 2017 年版,总序第 4 页。

〔3〕 〔日〕富永健一:《社会学原理》,严立贤等译,社会科学文献出版社 1992 年版,第 157 ~ 158 页。

〔4〕 〔英〕A. R. 拉德克利夫-布朗:《原始社会的结构与功能》,丁国勇译,中国社会科学出版社 2009 年版,第 198 页。

〔5〕 瞿同祖、赵利栋:"为学贵在勤奋与一丝不苟——瞿同祖先生访谈录",载《近代史研究》 2007 年第 4 期,第 153 页。

族和阶级为分析框架对中国古代社会的基本结构进行了微观的剖析。

1. 家族

家族何以成为中国古代社会的内在结构？瞿同祖认为，在中国古代家国同构的治理模式下，家族"实为政治、法律的单位"，家族的组合构成政治和法律组织，进而成为家国一体统治的基础："每一家族能维持其单位内之秩序而对国家负责，整个社会的秩序自可维持"。[1]所以家族得以成为中国古代社会的基本构成单位，家族主义便成为中国古代法律的基本特征之一。历代法律都以维护家族主义达到维持社会结构的稳定。他从刑法、血属复仇、行政法等维度分析了法律的家族主义表现：如在古代刑法制度中，亲属间的相犯如杀伤罪、奸非罪、窃盗罪等无不体现出法律对父权的维护，以保障一家之主的特权地位；再如亲属复仇也与家族主义相关，"中国人对社会关系的看法是讲究亲疏之分的，所以报仇的责任有轻重的不同。五伦之中君父最亲最尊，所以责任最重"。[2]尽管法律的立场禁止复仇，但由于家族主义的存在，伦理和法律的冲突、人情与法律的冲突十分普遍，从司法常常"法外施仁"。行政法中，由于为政者常以政治力量倡导伦常，因此官吏的任免、迎养、丁忧等制度均与家族主义相关。

婚姻制度的设计也是从维护家族主义的宗旨考虑的。婚姻缔结的目的是"上以事宗庙、下以继后世"，"完全是以家族为中心的，不是个人的，也不是社会的"。[3]婚姻的解除自然也不考虑个人或社会，"七出三不去""义绝"等法定离婚以及协议离婚的"协离"等解除方式都与维护家族利益有关。

从功能主义角度看，家族承担了对国家的政治和法律功能。家族是父权家长制的，作为家中首脑的父祖掌握着经济权、主婚权、宗教权乃至对家庭成员的生杀大权，法律承认家长这种主权的目的是维持家族秩序——也就是国家的基层秩序。同时家长和族长还承担着本区域内的司法权，成为本区域内冲突解决的第一道防线。只有本族之内无法解决，才交由代表公权力的国家司法机关处理。这揭示出国法和家法之间的微妙关系：在天高皇帝远的传统中国社会，统治效力的现实决定了国法不得不将部分权力让渡给家法，以

---

〔1〕　瞿同祖：《中国法律与中国社会》，商务印书馆 2017 年版，第 30 页。

〔2〕　瞿同祖：《中国法律与中国社会》，商务印书馆 2017 年版，第 85 页。

〔3〕　瞿同祖：《中国法律与中国社会》，商务印书馆 2017 年版，第 103 页。

换取底层社会秩序的维持。家长享有权力的同时，每个家长都要为家族中每一分子对法律负责、对国家负责，承担严格的义务。在瞿同祖看来，这是家族本位政治法律的基础，也是齐家治国统治模式的核心。

2. 阶级

除家族主义外，阶级也是古代法律的另一重要特征。瞿同祖认为，无论从主流社会观念，还是从客观的法律制度，都可以观察到古代社会存在的阶级现象。尽管他实际上是从阶层的角度理解阶级的，也即更多表现为身份的差别（与梅因的身份社会论一致），但他仍然是在功能主义的视野内观察阶级对于维持社会秩序的作用。

按照瞿同祖的划分，"大概地说来，当时的阶级，不外乎是上下对立的两种"，阶级可有贵贱之分、良贱之别。许多社会中特权阶级和非特权阶级的差别是经济剥削的结果，和阶层的消费能力相关。但在1911年之前的中国，阶级的差别是复杂的社会现象，体现在生活方式、婚姻、丧葬、祭祀等各方面，不取决于消费能力而取决于社会地位。在古代社会，阶级作为另一社会内在结构，同样承担着重要的社会功能。通过阶级所营造的差别是维持社会秩序稳定的必要手段，"古人认为这种差异必须严格维持，绝对不容破坏，否则，必致贵贱无别，上下失序，而危及社会秩序"。因此，阶级"才能使贵财有别，下不凌上，而维持所期望的社会秩序，伦常纲纪得以不替、君子得以重临民"。[1]出于维护此种等级秩序、稳定社会秩序的功能，古代社会不仅以礼的方式规定这些差异，而且"将这些规定编入法典中，成为法律"，以增强其强制性的力量。

随后，瞿同祖分析了古代法律的四种差别现象：其一，贵族的法律。特权阶级在法律上的不平等地位首先体现在秘密法时代垄断法律，正如梅因所说，东西法律都有被少数贵族"独占时期"。法家改革之后，成文法公布，却要遵循"礼不下庶人、刑不上大夫"的差别原则。瞿同祖重新诠释了这一原则，并非"庶人无礼"而是各自适用不同的礼，同样士大夫违法，适用不同的刑罚，因其"不可以刑辱之"，进一步说明不同阶级在法律地位上的差别。其二，法律特权。秦汉以后，随大一统的中央集权制度而来的是大一统的法典，但贵族和平民并未进至绝对的平等。瞿同祖通过分析特权阶级不受司法

---

〔1〕 瞿同祖：《中国法律与中国社会》，商务印书馆2017年版，第162页。

机构及普通法律程序拘束的情形，以及请、减、赎、当、议等各种减免刑罚的手段，指出"古代的法律始终承认某一些人在法律上的特权，在法律上加以特殊的规定，这些人在法律上的地位显然是和吏民迥乎不同的"。[1]其三，良贱的不平等。历代立法都采取良贱法律地位不平等原则，如果良贱又加主奴关系，"则不平等更为增剧"；若主人为官吏，"则期间的差异更为加深"。其四，种族间的不平等。阶级差异在单一种族时是建立在经济和社会基础上的，异族征服并统治时则很容易形成阶级差异，且建立在生物社会基础上。这种种族间的不平等现象与中原文化之下的阶级差异又有不同，也即在原本的贵贱、良贱差别外，又有征服者和被征服者的差别。

　　总体而言，瞿同祖先生通过对西方社会学研究范式和方法的借鉴，完成了对中国法律史和社会史的开创性研究，也是西方理论本土化的一次成功实践。当然，特定时代对他的影响也是不可避免的。在运用西式理论和方法的同时，瞿同祖的态度几乎是完全接受的，尤其是"梅因'从身份到契约'的单线社会进化观事实上构成了瞿著不加质疑的前设"。在此预设下，"阅读跨越两千余年的古代法，他读到的是不同于西方法律文化之'个体精神'和'契约精神'的'家族'精神和'阶级'精神（即伦理法律和身份社会）"。[2]这种解读依然是清末以来中国学界一以贯之的"救国图存"思想的折射，也是以"他者"为标准对"自我"隐而不显的批判，是学术与社会的互动关系反映在法律史解释中的表现。

二、西方社会学方法与中国犯罪问题的碰撞：严景耀的《中国的犯罪问题与社会变迁的关系》

　　1927年，正在燕京大学社会学系攻读的严景耀对中国的犯罪问题产生了浓厚的兴趣，形成了强烈的研究中国本土犯罪问题的意识。据他回忆，"我对阅读美国的犯罪学书籍很感兴趣，但是我对中国的犯罪和犯人的情况却毫无概念"，"讲犯罪的现象是欧美的犯罪现象，谈犯罪的原因，是欧美人犯罪的原因，讨论救济与预防的方法，也是为欧美各国社会病所开的药方，绝对谈

---

〔1〕　瞿同祖：《中国法律与中国社会》，商务印书馆2017年版，第240页。
〔2〕　孙国东："功能主义'法律史解释'及其限度——评瞿同祖《中国法律与中国社会》"，载《河北法学》2008年第11期，第199页。

不到中国的问题"。[1]

为了获得关于犯罪问题的第一手资料，他以一种身体力行的、亲自"参与观察"的方式开始了自己的研究。在当时司法部监狱司司长王文豹（燕大兼职授课）的帮助下，他以"志愿犯人"的身份到京师第一监狱和犯人同吃同住三个月，与真实的犯人深入交谈，了解他们的社会背景和犯罪原因，在亲身体验铁窗生涯的过程中整理出 300 多个犯罪直接资料。随后，在 1928 年和 1930 年，他又分赴河北等省的监狱展开犯罪问题调查，收集了 12 个省的监狱记录，为其后的研究积累了大量实地调研资料。

1930 年，严景耀赴美留学，在芝加哥大学社会学系获得博士学位。20 世纪 30 年代的芝加哥大学有一个学术共同体——芝加哥学派，该学派以重视实证调查、解决社会实际问题著称，主要代表人物正是与燕大有深入交往的派克。1921 年至 1931 年间，派克和他的研究生对芝加哥的城市犯罪、黑人问题等进行了细致的调查研究，内中呈现的社区研究理论及参与观察、个案访谈和数据统计等对美国社会学影响甚巨。1932 年，派克受邀到燕大讲学，同时将这种研究方法带到燕大。据费孝通回忆，派克亲自带领燕大的学生到天桥、监狱、贫民窟甚至八大胡同去"观察生活"，向他们充分展示了芝加哥学派重视经验研究和田野调查的态度和理念。[2]此时正在芝加哥大学学习的严景耀则更为直接地领受了芝加哥学派的核心理论，并且深受派克教授社区研究理论的影响。1934 年，他用英文写就了博士论文《中国的犯罪问题与社会变迁的关系》，文章采用社会人类学实地调查方法，将社会问题、文化环境与犯罪现象结合起来考察论证，"突破旧理论框架、观念模式和研究方法"，[3]充分体现了芝加哥学派重实证调查的实用研究特征。同时，文章引用了派克、伯吉斯等人的学术研究，吸收了当时芝加哥学派研究的最新进展，可谓是西方社会学方法运用于中国犯罪问题的本土化典范。

一、"犯罪不过是文化的一个侧面"

全书从社会学的视角出发，始终将犯罪放置于社会文化背景下观察。对

---

〔1〕 吕文浩："严景耀：中国犯罪社会学的主要开创者"，载《团结报》2017 年 8 月 24 日。

〔2〕 于长江：《从理想到实证——芝加哥学派的心路历程》，天津古籍出版社 2006 年版，第 284 页。

〔3〕 《严景耀论文集》，开明出版社 1995 年版，雷洁琼序 1~3 页。

于犯罪的定义，严景耀认为法学上的定义"是狭义的，不能包括一切。"犯罪是扰乱社会安宁、阻碍社会进步的行为，那么定义犯罪就"决不能专从法律上驻足，而丢开社会的观点"。[1]

严景耀开明宗义地指出犯罪与文化背景有密切关联，认为"犯罪问题只能以文化来充分解释"。在他看来，犯罪是文化的一个侧面，因文化改变而产生异变。[2]对于社会学者来说，探索犯罪的成因，不是简单地将其归结为违反规则的行为，而是透过犯罪这一异常行为，分析犯罪的动机与社会环境刺激之间的关联，归纳和总结社会变迁对犯罪行为变化的影响。

研究犯罪，有必要从研究社会认为是正常的"传统、习惯和道德"入手。某一行为是否被认定为犯罪，会因社会文化背景的不同而不同，这种差异不仅体现在有文字之前的社会与现代社会，而且也反映在现代国家甚至一国不同时期。比如原始社会中，违反宗教禁令的行为被看成是犯罪，如：妖巫、乱伦、亵渎等，但这些行为在现代社会并不会被当作犯罪，因为现代社会并不依赖宗教达成团结。反过来说，现代社会认为是犯罪的凶杀、通奸和盗窃罪，"在有文字以前的社会都不作为犯罪"，因为这些行为并不触犯公共利益。而杀死老年人、戮婴、堕胎等行为在某些社会不被认为是犯罪，正是因为符合该社会的风俗或者符合公共利益。同样，文化原因也可以解释"大义灭亲"和"通奸"在中国不同时期法律中的不同待遇。他的结论是，"还没有一个永久的、普遍的标准可以来明确指明哪些事是正确的、正直的，并用以比较和批判那些不同的习俗"。"所谓'不合道德的''反社会的'或'犯罪'等概念不过是指哪些不适合某时、某地或不能迎合统治者权威的愿望的事而已。"[3]

二、社会变迁与中国犯罪问题

从社会文化现象出发，严景耀分析了中国社会剧烈的变迁与犯罪行为之间的关联。自西风东渐以来，西方的工业化、商业化的城市生活与中国传统的农业社会格格不入，对中国文化形成了强烈的冲击，造成了文化失调的现

---

〔1〕《严景耀论文集》，开明出版社 1995 年版，第 1 页。

〔2〕 严景耀：《中国的犯罪问题与社会变迁的关系》，吴桢译，北京大学出版社 1986 年版，第 2 页。

〔3〕 严景耀：《中国的犯罪问题与社会变迁的关系》，吴桢译，北京大学出版社 1986 年版，第 15 页。

象。社会变迁的危机折射至社会群体，就会出现个体行为的失调和异常，从而产生犯罪。

严景耀重点考察了破坏家庭罪、侵犯财产罪等几种犯罪类型，通过收集300余个案例、调研访谈127个犯人，深入分析了中国社会急剧变迁与这几种主要犯罪类型之间的关联。

第一，熟人社会解体、传统控制方式与工业化社会的不适应催生了大量犯罪。

在旧中国"家国一体"的政治结构和治理模式之下，家庭作为社会的核心组织所提供的传统教育能够满足成员进入社会生活的需要，"生活结构和社会结构之间很融洽"。当中国社会由农村转向城市、由熟人社会转向工业社会，犯罪成了"在新的社会情况中失去适应能力的自然办法"，或者犯罪者"为了在旧的传统生活方式被破坏的新环境中，满足他们新生活的最基本的需要而求得生存的最好出路"。[1]

从严景耀所列举的案例来看，此类犯罪主要有两种情形。一种是传统社会不认为是犯罪的行为，由于社会的变迁而被法律纳入调整范围。从家族共产主义的和集体互助的社会转变为私有财产和个人竞争的次属社会的过渡时期，犯罪者和社会双方都失去适应，是中国犯罪与西方犯罪的不同之处。以侵犯财产罪为例，[个案 39] 中的赵凤英从黑龙江的山村来到城市谋生，忍不住饥饿偷了饭店的两捆葱来吃，被法庭指控为盗窃罪。他为自己辩护的理由是："在我们老家，我可以到别家园子里吃点果子或菜，别人家也可到我园子里来吃点东西，这都算不了什么，哪里说得上是'偷'？说得上犯罪？"[2]农村朴素的道德观念与现代法律维护私有财产的原则发生了强烈的碰撞。另一种则是传统社会集体生活的约束规则和互助精神被瓦解，导致犯罪的概率上升。乡土社会中，乡规民约的压力在一定程度上遏制了犯罪的欲念，村民淳朴的互助关系也起着救急和缓和矛盾的作用。当人们涌入城市，与乡村生活不同的消费观念和生活方式带来了巨大刺激，很容易因失去适应力而产生犯罪。这些犯罪都是社会变迁带来的，如果在乡土社会，互助的社会关系可以很好地协调和解决这些问题。

---

〔1〕 严景耀：《中国的犯罪问题与社会变迁的关系》，吴桢译，北京大学出版社 1986 年版，第 58 页。
〔2〕 严景耀：《中国的犯罪问题与社会变迁的关系》，吴桢译，北京大学出版社 1986 年版，第 71 页。

第二，在资本主义的冲击之下，自然经济破产的农民被迫卷入犯罪的漩涡。传统的家族生活模式趋于解体，破产的农民不得不背井离乡，从农村迁入城市。但是这些缺乏技术的农民在城市并不能顺利谋生，尚处于薄弱发展状态的民族工商业无法提供足够多的工作机会，四处碰壁、意外、贫病交加的结果便是走向犯罪。［个案44］中的犯人拒绝了法官减少刑期的决定，因为失业没有生活来源又无人抚养，在监狱里过冬反而成为他最好的选择。加上战争和兵士生活也搞乱了个人生活的秩序，社会不能给处在危机中的人民以足够的帮助，这些人无一例外走上了犯罪的道路。

作者还分析了极具中国意味的"匪"和"盗"现象。他指出这类现象的形成原因并不简单，有些人是因为天灾荒年，饥寒交迫而被迫为匪的。在传统社会，遇到灾荒的农民本可到县衙报灾、免税并求得大村庄或大县城的帮助。但是由于战乱的原因，暴乱、抢夺和绑架时有发生，但他们实际并不是匪，而是走投无路的灾民。［个案59］反映出了国民党各地的县衙穷于应付，实则无能为力的现实。严景耀认为，"匪情是中国社会的、经济的、政治的失调现象的晴雨表"，土匪的形成与"传统观念、饥荒和战争以及其他经济的、社会的影响而又不能适应"密切相关。[1]

第三，有些犯罪反映出中国旧传统与新法律的矛盾，在破坏家庭罪方面表现得最为明显。在三个拐骗犯罪的案件中，犯罪人都是失去丈夫、失去生活来源的女性，不得已出此下策。在家族主义的旧传统中，亲戚有帮扶她们的义务，使她们的生活不至于陷入极度困顿。然而在城市生活中，农村传统的家族主义被消解，城市又没有足够的和充分发育的慈善机构可以提供必要的帮助。同时，这些女性的犯罪也是旧传统与新法律冲突的结果：旧制度下她们作为"中人"牵线搭桥，向富人家卖丫头是一种贱业而非犯罪，但随着蓄奴制的消失，将贫苦姑娘卖入妓院就是犯罪了。这类型犯罪的另一例证是重婚罪。辛亥革命之前纳妾和多妾在传宗接代的家族伦理要求之下是被法律允许的，但在革命之后，法律废除了这些陋习，出于各种原因而纳妾、重婚者便锒铛入狱了。

旧传统之下，家族中的道德与国家的法律都以维护男尊女卑和父母之命、家长包办的婚姻制度为己任，女性长期以丈夫、家庭或家族的附属品而存在。

---

〔1〕　严景耀：《中国的犯罪问题与社会变迁的关系》，吴桢译，北京大学出版社1986年版，第96页。

1934 年，针对鲁西农村妇女生存状况的一项调查显示："妇女的再嫁也是同样的为社会所不齿……社会一般人至今存着从一而终，一女不事二夫的恶观念。"[1]进入都市生活之后，人口移动和社会交往频繁，女性有机会与异性接触，表现出对个体独立和交往自由的强烈愿望。但是从传统家庭到城市生活的不适应也在她们身上逐渐显现，她们对环境的无知被利用，因而诱奸罪、性道德败坏等案例大量出现。作者还考察了旧中国的娼妓现象，认为娼妓制度的原因在于大家庭规范的丧失、旧道德的控制力减弱，更重要的是妇女由于社会和个人的危机无法求得生存，不得不走上违法犯罪之路。解决这个问题仍然要着眼于社会本身，"不仅需要重视许多根深蒂固的社会问题之间的相互适应，而且需要考虑对社会需要的满足"，[2]单纯的压制或者禁止是无济于事的。

第四，政治犯罪的出现同样有着社会变迁的背景和因素。政治犯与普通犯的犯罪动机虽然不同，但同为环境的产物，都必须谋求与社会环境的重新适应。政治犯有两种，动机都源自对现存社会秩序的不满：一种是反动的，谋求恢复清王朝的旧政权；另一种是进步的，以建立社会新秩序为目的。企图复辟清朝王室统治的政治犯是因为他们的思想和行为模式不适应新环境；要求建立新秩序的政治犯则是要求改革顽固的经济与社会制度。他对后一种政治犯给予了更多关注，认为"谋求建立新秩序的政治犯是社会不稳定和不安宁的气温表，""是对顽固的社会秩序的叛逆"，"说明旧制度的压力已经到了不可容忍的地步"。[3]正如中国古语所云，"彼窃钩者诛，窃国者为诸侯"，政治犯的罪名与政治力量对比关系相关，当第二类政治犯的革命成功，第一类政治犯就成为新秩序之下的第一类犯罪了。

严景耀在学术观点上深受马克思主义学说影响，认为革命的发生不仅是必然的，而且也是必须的。[4]在他收集的个案中，所谓"叛国罪""反革命罪"的政治罪犯常常是反抗地主苛捐杂税的农民、受马克思主义等进步思想影响的知识分子、爱国志士、参加斗争的工人等。社会变迁中，革命与守旧、

〔1〕 天虹："鲁西农妇生活的一斑"，载《大公报》1934 年 7 月 15 日。
〔2〕 严景耀：《中国的犯罪问题与社会变迁的关系》，吴桢译，北京大学出版社 1986 年版，第 53 页。
〔3〕 严景耀：《中国的犯罪问题与社会变迁的关系》，吴桢译，北京大学出版社 1986 年版，第142 页。
〔4〕 《严景耀论文集》，开明出版社 1995 年版，雷洁琼序第 3 页。

进步与反动的两种力量不断冲突斗争，法律充当了残酷镇压革命运动的角色，反而成为社会秩序进一步失调的根源。但革命是自然发生的，"凡是被破坏的东西证明它已经腐朽到了极点"，"今日中国正在开展一个伟大的运动"，[1]历史发展的趋势不容阻挡。

综上分析可以看出，严景耀对中国犯罪问题的研究有着可贵的示范意义，对只知盲从外国的理论、制度，不知道中国国情的法科留学生极具针对性和启发性。他理性地选择了西方人类学、社会学和犯罪学的观点和方法，将其放诸真实的中国社会场景中，指出了中国犯罪问题的社会原因所在，也即当国家层面的规训手段已经发生变化，而传统社会的秩序和人们的心理定势却还停留在过去，犯罪主要是人们无法适应社会变迁的产物。这正是从清末到民国法律和社会关系的真实写照，也是中国的犯罪问题所具有的特性，而非从芝加哥学派那里照搬来的结论。

第四节　自主性的两个面向：三民主义法学与唯物主义法学

20世纪30、40年代法学研究的自主性有两个面向，分别是三民主义法学和唯物主义法学。[2]相较于法学界之前的"次殖民地风景图"，三民主义法学是自清末以来中国法学界出现的第一个派别，带有强烈的解决中国社会现实问题的本土化色彩。唯物主义法学则立足于唯物主义法律观，强调上层建筑（法律）和经济基础的关系，其理论基础和方法论虽属舶来，但在学者的努力下，不仅完成了中国化，而且将在即将到来的新中国占据主导地位。二者的关系有对立也有融合、有分歧论战也有某些共识，例如，无论"新三民主义"抑或"旧三民主义"，马克思主义都直接或间接地为其提供过理论渊源。[3]倘若站在法社会学的根本立场，三民主义法学和唯物主义法学最大的

---

〔1〕　严景耀：《中国的犯罪问题与社会变迁的关系》，吴桢译，北京大学出版社1986年版，第140页。

〔2〕　梁治平先生认为："这一脉的法学与唯物论哲学的联系比较'新分析法学'与经验论哲学的联系要来得明确和密切，所以我们不妨名之为唯物主义法律学。"本书认同这一名称。参见梁治平："法律实证主义在中国"，载梁治平：《法律史的视界——梁治平自选集》，广西师范大学出版社2013年版，第115页。

〔3〕　王雪如："三民主义的马克思主义理论渊源辨析"，载《湖北科技学院学报》2017年第6期，第6页。

共同之处在于它们都从"法律—社会"视角看问题，都从西方法社会学中汲取知识渊源，都代表着当时中国法学界试图解决问题的不同方案的自觉。

一、三民主义法学

"三民主义法学"之名并非源自观点或方法，而是源自一种政治主张或者纲领。1905 年，孙中山在《民报》发刊词中提出"民族、民权、民生"三大主义，即旧三民主义。1924 年，他改组国民党，召开中国国民党第一次全国代表大会，将旧三民主义重新诠释为反帝反封建的新三民主义。所谓"三民主义法学"，其实很难用严格意义上的法学标准界定和评判。用梁治平先生的话来说，"它是一种'主义'的法学，而非只主张特定方法与观点的法学，在这种'法学'里面，意识形态压倒了方法论，方针、政策取代了哲学思考"。[1]甚至于是否真正形成了一门学问也尚存疑义，民国学者中亦不乏对此有所疑问者。法律教育家苏秋实在指出当时的法学教育过于注重实用而忽视理论研究时，对所谓"三民主义法学"提出同样的批评，"很少见如何使法学主义化的文字发表"，[2]中国本位的新法学和三民主义法学始终不曾出现。

20 世纪 20 年代，三民主义与法学的结合主要体现为立法的指导思想。1928 年，第一任国民政府立法院院长的胡汉民在讲演中，对三民主义的立法精义与立法方针进行系统的阐释，提出"中国现在立法的精义，一是不能离开整个三民主义，二是不能离开由三民主义所产生的国家组织"。"社会安全为立法之第一方针；经济事业的保养发展为第二方针；社会各种现实利益之调节、平衡为第三方针。"[3]

胡汉民指出，与中国传统的家族本位立法和欧美的个人本位立法不同，"我们现在三民主义的立法乃是社会的"。为什么三民主义的立法是社会本位呢？胡汉民认为"现在个人的生存不成问题，成问题的是民族的生存"，[4]国家立法首先要解决民族生存和国家强大的问题，个人则是民族和国家的一

---

〔1〕 梁治平："法律实证主义在中国"，载梁治平：《法律史的视界——梁治平自选集》，广西师范大学出版社 2013 年版，第 112 页。

〔2〕 苏秋实："当前中国法律教育问题之商榷"，载《高等教育季刊》1943 年第 1 期，第 21 页。

〔3〕 胡汉民："三民主义之立法精义与立法方针"，载张国福：《中华民国法制简史》，北京大学出版社 1986 年版，第 245 页。

〔4〕 《胡汉民先生文集》（第 2 册），文物供应社 1978 年版，第 255 页。

份子，个人对社会先尽一分子的义务是享受社会一分子利益的前提。他提出所谓"社会协动关系论"来论证法律应当由个人本位向社会本位转变，但批判将社会生存关系误认为阶级对立关系的做法，认为应当以社会整体利益为单位而不能"分化社会以任何阶级为单位也"。可以看出，胡汉民对社会本位的理解有两个特点：其一，他对社会本位的理解深受西方社会法学派理论，尤其是狄骥的社会连带学说的影响，"社会协动关系""社会生存关系"的提法都是社会连带理论的翻版。其二，对个人本位、社会本位的理解有所偏差。他将个人本位与社会本位对立，忽视了欧美法律以保障个人权利为基础、个人本位与社会本位并重的实质，同时将社会本位与国家本位、民族本位混同，是对社会法学派"法律社会化"和"社会本位"的曲解。

与立法活动相呼应，法学界开展了对三民主义法学的研究与构建。与胡汉民类似，阐释三民主义法学原理的学者几乎都借助了法社会学的立场和观点，将三民主义立法的宗旨归结为"社会本位"或"义务本位"。梅仲协发表《三民主义的法学原理》，认为三民主义立法应当以义务为本位，理由是社会成员之间存在"社会连带的拘束"，直接照搬了狄骥的理论。[1]章渊若一方面肯定权利与义务的关系，认为"要确保人民实行其社会职务应有的相当社会权利"，另一方面又明确强调"我们所确保的权利是客观的，是社会的，是相对的，是以履行社会职务为根本条件的"，将义务视为目的而反对"权利本位"。[2]

吴经熊在《三民主义和法律》的演讲中也提出民权主义与个人主义不同，"不可泥古不化，以致阻碍社会之进化"，只是他用以论证的是"霍姆斯的主张"。[3]丘汉平则分析了三民主义与社会主义、社会法理学派的区别，他指出三者都以"社会"为单位，但三民主义的社会单位与其他两者不同，因为三民主义的社会单位是"无阶级的、不是以多数为标准的，是互助的社会、全民的社会"，三民主义的立法"是最进步的，最彻底的"。[4]然而在中国这样一个物质落后的农业社会何以产生出最进步和最彻底的立法？丘汉平给出

---

〔1〕　梅仲协："三民主义的法学原理"，载《新认识月刊》1930年第3期，第12~15页。

〔2〕　章渊若："三民主义的法律观"，载《中央半月刊》1930年第18期，第63页。

〔3〕　吴经熊："三民主义和法律"，载《生活周刊》1931年第20期，第387~388页。

〔4〕　丘汉平："从西半球的法学说到三民主义的法理学"，载何勤华、洪佳期编：《丘汉平法学文集》，中国政法大学出版社2004年版，第260~261页。

的解释是，"孙中山想出一个办法，这个方法就是三民主义，三民主义是最新的，因为在民族方面谋一永远独立的方法，在民权方面谋一真民治民主的国家，在民生方面谋全民的衣食住行之解决"，这个"最敏捷且最效力的方法使中国一跃由四千年前的农业社会到最进步的社会"。[1]他所提出的三民主义立法的特征，除"民族精神"之外，其余主张仍与法社会学有重合之处。耐人寻味的是，尽管主张三民主义的学者极为强调三民主义立法和别种主义、使命和特质均有不同，论证时却又都以法社会学理论为基础。最直接的原因是，法社会学代表了"世界最新之法理"，三民主义法学既然是最新的，则不能不在法社会学的基础上创新。

20 世纪 30 年代后，立法逐渐将重心转向"民生主义"。共和之后，民族主义和民权主义在形式意义上得到一定程度的解决，民生问题开始凸显。同时，政治家们认为孙中山三民主义的思想基础是"民生哲学"，"三民主义之民族民权，均不过为达到民生目的之基础工作"。[2]折射到法学界，三民主义法学开始围绕"民生"做文章。胡汉民在名为《民法物权篇精神》一文中提到，"民生法学"的精义在于"以社会利益为重、采取各国法理之长而同时保持我国固有的良好习惯"，是"以法律之所应用——社会为主，因时因地地去考察全社会的需要，以全社会共同的福利或全民族共同的福利为法律的目标"。[3]此外，为防止阶级矛盾激化，以社会利益为目的的民生立法，也被寄希望于缓和或者解决矛盾。胡汉民认为"阶级斗争"等思潮滋蔓的原因是大多数民众对生活状况不满，单纯依靠政策压制不可取，唯有民生立法方能改善、达到"中国之郅治"。[4]有学者进一步指出，"三民主义的法律，应以生存权为中心之法律"，"所以社会进化的定律，是人类求生存"，[5]这是民生主义的核心。以民生主义为立法目的，民法、土地法、劳动法规等都要做出相应调适以实施民生主义。

对于法学新系统的指导思想，则应以三民主义为理论基础，其中又应以

---

〔1〕 丘汉平："从西半球的法学说到三民主义的法理学"，载何勤华、洪佳期编：《丘汉平法学文集》，中国政法大学出版社 2004 年版，第 260~261 页。

〔2〕 刘承汉："现行法与民生主义"（原载《法学杂志》1933 年第 4 期），载吴经熊、华懋生编：《法学文选》，中国政法大学出版社 2003 年版，第 384 页。

〔3〕 胡汉民："民法物权篇精神"，载《司法杂志》1930 年第 25 期，第 1~5 页。

〔4〕 胡汉民："民法物权篇精神"，载《司法杂志》1930 年第 25 期，第 1~5 页。

〔5〕 朱显祯："三民主义的法律应该怎样"，载《新声》1930 年第 18 期，第 4 页。

民生史观为研究的重心。杨幼炯认为"过去法律，既陷于以权利为目的之错误……故三民主义立法之主要精神，即在求整个社会之民族，民权及民生三大问题之总解决，以求适应人类社会之生存关系"。[1]而在阮毅成看来，三民主义法理学的建设如果有了相当的成就，"则依据之所立的一切法律，自必适合主义、顺应人情，而中国本位法律建设工作也就完成"。[2]

如果从学术谱系、研究群体、研究方法等严格的学科标准衡量，"三民主义法学"尚处于学者倡议和构想的阶段，顶多算"中国本位新法学"的蓝图，谈不上有丰硕的研究成果。正如蔡枢衡所尖锐指出的，当时整个法学处在"一塌糊涂"的乱象之中，"今日之中国仅有三民主义的法律，而无三民主义的法学，无三民主义的法学界，尤无三民主义的法学教育"，[3]三民主义法学不但没有完成自身的构建，同时也没有针对中国法律的问题提出切实有效的解决途径。究其原因，浓重的党派性质损害了法学研究的自主性和理论创新，复杂动荡的社会环境也妨碍了三民主义法学探索中国社会实况的努力，最终走向了他们倡导建设"中国本位"的反面，也再次证明"在走向中国本位化的途中，不能坐在象牙之塔里，幻想几个口号……一定要走到十字街头，看看社会实况"的重要性。[4]

尽管如此，还是有讨论的必要。"这不仅是因为'三民主义法学'到底包含了一套对于法律及其与社会生活关系的考虑"，[5]而且在某种程度上，"三民主义法学"也是意识形态化了的法社会学，包含了法社会学研究的诸多因素，同时代表着30、40年代中国法学开始自觉、试图构建属于中国"自己的"法学的一个方向。

---

〔1〕　杨幼炯："今后我国法学之新动向"（原载《中华法学杂志》1936年第1期），载何勤华、李秀清主编：《民国法学论文精粹》（第1卷），法律出版社2003年版，第392页。

〔2〕　阮毅成："怎样建设中国本位的法律"，载阮毅成：《毅成论法选集》，正中书局1936年版，第18页。

〔3〕　蔡枢衡：《中国法理自觉的发展》，清华大学出版社2005年版，第101页。

〔4〕　陆季蕃："法律之中国本位化"（原载《今日评论》1939年第25期），载张昌山编：《今日评论　文存五》，云南人民出版社2019年版，第62页。

〔5〕　梁治平："法律实证主义在中国"，载梁治平：《法律史的视界——梁治平自选集》，广西师范大学出版社2013年版，第112页。

表 3-4　20 世纪 30、40 年代三民主义法学研究成果

序号	题名	作者	所载期刊或出版社	期次	出版时间
1	社会生活之进化与三民主义的立法	胡汉民	中华法学杂志	第 1 卷第 1 期	1930 年
2	三民主义的法律观	章渊若	中央半月刊	第 2 卷第 18 期	1930 年
3	三民主义的法学原理	梅仲协	新认识月刊	第 3 卷第 3 期	1930 年
4	三民主义和法律	吴经熊	生活周刊	第 20 期	1931 年
5	现行法与民生主义	刘承汉	法学杂志	第 6 卷第 4 期	1933 年
6	法律与民生主义的关系	叶利新	民钟季刊	第 1 期	1937 年
7	从西半球的法学说到三民主义的法理学	丘汉平	东方杂志	第 32 卷第 1 期	1935 年
8	中山先生法律思想体系之探讨	马维骐等	中国法学杂志	第 2 期	1936 年
9	三民主义法的理想	李景禧	黄埔	第 11 期	1939 年
10	三民主义的法律建设	叶青	地方建设	第 4~5 期	1941 年
11	三民主义宪法论	徐照	三民主义半月刊	第 5 卷第 11 期	1944 年
12	新中华法系的重建与三民主义	尚爱荷	中国法学杂志	第 7 卷第 4 期	1948 年

二、唯物主义法学

唯物论传入中国，最早见诸文字记载的是 1903 年 2 月《译书汇编》刊载的《社会主义与进化论之比较》。这篇文章称"马克司者，以唯物论解释历史之人也"。[1]到 20 世纪 20 年代后，唯物论和唯物史观开始得到系统而广泛的传播。其中，李大钊在 1919 年《新青年》上发表的《我的马克思主义观》专章介绍了唯物史观与唯物论："唯物史观也称历史的唯物主义。""历史的唯物论者观察社会现象，以经济现象为最重要。""唯物史观的要领，在认经济的构造对于其他社会学上的现象，是最重要的；更认经济现象的进路，是有不

---

〔1〕尹达主编：《中国史学发展史》，中州古籍出版社 1985 年版，第 473 页。

可抗性的。"[1]

经过陈独秀、李大钊、瞿秋白、李达等早期马克思主义者的传播和引介后，马克思主义唯物史观，迅速与近代中国的社会科学研究结合，不断扩大影响和声势，汇入了近代各种社会思潮的洪流。有关唯物辩证法的译著大批问世，马克思主义哲学在知识界和大学课堂都成为流行的话题。[2]经过与各种唯心主义思潮的论战，唯物史观的科学性逐渐凸显并得到了学术界的认同与肯定。在法学界，以唯物主义为认识论和方法论的学者，开创了新的学术视野，形成了新的学术研究风格和气象。

从内容上看，民国时期的唯物主义法学研究成果大致可分为三类：第一类是主要介绍唯物的法律政治观，并以唯物史观为视角或方法对中国法律加以探究，如黄右昌的《现代法律的分类之我见》[3]、彭学海的《法律演进的唯物史观》[4]、萧邦承的《物质论的法律观》《马克斯在法律学上的地位》、史家祺的《唯物论与法律学》[5]等。萧邦承评价说，"马克斯认为法律的基础是社会经济这种见解，我觉得确是法律学上一种伟大的贡献，解决和结束了来自法律学上对于法律基础这问题的一切纷争"，这种独特的贡献就"在于其运用辩证唯物论或唯物史观这套武器的成功"。[6]黄右昌的《现代法律的分类之我见》虽然以法律的分类为主题，但在提及社会法时，他认为倘若以唯物辩证法解释历史，可以发现法律不是"理性的产物"，而是以生产方法和经济条件为基础的。自马克思、恩格斯的唯物史观揭橥以来，"以经济为社会生活上一切之根源，法律，政治，宗教，教育，均为其附随之一现象"，作者认为与古人所谓"仓廪实而知礼节，衣食足而后知荣辱"的思想是一致的。"经济问题一日不解决，则所有法律，都是一种具文"。[7]如果说黄文只是倡导以唯物史观解释法律的话，彭学海的《法律演进的唯物史观》则较为全面

[1] 李大钊："我的马克思主义观"，载张宝明主编：《〈新青年〉百年典藏·哲学思潮卷》，河南文艺出版社2019年版，第141~142页。

[2] 郭湛波：《近五十年中国思想史》，山东人民出版社1997年版，第281页。

[3] 黄右昌："现代法律的分类之我见"，载《中华法学杂志》1931年第8期，第1~28页。

[4] 彭学海："法律演进的唯物史观"，载《法学杂志》1933年第5期，第7~57页。

[5] 史家祺：《唯物论与法律学》，中华书局1949年版。

[6] 萧邦承："马克斯在法律学上的地位"，载《复旦学报》1935年第2期，第57~69页。

[7] 黄右昌："现代法律的分类之我见"（原载《中华法学杂志》1931年第8期），载何勤华、李秀清主编：《民国法学论文精粹》（第1卷），法律出版社2003年版，第412~413页。

地阐释了马克思主义唯物史观的基本内容。该文基本上涉及了唯物史观的所有理论基点，包括物质生产方式、人与人之间的生产关系、经济基础与上层建筑的关系等，并且旗帜鲜明地提出"法律与其他社会现象，纯属经济构造之反映，同为经济基础之上层建筑"。[1]

　　第二类以介绍马克思主义的阶级斗争学说为主，如朱怡庵的《法的本质》[2]，平野义太郎著、萨孟武译的《法律与阶级斗争》[3]，博昌的《法律有阶级性吗?》[4]，新岩的《法律之阶级性》[5]，史家祺的《法律与阶级斗争》[6]等。这些研究成果立足于马克思主义的阶级斗争学说，对法律与阶级的关系进行了初步的探讨。例如平野义太郎认为法律的进化与阶级斗争密切相关，"法律常常只由阶级斗争而成立，又于阶级斗争的进行过程中，成就其进化"。[7]笔名新岩和博昌的两位作者都认为尽管法律以平等为原则，阶级性却是无须讳言的事实。新岩从法的产生角度阐释其阶级性，"法律者乃社会之规范。法律之产生，即为调和社会生活，故社会既由上等阶级所把持，则法律亦必为上等阶级之工具，此社会既有阶级，法律因之亦有阶级性也"。据他分析，法律上的阶级性有三个基本点：以神权为法律基础、以所有权为法律本位、以身份意识为法律重心。[8]博昌则从"法律的历史上、立法上、法律本身上、司法上观察的结果"等角度加以论证并呼吁："法律是有阶级性啊!"[9]朱怡庵一针见血地指出，资本家将法说成是"最高的善""最高的正义"都是"欺瞒的手段、蒙蔽的议论"，"阶级社会中的社会生活的一切的事实与现象不外是阶级斗争的形态化及其反映或表现"。所以，法的实质是阶级斗争的结果，反映着阶级斗争冲突停止在某个时段时的"力的均衡"。[10]

　　第三类介绍苏俄的法学理论。1917年俄国十月革命胜利后，介绍社会主义思

---

〔1〕彭学海："法律演进的唯物史观"，载《法学杂志》1933年第5期，第7~57页。

〔2〕朱怡庵："法的本质"，载《新兴文化》1929年第1期，第2~20页。

〔3〕[日]平野义太郎：《法律与阶级斗争》，萨孟武译，新生命书局1930年版。

〔4〕博昌："法律有阶级性吗?"，载《进展月刊》1933年第1期，第79~82页。

〔5〕新岩："法律之阶级性"，载《法轨期刊》1935年第1期，第39~40页。

〔6〕史家祺：《法律与阶级斗争》，中华书局1949年版。

〔7〕[日]平野义太郎：《法律与阶级斗争》，萨孟武译，新生命书局1930年版，第16页。

〔8〕新岩："法律之阶级性"，载《法轨期刊》1935年第1期，第39~40页。

〔9〕博昌："法律有阶级性吗?"，载《进展月刊》1933年第1期，第79~82页。

〔10〕朱怡庵："法的本质"（原载《新兴文化》1929年第1期），载何勤华、李秀清主编：《民国法学论文精粹》（第1卷），法律出版社2003年版，第42~43页。

想和苏俄法律成为当时的潮流，如朱志奋的《苏俄法律之理论及其实务》[1]，都布林（S. Dobrin）著、萧懋燕译的《苏维埃法理学与社会主义》[2]，刘仰之的《俄国法律哲学之一考察：季奇爱林的法律思想》[3]《俄国的法律观念论：沙洛维育夫的法律思想之一考察》[4]等。这些文章较为集中地探讨了苏俄法律的理论基础与基本特点。如他们普遍认为马克思的经济学说乃是苏俄社会全部生活之基础，苏俄法律莫不以此为根据。苏俄的政体是具有社会主义精神的非私法政体、苏俄的法律观念是社会主义的法律理论等。

　　客观地说，20世纪上半叶随着马克思主义思想在中国的传播，法学界一些学者注意到了唯物论的科学性，并开始从社会经济结构的角度认识法律现象，但是距离马克思主义法学的形成还很远，法学界的研究高度也和史学、政治经济学等学科有较大差距。学者们认可唯物论的哲学观，并不都认可马克思主义。如蔡枢衡肯定社会对于法律的决定性，体现出一种唯物主义的哲学立场，更多是受到本人留学时的法社会学知识背景的影响，至少没有确切证据表明他在当时是马克思主义者。有的学者如张知本，在一定程度上认可"社会经济条件为法律之唯一基础"，但在阶级斗争论上有所保留，他认为以往法律维护资产阶级利益并非法律的阶级本质使然，而是立法不良的缘故，故而他反对社会革命、反对过激手段，主张"亦不如用立法手段，以改良现行法律"，[5]以求社会平等、自由的实现。

　　综上，唯物主义法学的出现和发展代表了民国法学界对构建中国法学的另一种努力，而且"成功预示了中国即将到来之法律研究的某些最重要的特征"，[6]随着政权的更迭，唯物主义法学将很快改变其边缘性的学术地位。在20世纪30、40年代，唯物论和唯物史观被一些学者以接受科学实证的态度采

---

　　[1]　朱志奋："苏俄法律之理论及其实务"，载《法令周刊》1932年总第124期，第1~7页。

　　[2]　都布林："苏维埃法理学与社会主义"，萧懋燕译，载《中华法学杂志》1937年第5~6期，第1~10页。

　　[3]　刘仰之："俄国法律哲学之一考察：季奇爱林的法律思想"，载《法律评论》1947年第9期，第4~5页。

　　[4]　刘仰之："俄国的法律观念论：沙洛维育夫的法律思想之一考察"，载《中华法学杂志》1948年第5期，第8~11页。

　　[5]　张知本："社会法律学"，载《张知本法学文集》，法律出版社2018年版，第36~37页。

　　[6]　梁治平："法律实证主义在中国"，载梁治平：《法律史的视界——梁治平自选集》，广西师范大学出版社2013年版，第119页。

纳并运用至法学研究中，从而形成了批评法律和社会不适应现状的新的立场和方法，在某种程度上和法社会学有着共同的立场。

表3-5　20世纪30、40年代唯物主义法学主要研究成果

序号	题名	作者	所载期刊或出版社	期次	出版时间
1	法的本质	朱怡庵（朱镜我）	新兴文化	第1期	1929年
2	法律与阶级斗争	［日］平野义太郎著，萨孟武译	新生命书局		1930年
3	苏俄法律之理论及其实务	朱志奋	法令周刊	第124期	1932年
4	法律有阶级性吗?	博昌	进展月刊	第1期	1933年
5	苏俄法律的哲学基础	郑竞毅	东方杂志	第30卷第2期	1933年
6	法律的演进的唯物史观	彭学海	法学杂志	第6卷第5期	1933年
7	就唯物史观研究中国历史上礼治演变到法治之原因	鄂僧	社会科学季刊	第1期	1933年
8	唯物的法律政治观述要	［日］河上肇著，汝森译	政法月刊	第9卷第5~6期	1933年
9	法律演进的唯物史观	彭学海	法学杂志	第6卷第5期	1933年
10	物质论的法律观	萧邦承	综合	第1卷第1期	1934年
11	马克斯在法律学上的地位	萧邦承	复旦学报	第2期	1935年
12	法律之阶级性	新岩	法轨期刊	第2卷第1期	1935年
13	苏维埃法理学与社会主义	都布林著，萧懋燕译	中华法学杂志	第1卷第5~6期	1937年
14	俄国法律哲学之一考察：季奇爱林的法律思想	刘仰之	法律评论	第15卷第9期	1947年
15	法理学大纲	李达	法律出版社		1947年
16	唯物论与法律学	史家祺	中华书局		1949年
17	法律与阶级斗争	史家祺	中华书局		1949年

第五节　兴盛期法社会学研究群体实践活动考察

进入 20 世纪 30、40 年代后，伴随着法社会学热度的递增，对该学科内容的引介、传播和研究的学者逐渐增多，形成了法社会学研究的松散群体。值得注意的是这些学者同时广泛参与当时的社会实践，他们以法社会学思想为共同理论倾向，在学术研究、职业活动和社会实践中呈现思想与表达的力量，使法社会学的主张不仅表现为法学思潮，同时也被身体力行地贯彻在立法、司法和法学教育之中，为社会与法律的改造提供智识支持，并进一步推动了法社会学的繁荣。该群体的法社会学知识系统如何形成，如何通过其知识系统执行一定的社会角色功能？本节试图通过对该群体的结构分析和职业实践活动的考察，分析作为群体的法社会学研究者与社会生活的相互作用关系。

一、兴盛期法社会学研究群体范围的确定

从严格意义上说，20 世纪 30、40 年代参与法社会学研究的学者为数虽多，但很难将哪位学者定位为纯粹的"法社会学家"，原因有二：其一，20世纪上半叶的法社会学整体而言尚处于成长阶段，并没有发展成熟，完全以法社会学为研究志业的学者微乎其微。其二，参与到法社会学研究阵营的学者较为分散，更多是社会实践的结果。他们并没有形式意义上的团体，主要由引介、倡导和研究法社会学理论的学者构成。这些学者大多横跨多个研究领域，例如蔡枢衡先生擅长刑法学研究，但在法理学界亦有巨大贡献；燕树棠的研究涉及民法、国际法和法理学多个领域；陆季蕃的学术成果主要在宪法学界；吴经熊虽然蜚声法理学界，对西方法社会学尤其是美国法社会学的引介和研究贡献良多，但他的研究究竟归属于哪一派别仍然是个有争议的问题。还有的学者同时供职政界或身兼数职，更难主观地冠以"法社会学家"之名。同时，我们还需兼顾社会学界对法律问题的研究。

有鉴于此，本书依据一种较为宽泛的标准，也即将 20 世纪 30、40 年代凡对法社会学的构建、发展有一定理论建树者，均纳入"法社会学研究群体"的范围，以知识社会学的视角考察群体的知识生产与社会现实的因应关系。这种归纳虽不免有所遗漏或招致不同意见，但作为一种尝试，仍有探讨的必

要。依据以上标准，本书将兴盛期的法社会学研究者按照籍贯、国内外教育情况、职业情况以及对法社会学的贡献等归类总结（参见本书附录）。

二、兴盛期法社会学研究群体结构分析

群体结构包括地缘结构、教育背景、职业构成等内容，是影响与形成法社会学研究群体学术特质的重要考察对象，同时也是反映研究群体特征的重要因素。

（一）地缘结构

所谓地缘结构是指法社会学研究群体的人员在籍贯来源上的分布情况。从下表可以看出，法学人才的产出与不同地域的教育状况、经济发展水平以及社会发展程度密切相关。

表 3-6　兴盛期法社会学研究群体地缘结构

籍贯	福建	广东	湖北	广西	湖南	河北	江苏	安徽	浙江	江西	四川
人数	1	1	1	1	5	1	6	3	5	1	1
占比	4%	4%	4%	4%	19%	4%	23%	11%	19%	4%	4%

由上表可知，归类入法社会学研究群体中的人员中，籍贯分布在浙江、江苏的法学人士最多，占总数42%。其次为湖南，占总数19%。其他如安徽、福建、广东、湖北、广西、河北、江西等省份则明显减少。这种区域分布，和近代中国内陆与沿海省份发展程度不均衡密切相关。"毫无疑问，中国文化的重心仍牢固地植根于内陆地区，但是，客观存在的文化势差，沿海、沿江地区所形成的新的文化氛围，为身临其境的传统士人提供了认识世界、转变观念、孕育革新思想的机遇和土壤。"[1]

江浙一带由于地理位置和交通便利优势，历来是各种文化汇通交融之地。《南京条约》签订后，清政府被迫开放广州、厦门、福州、宁波、上海五处为通商口岸，客观上为这些地域较早接受西方文化提供了便利条件。在西学东渐之风的影响之下，江浙一带成为培养新型法政人才的摇篮。

19世纪末20世纪初，治道的变革促发了西式法律制度的引进与移植，面

---

[1] 田正平、肖朗："中国近代教育家群体特征综论"，载《教育研究》1999年第11期，第48页。

临的问题是缺乏运作这些法律制度的新式法政人才。1906 年，清政府将兴办学校、培养新式人才视为实行新政的急务，下令各地设立法政学堂，"仿佛是一夜之间，法律学堂或法政学堂，便林立全国各地，形成颇具规模、颇有声势的第一次近代法学教育高潮"。[1]江苏省是全国设立法政学堂最多的省份，从 1906 年至 1909 年开设法政学堂六所、学生千余人。在 16 所学堂中，法政学堂总数占到 1/3，法政学堂的学生则占到 59.31%，比总人数的一半还多。[2]浙江私立法政学堂则是 1910 年开办，设立之初有教员 21 人、职员 6 人，1912年更名为浙江私立法政专门学校。该校成立之时，以"养成国民之法政智识"为宗旨，分设正科和别科，开设法律、政治、经济等各门课程。作为私立法政学堂，浙江开全国之先例，从私立法政学堂到私立法政专门学校，共计培养本科、别科学生 1100 余人。[3]

湖南法政学堂同样成立于 1906 年，分官、绅两部，"所聘教员多系留日毕业回国或湘教育界有声望者"。[4]1910 年官、绅合并为湖南官立法政学堂，一年后因武昌起义而停办。1912 年绅校改名为湖南公立第一法政学校，1913年又与景贤法政学堂更名的湖南公立第二法政学堂合并为湖南公立法政专门学校。1926 年湖南大学成立，原来的湖南公立法政专门学校并入成为湖南大学法科。

除江浙、湖南外，清末两广、云南、山东、福建、甘肃、山西等地也都设立了法政学堂，培养了大量新式的法学人才，但就整体而言江浙、湖南等地贡献更多。这一点在输送法科留洋学生方面也可以得到印证。据学者统计，清末回国的 4933 名留学生中江苏省有 790 名，浙江省有 648 名，湖南省有 346 名，分别占到总数的 16%、13.1%和 7%，分列全国第一、第二和第五，[5]是名副其实的留学人才输送大省。这些留学生中法科学生占据很大的比例，有学者选取中国近代留学出身的 155 名法学家作为考察对象，发现籍贯为江苏省和浙江省的各 23 人，占总数 29.7%，籍贯为湖南的 11 人，占

〔1〕　苏力、贺卫方主编：《20 世纪的中国：学术与社会》（法学卷），山东人民出版社 2001 年版，第 251 页。

〔2〕　刘正伟：《督抚与士绅——江苏教育近代化研究》，河北教育出版社 2001 年版，第 155~156 页。

〔3〕　赵大川："晚清民国时期的浙江私立法政专门学校"，载《法治研究》2007 年第 3 期，第 2 页。

〔4〕　俞峻："回忆湖南公立政法专门学校"，载中国人民政治协商会议湖南省委员会文史资料研究委员会编：《湖南文史资料选辑》，湖南人民出版社 1986 年版，第 32 页。

〔5〕　王奇生：《中国留学生的历史轨迹：1872-1949》，湖北教育出版社 1992 年版，第 165 页。

总数 7.1%。[1]

法社会学研究群体的地缘结构与上述历史情况大致吻合，得风气之先的江浙、湖南等省在培养新式法学人才方面扮演了重要的角色。借助近代国内法政教育和大规模海外法科留学热潮的历史契机，新式法学人才得以涌现，并开始接触到西方法社会学思想，法社会学研究才得以开展。

（二）教育背景

考察 20 世纪 30、40 年代法社会学研究群体的教育背景可以发现他们都有中西合璧的知识结构。这种知识结构决定了他们的思维模式和学术成果的特点：一方面他们怀着"法治救国"的理想向西洋寻求救世之道，对西方法学理论有着接纳和服膺的心态；另一方面，幼年所受的传统文化教育浸透在基因之中，使得他们又以一种民族自尊的心理看待西学。双重的心态影响了近代中国法社会学的学术品格，使法社会学在翻译、引介的基础上完成了初步的本土化和创新，带有了中国化的色彩。

从求学经历来看，群体中几乎所有成员都在幼年时期接受了传统国学的熏陶。处在新旧知识交替的历史时期，这也是当时学界知识分子的共同特征。例如瞿同祖幼年失怙，跟随深具国学功底的叔父瞿宣颖生活，得以受到良好的传统文史知识的训练。据他回忆："我记得他（叔父）在家里给我讲汉赋，他指点我古文，还教我历史，我对历史的兴趣就是受他影响的。"这段经历"开启了他的心智，哺育了他的人文情怀"，[2]更重要的是为他撰写《中国法律与中国社会》奠定了文史知识的基础。

吴经熊生于浙江钱庄商人之家，6 岁起就开始接受中国传统启蒙教育，阅读四书五经。[3]他的前半生以在世界法学中展示中国法律思想为志业，是融合中西方法律文化的典范。他从小学直至晚年都在研读《论语》，认为"和谐是孔子的人格特质，也是中华文化的特质"，"一个法学者必须仁智兼修，才能懂得法律哲学的三昧。"[4]

---

〔1〕 裴艳：《留学生与中国法学》，南开大学出版社 2009 年版，第 131 页。

〔2〕 王健："瞿同祖与法律社会史研究——瞿同祖先生访谈录"，载《中外法学》1998 年第 4 期，第 13 页。

〔3〕 王健："超越东西方：法学家吴经熊"，载周建屏、王国平主编：《苏州大学校史研究文选》，苏州大学出版社 2008 年版，第 307 页。

〔4〕 方克立、王其水主编：《二十世纪中国哲学·人物志》，华夏出版社 1994 年版，第 287 页。

此外，张知本 13 岁中秀才，15 岁入武昌两湖书院，17 岁被选为拔贡，仍留书院肄业。[1]梅仲协"先世吴越著姓，家学渊源"，[2]杨兆龙年幼时也在家乡金坛读过私塾。方孝岳是著名学者方守敦之子、桐城派后期学者方宗诚之孙，幼年在家乡读私塾，具有深厚的古典文学基础。李祖荫生在"一个号称九代书香之家"，[3]祖父是同治年间的翰林，父辈都是前清秀才，其道德文章对他的影响不可谓不大。这些国学训练的经历奠定了他们的传统文化功底，科举制度的废除和新式法学教育的出现使得他们走上了不同的道路。

从国内教育情况来看，研究群体中不少法学家出身于东吴大学、朝阳大学、北京大学、北洋大学、上海圣约翰大学、燕京大学等知名学府。

朝阳大学与东吴大学素有"北朝阳、南东吴"之称，在法学人才培养方面南北并立、风格各异。朝阳大学创立于 1912 年，在法学教育史上具有举足轻重的地位。陶希圣在《朝阳大学二三事》中说："中国法学和司法界，朝阳大学出身的人才是第一流，亦可以说是主流，法学教育史上，朝阳大学应居第一位。"[4]朝阳大学的教学风格带有日本色彩，学生多赴日本留学，李祖荫等法学家即毕业于朝阳大学。相较而言，东吴大学偏重英美法和比较法教育，在课程设置方面更具国际视野，毕业生多送往美国深造。吴经熊、杨兆龙、王伯琦、丘汉平、郑保华等人都曾在东吴大学法科学习，并赴美国求学。此外，北京大学、北洋大学也是当时国内法学教育水平很高的学府。北洋大学的前身是天津中西学堂，其法科是中国近代首个法律教育机构，王宠惠、燕树棠等人毕业于该校。值得注意的是，毕业于教会大学的学者对法社会学的发展贡献巨大，例如毕业于燕京大学的瞿同祖、严景耀，毕业于复旦公学的张志让，以及毕业于上海圣约翰大学的方孝岳等。燕京大学的社会学系是当时中社会学研究的中心，胡绳曾说该系"在一个长时期内被认为是中国各大学中最强的一个社会学系"。[5]社会学系的师生们以功能论为理论、以社区调查为方法，改造了西方人类社会学的研究模式并将之成功运用于中国社会的

〔1〕 顾明远总主编：《历代教育名人志》，湖北教育出版社 2015 年版，第 701 页。

〔2〕 大陆杂志社编：《中国近代学人象传初辑》，大陆杂志社 1971 年版，第 182 页。

〔3〕 李蟠："书生李祖荫的坎坷人生"，载《世纪》2013 年第 6 期，第 70 页。

〔4〕 孙政华："百年朝阳：一所法律名校的繁盛和荒芜"，载《法治周末》2012 年 4 月 18 日。

〔5〕 胡绳：《枣下论丛》，人民出版社 1978 年版，第 249 页。

现实问题。这些方法被用来阐释和研究中国法律问题的时候，法社会学的研究被推进了一大步。

从留学教育的结构来看，研究群体的学者大多有留学海外的经历。这种海外求学经历，尤其是赴法、美留学为他们提供了近距离接触法社会学大师和理论的机会，使法社会学能够通过他们的译介开始中国之旅，并在中国的社会改造和法制建设中发挥重要作用。

从纳入法社会学研究群体的人员留学背景分析，有日本留学经历者 8 人，美国留学经历者 10 人，法国留学经历者 5 人，英国留学经历者 1 人。主要就读的学校为日本明治大学、东京帝国大学、法政大学，美国密歇根大学、哥伦比亚大学、哈佛大学、芝加哥大学、耶鲁大学和法国的巴黎大学。大部分学者的专业是法学，获法学博士或硕士学位，少数学者则获得文学或哲学学位。

从近代中国法社会学的学术渊源角度分析，留学欧美的学者直接接触到了法国、美国的法社会学学说，包括狄骥、庞德、霍姆斯等人的理论通过这些学者的译介传入中国境内。同时，这些留学生在学习欧美的社会学方法方面有着得天独厚的条件，他们通过运用所学，实现了研究视角的开新和研究方法的突破。留学日本的学者则是间接地接触到了译至日本的法社会学著述，或者从日本的法社会学家这里了解法社会学的理论。

（三）职业构成

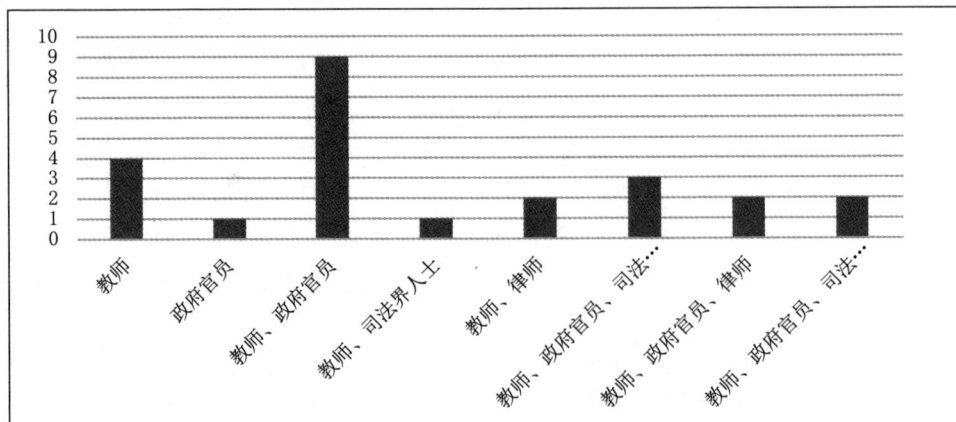

图 3-1　20 世纪 30、40 年代法社会学研究群体职业构成情况

根据上图显示，法社会学研究群体的职业除大学教授外，大多数都有政府官员、司法人员、律师等法律职业等履职经历，终其一生只从事一个职业的情况较少。整体来看，大致可分为如下两种情形：

第一，大学教师是研究群体的主要身份。如图 3-1 所示，几乎所有的群体成员都有在高等院校担任教师的经历。这也与当时留学生的职业选择偏好相关。留学生回国之后大多选择在高校工作，一方面是留学归国者普遍拿到了较高的学位，具备了在大学任教的条件，另一方面旧中国百业凋敝，相对而言高校能够提供较好的物质和科研条件，同时大学教授在当时的社会地位和待遇较为突出，因此成为留学生的职业首选。[1]本书以为，除以上原因之外，学者们选择高校作为栖身之地同时也为了实现传道、救国的学术理想。从晚清到民国的知识分子经历了社会巨大变革，自觉承担了救世的社会责任。他们先后接受了中西不同文化的熏陶，往往师从名家、兼修专攻，受到西方学术自由精神的洗礼和严格的学术训练，有着先进的思想和强烈的社会责任感，这些特质使得他们回国之后成为学术研究的中坚力量。不过，基于不同的人生追求和经历，这些学者的选择各有不同。有的学者以学术研究为终生志业，如蔡枢衡是典型的"始终恪守书生担当"的学者，一生的兴趣都在治学与研究。梅仲协曾婉拒国民政府"司法行政部政务次长"之邀，理由是"读书人不适于做官"。[2]更多学者则"治学乃成余业"，而是以政府官员、司法界人士的身份兼任教职，政要身份为主业，典型如胡汉民、王宠惠、张知本等人。有学者对王宠惠的学术成果评价时表达了这样的遗憾："先生生于危难，长于忧患，救国第一的情势下，治学乃成余业……先生攻读法律，但就法学之为一专业言，法学家之为一专门家言，先生言论歧蔓而无所归，终亦不能不让人扼憾。而且，身为一代法学名家，除开九篇宪法论文，其他竟然乏善可陈，也确乎不能不让人顿生盛名之下的唏嘘了"。[3]如是评价也可通用于民国时期的政要型学者，而且问题的关键在于他们有限的学术成果常常受到政治立场的局限，使得他们的结论深度和广度都有所不足。

〔1〕　陈媛：《中国大学教授研究——近代教授、大学与社会的互动史（1895-1949）》，山西教育出版社 2012 年版，第 25 页。
〔2〕　梅仲协：《民法要义》，中国政法大学出版社 2004 年版，"姚序"第 4 页。
〔3〕　许章润："书生事业　无限江山——关于近世中国五代法学家及其志业的一个学术史研究"，载许章润主编：《清华法学》（第 4 辑），清华大学出版社 2004 年版，第 48 页。

第二，研究群体中多数有政府官员、司法界人士、律师等兼职情形。同时担任过大学教师和政府官员的占到总人数的36%，担任过大学教师、政府官员、司法界人士的占到总人数的12%，而一生中曾担任大学教师、政府官员、司法界人士和律师等多种角色的人占到总人数的8%。典型代表如吴经熊，1924年留学归来后任东吴大学法科教授，1927年任上海公共租界临时民事庭的推事，兼东吴大学法学院院长。1928年任立法院立法委员，随后又被任命为司法院法官。1930年他在上海开业做律师，"我一个月挣的钱比我当法官和教授加起来的钱都要多"。[1]同时，他还被任命为民国宪法起草委员会的副主席，是"吴氏宪草"的起草者。吴经熊的职业经历可谓异彩纷呈，他几乎尝试了所有法科毕业生可能的职业，而且都非常成功。

民国时期法学家从政是普遍现象，据当时外国报纸评论，"东西洋留学青年，学实业者寥寥，大抵皆法政家，谋归国而得官。"[2]留学的青年学子多选法政学科，回国后进可出仕为官，退可自主执业做律师，还有机会进入高校任教，更有可能兼而得之。所以孙晓楼说："留学生回国以后，无论他在国外做些什么，只要等他满这规定的年限，都是飞黄腾达：不是做议员，便是做法官；不是做行政管理，便是做大学教授，青萍结绿，到处争聘。"[3]

对于法社会学的研究来说，研究群体的学者有丰富多样的职业经历有助于他们了解法律实施与社会真实情况，促发他们对制度意义的法律作深入的思考，从而实现理论与实践之间游刃有余的互通。

三、兴盛期法社会学研究群体的职业活动及其社会作用

法学研究者的职业活动是沟通学术和社会的重要桥梁。学者通过他们多角色的职业活动，将他们对法律的理解带入立法、执法、司法以及法律教育的过程中去，直接或间接地促进了近代中国法制的现代化进程。对法社会学而言，这种职业活动有着更为特殊的意义，兴盛期的研究者们广泛而积极地参与社会活动、执行社会角色功能，使法社会学的思想和主张在民国时期的各个法律领域得到了渗透，从而在更广泛的意义上推进了法社会学的繁荣。

---

[1] 吴经熊：《超越东西方》，周伟驰译，社会科学文献出版社2002年版，第129页。

[2] "外人之共和观"，载《民国经世文编》（第1册），北京图书馆出版社2006年版，第47页。

[3] 孙晓楼等：《法律教育》，中国政法大学出版社2004年版，第15页。

（一）法社会学研究群体的立法参与

参与立法是法学家履行其社会责任的传统，"几乎每一部杰出的法典都是法学家努力的产物"。[1]自清末修律时期始，法律移植活动都离不开法学家的参与。预备立宪、修订律例时，清廷就聘请了外国的法学家帮助立法。南京国民政府成立后，国家机构趋于完备，立法院作为行使立法权的五院之一，陆续开展了大规模的立法活动，而此时形成的立法成果都是立法机关与法学家合作的结晶。

此前，学界已经对当时西方国家法律体系盛行的社会本位思潮进行了研究，认为中国应当迎头赶上立法趋势，因此对中国法律同样应当以社会为本位基本达成了共识。符合官方意识形态的三民主义法学便是嫁接法社会学理论的产物，主张"国家、社会本位"，否定"个人主义"，试图建立"全民的、互助的"社会。三民主义的立法也被认为是"旷古今而无其例"的"最进步、最彻底的立法"。[2]胡汉民在担任立法院院长后，极力主张以三民主义为立法方针构建中国法律体系，通过立法实现解决民族、民权、民生问题的理想。在他任期之内，立法院通过了约16部法律，一些重要的法典基本贯彻了社会本位的理念。以1928年的《中华民国民法典》为例，该法典具有三个特征：采取了民商合一的编撰体例、确立了社会本位的思想、促进了固有法系的更生。[3]胡汉民、燕树棠、王宠惠等人都参与了草案的编订。民法分总则、债篇、物权篇、亲属篇和继承篇，各篇均有法社会学思想的体现。例如总则篇拟定19条立法原则，第2条规定"以侵害他人为主要目的而行使权利者，其权利之行使为不法"，表达了法律社会化倾向之下对个人自由的限制。债篇第5条规定"除因故意或重大过失所加之伤害外，如所应负之损害赔偿对于加害人之生计有重大影响时，法院得减轻其赔偿金额"，则表现出对社会弱者利益的维护，也是胡汉民主张的所谓三民主义王道精神的体现。立法理由书中对此加以说明，"良以个人本位之立法，害多利少，已极显然，故特置重社会公益，以资救济"，[4]对债务人利益的保障正是符合社会公益的立法。

---

〔1〕　张中秋：《中西法律文化比较研究》，南京大学出版社1991年版，第259页。

〔2〕　丘汉平："从西半球的法学说到三民主义的法理学"，载何勤华、洪佳期编：《丘汉平法学文集》，中国政法大学出版社2004年版，第261页。

〔3〕　潘维和：《中国历次民律草案校释》，汉林出版社1982年版，第235~237页。

〔4〕　谢振民：《中华民国立法史》，正中书局1937年版，第925页。

物权篇对所有权的限制，亲属篇废除"家长权本位"的规定，侵权责任方面对无过错责任的吸收，都与之前法社会学者的立法建议相符。所以胡汉民称该法"以社会共同福利为目标，以达到中国自由平等为效用，于畅遂民族生存国民生计社会民众生命各种错杂关系中，而企图国民人格权生存权劳动权之确保"，[1]与世界民法发展的趋势保持了一致。新民法的社会化也得到了法社会学者的肯定，吴经熊、丘汉平等人都认为"新民法之内容已追踪于法律之社会化"。[2]

吴经熊、张知本等人还参与了"五五宪法"的起草工作。1933 年，孙科就任立法院院长，筹备宪法起草工作。立法院成立的"宪法草案起草委员会"中，孙科为委员长，张知本、吴经熊为副委员长，另有 36 名起草委员会委员，后又加入四名。宪法起草期间积极对外征求学者意见，"事关起草国家根本大法及应博采众议，以期完密"。[3]孙科指定张知本、吴经熊和傅秉常为初稿起草人。张知本和吴经熊都是三民主义法学的拥护者，都强调立法与社会利益的协调与平衡，"五五宪草"同样带有明显的社会本位印记。1933 年 6 月，吴经熊草拟出了《中华民国宪法草案初稿试拟稿》（即"吴氏宪草"），并以私人名义发布于报刊征求大众意见。随后张知本提出另一宪法草案（即"张氏宪草"），并未发表。孙科主持的初稿起草人第一次会议上决定以吴稿为蓝本，参照张稿，并参酌社会意见逐条研究，最后于 1936 年 5 月 5 日对外公布。从内容来看，"五五宪草"共分八章九节 148 条，以三民主义作为宪法的统领原则，对总纲、人民之权利义务、国民大会、中央政府和地方制度、国民经济、教育制度以及宪法的实施与修正等内容作了规定，其中所有权限制、劳工和社会弱者保护、劳资关系、贫民教育等条款体现出社会化的倾向。例如草案第 23 条"凡停止或限制人民自由或权利之法律，以为社会秩序公共利益所必要者为限"，以及"人民之财产因公共利益之必要，得依法律征用或征收之，但应予相当之补偿"，第 117 条"土地所有权人对于其所有土地负充分使用之义务"，第 128 条"老弱残废，无力生活者，国家应予以适当之救济"等条款，都体现出了法社会学者的主张。

---

〔1〕 胡汉民："社会生活之进化与三民主义的立法"，载《中华法学杂志》1930 年第 1 期，第 8 页。

〔2〕 吴经熊："十年来之中国法律"，载《大厦》1934 年第 5 期，第 69 页。

〔3〕 谢振民：《中华民国立法史》，正中书局 1937 年版，第 258 页。

　　值得一提的是，"五五宪草"公布之后遭到了来自学界包括法社会学者如燕树棠、丘汉平、章渊若等人的批评，包括起草者张知本都无法掩饰对宪草的失望之情。在张氏宪草中，张知本主张对军人当选为总统的条件加以限制，这一保障政治民主的条款却与国民党军人集团的利益抵触，因此被尽数删去。张知本愤而辞职，并在晚年感叹"我国宪法，本为迁就环境，故矛盾与含混之处甚多；再加上不善运用及故意制造问题，故弊病丛生。然后使之能顺应世界潮流，合乎中国国情，拨云雾而见青天，实为研究中国宪法者之任务"。丘汉平则对宪草中涉及人权保障的部分十分不满，指出"照现时宪草的规定，就是宪法公布之后中国人的权利保障仍是一个零"。[1]法社会学者们怀着"救世济民"的初衷积极参与宪法起草，在宪法草案成为"新式独裁"的代名词后，他们不遗余力地表达反对与批判的意见，虽然这些意见所能产生的效果受制于当时的政治现实，但真实地反映出了当时学者以其知识系统与立法活动的互动关系。

　　除宪法（宪草）、民法典外，这一时期出台的刑法体现了"主观主义""社会防卫主义"和"相对主义"等立法原则，劳工法和土地法等社会法也相继出台，这些都与学界的研究和推动分不开。

（二）法社会学研究群体的司法活动

　　如前所述，法社会学研究群体中从事过司法职业的人员占到总人数的24%。例如，吴经熊曾任上海公共租界临时民事庭的推事、司法院的法官；何世桢也曾在1929年起担任上海公共租界临时法院院长。张志让担任过大理院推事、武汉政府最高法院审判员；张知本曾任国民政府司法院行政法院院长；杨兆龙担任过最高法院检察署代检察长。司法官员的身份为他们的学术研究提供了丰富的实践材料，一方面深刻了解法律制度从纸面上的、书本上的法到现实社会中的法之间的落差，另一方面，在司法实践中他们也在努力践行法社会学的理论和主张。限于资料，本书以吴经熊的司法实践经历为例展开介绍。

　　1927年元旦，吴经熊就任上海公共租界临时民事庭的推事。他对这个新身份十分兴奋，激动地写信给霍姆斯："我将有大量机会来做法律领域创造性

〔1〕丘汉平："对于宪法初稿的几个意见"，载何勤华、洪佳期编：《丘汉平法学文集》，中国政法大学出版社2004年版，第308页。

的工作了，我可以试着将中国法律霍姆斯化。"一年后他再次复信霍姆斯，表达了对自己繁忙工作的感受："这临时法院实在是这世界上最忙碌的法院。平均来说，我每个月要处理四十个案件，上海已是世界性的城市，许多案件的事实变得异常复杂。"但是他的心情依旧是振奋的，"我确信您会高兴于知道，我在这个社群里作为一个推事，竟然能够获得某种程度的名声"。[1]他希望能够继续学习以弥补自己到了"快要破产的边缘"的学识，认为再次出国进修和霍姆斯的见面"并不会中断我推事的生涯，反而会更加强化和有所助益"。

有学者统计，吴经熊在担任推事之职时，有据可查的、由他主审判决的案件记录 17 件，[2]许多案件在当时颇具影响，充分反映出吴经熊将"中国法律霍姆斯化"的努力。1929 年，他审理了轰动一时的"卢雷特案"，事涉外国当事人，被告方律师试图以治外法权为由对吴经熊形成压力来争取有利判决。事实上，作为租界法院，法官们对涉外案件的判决常常以向外国人倾斜换取他们主动放弃治外法权，以示友好和包容，已经成为一种习惯性做法。吴经熊并没有遵从这种"潜规则"。他对被告律师费须尔说："法律是本法庭的唯一偶像，而不是治外法权的归还或取消。我宁愿行正义——虽然这样做也许会构成废除治外法权的障碍——也不愿歪曲正义，如果这样可以加速或促进治外法权的废除。"[3]在他眼中，法官唯一要服从的只有法律而没有其他。该案虽然判决外国人败诉，却得到了中外一致的好评，当时英文报纸《华北日报》评论说"它表现了中国司法独立的一大进展"，原因在于吴经熊坚持法官只服从法律的观点与西方人的司法观念吻合，而中国法院考虑各种非理性的因素反而容易导致武断徇私。法典颁布并不困难，但法官执法中却被政治原因左右，必然损害法律和国家的权威。正如《华北日报》所肯定的，吴经熊唯法是从的做法对他的国家更有利，他展示了中国法官应有的素质和风骨，"这比许多废除治外法权而发表的声明和访谈更重要"。[4]

吴经熊形成了自己的法律观，并在其司法实践中得以运用和坚持。法社

---

〔1〕 孙伟："吴经熊与近代中国司法——以其在上海临时法院担任推事为考察对象"，载《大庆师范学院学报》2011 年第 1 期，第 40 页。

〔2〕 孙伟：《吴经熊与近代中国法制》，中国法制出版社 2010 年版，第 194 页。

〔3〕 吴经熊：《超越东西方》，周伟驰译，社会科学文献出版社 2002 年版，第 134 页。

〔4〕 孙伟：《吴经熊与近代中国法制》，中国法制出版社 2010 年版，第 194 页。

会学研究群体中类似他这样集司法官员与学者于一身的人不在少数，他们不仅有着丰富的司法实践经验，而且在法学理论方面也多有建树。虽然并不都如同吴经熊一般拥有盛名，但这种兼而有之的身份，无疑为实践法社会的理论以及推动法社会学的研究提供了更多可能。

（三）研究群体的法社会学教育活动

法社会学研究群体除积极参与法律职业活动、开展学术研究外，同时还以大学教师或学校官员等身份不遗余力地传播和扩散法社会学思想，影响当时的法学教育。

作为法理学中分化出来的学科，法社会学在20世纪30、40年代主要以一种思想或者研究方法的状态存在于法理学的课程中。当时的《法学通论》《法理学》《法律哲学》《法律学》《法理学讲义》等均为法理学课程的教科书，大部分都会涉及对法学流派和法学方法的介绍，其中社会法学派作为新兴的法学派别常常是重点介绍的内容。据何勤华统计，中国近代各类法理学著译作达到424种，民国时期占到近400种。[1]

不过，与实务类课程相比，抽象的法理学课程在民国时期处在边缘化地位，这种情况也引起学者的反思与批评。杨兆龙在一篇题为《中国法律教育之弱点及其补救之方略》的文章中提到，许多法律学校对理论法学的课程并不重视，类似法理学、法律哲学、法学方法论、立法原理之类的课程只在少数学校开设，导致许多学生和法律专家"对于各种法律制度，只知其然而不知其所以然"，"视条文、判例及解释例为法律学的全体而置法律的理论于不顾。"[2]何世桢则提到这种情况产生的原因之一是师资的缺乏："实际上没有几个人能担任这一课。"但他同样强调法律哲学的重要性，认为法律哲学是法律的"根本要素"，"这种根本的要素不研究，法科无论如何是办不好的"。[3]

吊诡的是，法理学因为实用主义的心理而遇冷，法社会学却同样因实用主义的心理而遇热，原因不外乎社会法学派所主张的保障"社会利益""社会本位"等内容是当时世界立法的潮流，中国立法顺应潮流同样采纳了三民主

---

[1] 何勤华："中国近代法理学的诞生与成长"，载《中国法学》2005年第3期，第4页。

[2] 杨兆龙："中国法律教育之弱点及其补救之方略"，载《杨兆龙法学文选》，中国政法大学出版社2000年版，第152~153页。

[3] 何世桢："近世法律哲学的派别和趋势"，载孙莉主编：《东吴法学先贤文录·法理学卷》，中国政法大学出版社2015年版，第127页。

义与法社会学观点糅合而成的立法原则，法社会学也因应成为炙手可热的
"显学"。大学教授以倡导、推崇社会法学派为时髦，1935年第3卷第4期
《大学新闻（北平）》一篇文章从侧面反映了这一情况。该文称赞在朝阳大
学任教的曾志说："他并不像一般挂羊头卖狗肉的教授，自命为社会法学派，
他只说对于法典的注释，应该侧重弱者的利益的保护，是法学者的任务。"[1]
可见社会法学派在当时大学的流行程度。安徽省1929年选拔公费留学生考试
的法律学系法理学题目共四道题目，三道为西方社会法学派的考核内容，如
"斯丹默纳之学说中，关于正法之重要原则有几?""什么叫作法律之社会化?"
"耶陵氏对于法理学最大的贡献为何?"，同样从侧面反映出法社会学在当时法
学教育中的地位。[2]

广义上说，法社会学作为一种思潮或主张同样也体现在宪法、民法、刑
法等课程中，法社会学研究群体中的人员也很少以法社会学为单一的研究方
向，他们往往有复杂的专业背景。从他们对法社会学思想的研究兴趣来看，
可以合理推测他们会将这种思潮贯穿到他们所教授的非法理学课程教学中去。
本书仅统计20世纪30、40年代法理学课程开设情况和法社会学研究群体的
授课情况。

表3-7　20世纪上半叶部分大学法理学课程简表[3]

学校	时间	课程名称	授课人	资料来源
北京大学	1935	法理学	燕树棠	北京大学一览（1935年）
北平大学	1934	法律哲学		北平大学法商学院一览（1934年）
中山大学	1930	法理学		中山大学一览（1930年）
武汉大学	1931	法律哲学	梅汝璈	武汉大学一览（1931年）
上海政法学院	1932	法理学		二十一年度上海政法学院一览
朝阳学院	1933	法理学	程光铭	朝阳学院概览（1933年）

---

〔1〕 朴若："谈谈朝大的专任教授"，载《大学新闻（北平）》1935年第4期，第3页。

〔2〕 安徽省政府教育厅编译处：《一年来之安徽教育》，安徽省政府教育厅编译处1930年版，第310页。

〔3〕 该表部分参考了李平龙"1918-1938年中国部分法学院（法律系）法理学课程开设情况简表"。参见李平龙：《中国近代法理学史研究》，法律出版社2015年版，第58页。

续表

学校	时间	课程名称	授课人	资料来源
上海法政学院	1933	法理学	赵韵逸	上海法政大学五周年纪念
厦门大学	1934	法理学		厦门大学一览（1933-1934年）
中央大学	1934	法理学 比较法律哲学		中央大学课程一览
东吴大学	1935	法理学		私立东吴大学法学院一览（1935年）
	1936	法律哲学	吴经熊	私立东吴大学法学院一览（1936年）
		法律哲学		
暨南大学	约1931年至1939年间	法理学	丘汉平	洪佳期：《丘汉平先生学术年表》
湖南大学	1947	法理学	李达	李达年表（1890-1966年）

小　结

　　20世纪30、40年代，中国法社会学的本土化进程开始进入"批判"与"自觉"的发展阶段，深刻的反思自我与主体意识的形成同时展开。学术研究的新动向背后折射出复杂的社会情势：一方面，从清末开始的法制建设经过多年努力初见成效，六法体系的渐次形成表明法律对社会生活的表面调整已经建立。相对完备的法律体系为法学研究铺就了成长的道路——这种成长是在对前者的促进和批评之间展开的。法律与社会和历史的脱节早已被学者注意且诟病：近代中国的社会结构没有发生根本性变革，工业化仅在一些大城市展开，乡土社会依然保留了自生秩序之下的生活逻辑；法律精英们主导的立法却在鼓吹和倡导与西方法律一致的社会本位和法律社会化。适当超前的法律对社会有一定引导作用，但也会产生法律与社会脱节的严重问题。另一方面，20世纪30年代的民族独立思潮盛行，抗战爆发后，民族危亡与艰难时世更激发了知识阶层的民族自尊和建设本民族文化的决心。中国未来的法律应该选择什么样的道路？法学研究又应当如何开展？法学界"建设中国本位法系"和社会学界"本土化"和"中国化"的倡议都是对这种社会思潮的回应。

从理论层面分析，反思与批判、构建与创新成为这一时期学者研究的关键词。蔡枢衡从清末"法理派"和"礼教派"开始批判，指出二者缺乏民族意识和现实关照的致命缺陷，高瞻远瞩地提出了抗战胜利后中国法学发展的第三立场：以国情或社会现实为根据，以政治政策和目的作为条件的唯物论或反映论，从而形成自我的、觉醒的、体系的新法学。吴经熊的法社会学贡献在于，其一他是引介西方尤其是霍姆斯、庞德法社会学理论的重要桥梁，也是霍姆斯等人法社会学理论的中国继承者。尽管综合来看，吴经熊的学术思想很难归入某一派别，但他所提出的"法律三度论"是霍姆斯"法律预测论"的延伸和创新。其二，吴经熊与西方法社会学大师的交流与学术竞争关系，以及他超越国界的学术成果，使得当时中国法社会学的知识生产成为世界法社会学的一部分而具有了"全球意义"。张知本的《社会法律学》则代表了近代中国法社会学初步构建的成果，弥补了法社会学尚无系统化著作的缺憾，使得法社会学在近代中国开始真正具备了学问的形态。

从实践层面而言，用西方社会学的研究方法认识国情和改造落后的中国社会成为这一时期法学和社会学界的共同关照，尤以社会学界贡献良多。法学界开始倡导和推崇社会学派的研究方法，社会学界则将这些方法直接运用到法律问题的研究之中。瞿同祖从法人类学的研究方法中获得启示，他以结构主义和功能主义为视角对中国古代社会与法律所作的分析将"社会决定法律"的基调向前推进了一大步。同样受教于燕京大学社会学系的严景耀则将芝加哥学派的社区研究理论和实证调查方法运用于中国犯罪问题，指出中国的犯罪现象就其根本而言是人们不适应社会巨大变迁的结果，二者都是西方社会学方法与中国社会现实结合的成功典范，也是本土化研究范式的重要开启。

20世纪同样也是各种主义激荡的开始。各种主义层出不穷、纷至沓来，反映着国人在救亡、强国道路选择上的彷徨和探索，而这些主义也在牵引和渗透着社会的思想意识，支配着立法活动的同时左右着法学界的研究。主义与法学的结合在30、40年代体现为三民主义法学和唯物主义法学两大潮流，当然后者的影响力在此时尚不足以与前者对立和抗衡。事实上二者都或多或少地从西方法社会学的理论和方法中汲取可供自我发展的材料，例如三民主义法学的研究者多主张"社会本位""社会利益"或者"社会协动"等学说，以所谓"惟生论"和民生史观为理论中心，实则是狄骥、庞德等法社会学理论的改头换面。他们有意识地模糊个人利益与国家利益、社会利益的差别，其实质是党派化和意识形态化了的法社会学。[1]唯物主义法学的特点在于强调唯物史观和唯物论，从经济基础（社会基础）、阶级关系等角度分析法律现象，致力于构建一种经济基础（社会基础）决定法律的"科学的法律观"。抛除意识形态的分歧，两种法学观在某种程度上都反映着当时学人寻求中国本位法律体系和法学自我发展道路的多样化的努力以及法社会学的观念作为因子与不同主义结合之后的不同走向。

20 世纪 30、40 年代的法社会学研究者不仅呈现学术贡献，而且广泛、积极地参与社会立法、司法等活动，执行社会角色功能，践行法社会学的思想与主张、促动法社会学的进一步繁荣。这一研究群体主要来自江苏、浙江、湖南、福建等得"西学东渐"风气、较早开展法政教育的省份，基本都有中西合璧的知识结构：幼年接受过传统文化教育，普遍有着扎实的国学功底；青年时负笈海外，接受了正规的学术训练和西方最新的法学理论熏陶。他们在大学教师、政府官员、司法界人士、律师多种身份中转换，以其独特的知识系统与社会生活发生交互作用，对当时社会的立法、司法以及教育活动都产生了深刻的影响。

---

〔1〕 1946 年 3 月国民党六届二中全会期间提出的《党务革新方案》总结了本党的执政危机，指出"党无社会基础，既不代表农民，亦不代表工人，又不代表正常之工商，甚至不代表全体官吏，而只代表少数人之利益"。对于宣称要实现社会利益的三民主义来说，最后"只代表了少数人之利益"，颇为讽刺。参见汪朝光：《1945~1949：国共政争与中国命运》，社会科学文献出版社 2010 年版，第 4 页。

第四章 CHAPTER 4
近代中国法社会学的新转向

1947 年至 1949 年间中国社会的变迁可谓波澜壮阔、跌宕起伏。民国末期，上承抗战胜利，下接新政权更替，虽然不过数年时间，却以极为深刻的变革影响了中国未来基本的政治格局和每个普通国人的命运。20 世纪上半叶中国最有影响力的两大党派——中国国民党和中国共产党，持续 20 余年的分裂与合作、恩怨与争夺最终以全面战争的方式了结，并以国民党的失败和共产党的胜利画上句号。

社会的震荡对学术研究的影响是多方面的。解放战争爆发后，政治秩序风雨飘摇、经济秩序混乱崩溃，研究群体和学术机构朝不保夕。学术环境的恶劣直接影响学术成果的产量和质量，学术研究整体呈现衰微状态。对法学界而言，学术活动整体的式微自不待言，但另一方面也有一些新的因素与动向，对法学研究，特别是法社会学的研究未来走向产生了深刻的影响。

从法制建设的情况来看，国民党政府于 1946 年 12 月 25 日通过、1947 年 12 月 25 日开始施行民国末年的最后一部宪法——《中华民国宪法》，从训政进入"行宪"时期。在宪法统领下，六法全书体系从形式上进一步完备，可视为法制建设取得的成就。然而形式完备的制度设计和社会现实之间的巨大落差消解了立法的努力，"行宪"成为独裁新的幌子，战争又消耗了国家的政治资源，导致"法治"成为泡影："有多少国家，宪典尽管规定，而上轨道的政治始终是不能变成事实的幻影，我们的三十余年的制宪史更是最现成又最近的实例……中国的问题绝不能单靠白纸上的黑字就能解决。"[1]历经 30 余年法制建设为何法律仍然徒具形式意义？法学者不得不对这一问题作出更深

---

[1] 楼邦彦："如何能粉饰得了太平？——由召开行宪国大想到种种"，载《观察》1948 年第 5 期，第 3 页。

层次的思考。这一时期，有两个动向对 20 世纪上半叶中国的法社会学发展颇具别样的意义：其一，庞德来华担任国民政府司法行政部与教育部的顾问，就中国法制建设提供了不少建议，同时也掀起了西方法社会学研究在旧中国的最后一个热潮。随着庞德的离去，近半个世纪以来中国对西方法社会学理论的引介、阐释和本土化研究陷入沉寂。其二，马克思主义的法律观和方法论"为我国法学研究开辟了一条新的路子"，[1]预示了新兴政权之下特定意识形态的支配地位。这种开辟自 1947 年李达的《法理学大纲》而始，[2]他延续了唯物论的分析立场，同样指出了法律与社会不适应的问题，看似与法学界一直存续的法社会学有着类似的思考路径，实则以批判的方式导向了另一种指向和转折，这种指向和转折提供了一种"科学的法律观"，回答了究竟什么样的法律才适合中国社会现实的问题，但"同时表明了另一种概念化的危险，这种概念化最终变为教条，支配了又一代法律研究"。[3]本书将对这些新动向展开分析，探寻已经在 20 世纪上半叶取得一定发展基础的法社会学走向衰微的多种原因。

第一节　解放战争至新中国成立前的法社会学知识生产

一、进入衰微的法社会学研究

抗战胜利之后，饱受战乱之苦的中国人民迎来了一个短暂的和平时期。在国共谈判期间，在重建社会秩序、构建"中国本位法系"的理想鼓舞下，法社会学延续着自我意识的觉醒和理论研究的自觉，这一时期的学者强烈关注中国的社会现实问题，在极其艰难的创作条件下仍产生了不少有分量的著作。

然而，国共和谈破裂后，重建和平的希望破灭，社会秩序再次陷入动荡不安之中。在解放战争时期，人民生活困苦、学术研究条件恶劣、国民党政府政治高压等诸多因素共同作用下，法学研究整体陷入沉寂，法社会学的研

---

〔1〕　韩德培："法理学大纲·序"，载李达：《法理学大纲》，法律出版社 1983 年版，第 1 页。

〔2〕　"他是我国最早运用马克思主义研究法学的一位拓荒者和带路人。"载李达：《法理学大纲》，法律出版社 1983 年版，韩德培序言。

〔3〕　梁治平："法律实证主义在中国"，载梁治平：《法律史的视界——梁治平自选集》，广西师范大学出版社 2013 年版，第 119 页。

究也不例外。据《民国书刊总目录》[1]的汇总，这一时期译著仅有一本、法理学相关著作十本（含再版两本）、法治杂谈类著作一本、法律讲话一本（见表4-1），其他译著和高质量的教材均无问世。

表4-1　1947 年至 1949 年间法社会学出版物概览

序号	题名	作者	出版社	出版时间
1	中国法律与中国社会	瞿同祖	商务印书馆	1947 年
2	中国法理自觉的发展	蔡枢衡	河北第一监狱	1947 年
3	法律论	梅仲协	建国法商学院	1944 年初版，1947 年再版
4	比较法学概要	龚钺	商务印书馆	1947 年
5	法治丛谈	周宏基		1947 年
6	法理学大纲	李达		1947 年
7	中国法律之儒家化	瞿同祖	北京大学出版社	1948 年
8	正负法论/辩证法的法律学方法论	高承元	高承元律师事务所发行	1937 年初版，1948 年再版
9	俄国法律学说	刘仰之	上海商务印书馆	1948 年
10	法律讲话	中央训练团监察官训练班		1948 年
11	英美法原理	［美］阿瑟·古恩著，陈朝璧译	美华出版社	1948 年
12	唯物论与法律学	史家祺	中华书局	1949 年
13	法律与阶级斗争	史家祺	中华书局	1949 年

二、总体特点

总体来看，这一时期的法社会学研究呈现如下特点：

第一，研究的自觉意识与主体意识继续增强，但成果寥寥。相较于兴盛

---

〔1〕　北京图书馆编：《民国时期总书目（1911-1949）法律》，书目文献出版社 1990 年版，第 1~19 页。

期对社会本位、法学的研究方法等问题的热烈讨论，这一时期的研究显得零散而薄弱。蔡枢衡将他自抗战以来的文章集结为《中国法理自觉的发展》[1]出版，延续了他对《中国法律之批判》的思考。瞿同祖的《中国法律之儒家化》[2]重申和补充了《中国法律与中国社会》中的观点。高承元再版了《辩证法的法律学方法论》[3]（又名《正负法论》），是这一时期唯一探讨法学研究方法论的著作，主张用辩证法研究各种法律关系，所谓"正负法论"即是将矛盾定律运用于法律研究。

第二，英美法理论尤其是庞德的法学思想仍占据重要地位。美国学者阿瑟·古恩（今译库恩）的《英美法原理》是解放战争时期唯一的一本法学译著，共五编内容，除绪论外，分别介绍了英美国家的宪法及法院、诉讼法、民法和商法。译者陈朝璧在序言中说，翻译此书的目的在于比较不同的法律文化，盖因"中国自清季以还，不论法律教育或法律制度，莫不仿效东瀛"，但从比较研究的学术方法角度而言，无论历史、领域抑或收效，都不应当忽视英美法系的贡献。但作者也提到了该书出版的政治背景："教育部近列英美法为大学法律系必修学程。"[4]

这一时期引介的西方法社会学思想仍以庞德为主，如 1946 年至 1948 年之间共有八篇文章涉及美国的法社会学家，其中两篇介绍霍姆斯的生平与思想，[5]其余六篇均为庞德法社会学思想的分析或译介。[6]这是很值得玩味的现象，法社会学研究向英美一边倒的趋势，反映出蒋介石政府亲英美政策、限制学术自由的倾向。

第三，法治研究由热转冷。自 19 世纪末，西方法治思想传入中国后，一些思想家、法学家将法治道路视为挽救危亡、救世自强之途。早期的法治研究以康有为、梁启超为代表，他们着眼于挖掘本土资源，从传统法制中寻找法治思想，试图实现一种"转换性解释"。民国时期后，法学家们对西方的法

---

〔1〕　蔡枢衡：《中国法理自觉的发展》，河北第一监狱 1947 年版。

〔2〕　瞿同祖：《中国法律之儒家化》，北京大学出版社 1948 年版。

〔3〕　高承元：《辩证法的法律学方法论》，高承元律师事务所发行 1937 年初版、1948 年再版。

〔4〕　[美] 阿瑟·古恩：《英美法原理》，陈朝璧译，美华出版社 1948 年版，译者自序第 1 页。

〔5〕　林永侯："一代法学权威荷姆斯之思想"，载《东吴法声》1946 年 6 月，第 13 页；绂征："美国当代大法官霍姆斯的生平及其家世"，载《中华法学杂志》1946 年第 1 期，第 69~73 页。

〔6〕　如曾如柏："美国法学大师庞德"，载《广州大学校刊》1946 年第 4 期，第 23~26 页；吴经熊："庞德之法学思想"，狄润君译，载《震旦法律经济杂志》1947 年第 5~6 期，第 2~6 页等。

治理论进行了广泛的引介和深入的探讨，并努力完成中国式的法治理论建构，典型的代表如吴经熊、丘汉平等人。然而令社会各界失望的是，尽管包括《中华民国宪法》在内的法律体系肯定了法治为"治国基本"，使法治主义制度化，但这只是一种表面文章，真实的情况是国民党政府借着"法治"之名，打着"训政"旗号，行独裁之实。邱毅成、雷震等人直接表达了对中国法治现状的不满："不料到现在还要研究法治的前提问题"，[1]"中国今日之不能实行法治者，其故安在？""法治不立，政府之罪。"[2]进入1947年后，对法治的研究愈发理性和冷静。早期对法治充满期待、认为法治是中国的必然归宿的蔡枢衡，此时则表现出了怀疑："从历史观点言，今日中国显然彷徨于法治之门……四十年来的中国史似乎启示我们：到法治之路是条迷津……法治之于明日的中国，当然非常渺茫。"[3]同年，吴之椿在《法治与民治》一书中也提到"中国法治问题，虽然鼓吹得很热闹……但却收效甚微"的现象，并分析了原因："一是法律与社会的距离；二是官权至上的传统；三是社会条件之不具备。"这三种因素交互影响，演绎成了中国社会"紊乱腐败"的状态。[4]学界对法治的研究何以从热衷转向了冷淡，甚至悲观失望，费青在《从法律之外到法律之内》中一语道破："我们张目看看现在社会上一切的黑暗，那一样不是造成统治者的不法？法外暴力组织，如特务的恒心；任何名义上好听的政治设施，都成了敲诈剥削的借口；抗战的胜利，也只成为收复大员发财的机会。"[5]让人灰心的政治现实，使得人们对曾经寄予厚望的法治出现了动摇甚至怀疑。

三、法社会学研究衰微与社会变局的关联

第一，法社会学研究的衰微，是社会格局动荡在学术研究上的投影。可以说，从近代肇始，中国社会秩序就陷入了风起云涌的剧变之中，西学潮水

---

[1] 阮毅成："中国法治前途的几个问题"，载阮毅成：《毅成论法选集》，正中书局1936年版，第36页。

[2] 雷震："法治国家的真谛"（原载《时代公论》1932年第17卷），载何勤华、李秀清主编：《民国法学论文精粹》（第1卷），法律出版社2003年版，第380页。

[3] 蔡枢衡："法治之路"，载蔡枢衡：《中国法理自觉的发展》，清华大学出版社2005年版，第135页。

[4] 吴之椿：《法治与民治》，生活书店1946年版，第25页。

[5] 费青：《从法律之外到法律之内》，生活书店1946年版，第27页。

般涌入，对传统的社会价值观与学术思想形成重创。各种社会思潮的风云激荡未尝不是学术重构的开端，如吴经熊所说，"一切正在酝酿震荡扰攘"，[1]近代可谓法学思想的多元化和多样性最为集中的时期。对法学研究来说，这是最好的时机，又是最坏的时机。国家不幸诗家幸——与文学创作不同的是，法学研究更需要有稳定的政局和太平的社会环境，方能揭示和论证法治之于社会的重要性。然而，从外敌入侵到国内战争，法学研究始终没有安稳的学术环境。南京国民政府时期，社会秩序相对稳定，包括法社会学在内的法学研究在有限的条件下取得了来之不易的成果。抗战爆发后，南京沦陷，武汉、广州等地相继失守，国民政府迁都重庆。大量学术机构被迫向西迁移，颠沛流离之中，学校艰难办学、学者艰苦生存，学术研究的条件十分恶劣。瞿同祖先生在写作《中国法律与中国社会》时描绘了当时的情景：写作时"敌机不时来袭，有警辄匆匆挟稿而走"；为了躲避空袭，他和社会学系的老师不得不住在云南乡下，骑马到火车站，坐火车进城上课，"条件很艰苦，做学问全靠毅力"。[2]进入解放战争时期，恶劣情况进一步加剧。经济出现了严重通货膨胀，程度远远超过了抗日战争时期。大学教授的实际收入减少了98%，[3]甚至生计都难以勉强维持，愤懑之下纷纷参加1947年的"反饥饿、反内战"抗议活动。基本生活不能保障的前提下，学术研究成为一项奢侈的活动，法社会学由盛而衰、每况愈下也就顺理成章了。

　　第二，政治的高压态势挤压了学术自由的空间，使法学渐无用武之地。南京国民政府初期学术环境相对宽松，进入抗战时期后，蒋介石奉行"攘外必先安内"政策，消极抗日，反而以共产党人为"治乱"对象。法律成为专制独裁的工具，所谓的《限制异党活动办法》《异党问题处理办法》《非常时期维持治安紧急办法》等无一不是针对共产党实施暴政的产物。政治上的高压态势不可避免地影响到法学界，使得法学研究逐渐丧失独立性而沦为政治意识形态的附庸。奉政治人物的思想为圭臬，并以政治家的言论为论据成为

---

〔1〕　吴经熊："关于现今法学的几个观察"，载吴经熊、华懋生编：《法学文选》，中国政法大学出版社2003年版，第87页。

〔2〕　王健："社会史视野中的法律——瞿同祖访谈"，载瞿同祖：《中国法律与中国社会》，商务印书馆2016年版，第411~412页。

〔3〕　《大公报》（上海）1946年8月30日，转引自［美］费正清编：《剑桥中华民国史》（下），中国社会科学出版社1994年版，第849页。

不少法学研究的常见模式，尤以三民主义法学最为典型，而王宠惠、居正等人本身就是国民党政要。乱世之中，法治的价值本就难以彰显，人们都认为法律拯救不了中国、学术拯救不了中国。纯粹的法学研究很难立足，甚至成为"无用"的代名词。

第三，法学家集团的凋零。法学家的研究如同源源不竭的泉水，为法学这棵大树输送养分。解放战争时期，法学家集团的生存空间变得逼仄恶劣，法社会学研究群体日渐凋零，学术研究走入低潮。兴盛期出现的法学大家和有分量的研究成果再难重现，寥寥无几的成果影响也十分有限。知识分子的命运和国家的命运紧密相连。此时，投身学术研究对青年人的吸引力，显然不如投笔从戎、投身革命。法学家集团面临着青黄不接、后继无人的局面。有些人仍然抱着"轻法学贱法吏"的想法，认为法学无用而屡想"他就"，[1]也有人转而寻求其他救国之道。例如许多优秀的革命者曾经都是法科学生，如李大钊是直隶法政学堂的学生，曾经发表过不少有关法律的文章；董必武则是留日的法科生，还做过一段时间律师，但是后来都走上了职业革命家的道路。

总之，由于社会局势的动荡、学术研究条件恶劣、法学家集团衰微，包括法社会学在内的法学研究整体走向了凋零。对法社会学研究来说，这是非常遗憾的事，也是中国法社会学发展史上的巨大损失。如何突出研究的主体性和自我意识，不至于在他者的理论中迷失，可能是近代法社会学留给现代法社会学珍贵的反思。

第二节　喧嚣过后：庞德的来华与退场

20世纪30年代，美国法社会学家庞德曾以私人身份两次来华访问，后一次还分别在法官培训学院和中央大学举办了题为"司法职能"和"法律理想运动"的讲座。如果说30年代的中国之行对庞德来说还只是"深感愉快"的游历的话，[2] 1946年7月到1948年11月则是他与旧中国亲密且深入的接触。在此期间，他经由杨兆龙引介、受时任司法行政部部长谢冠生的邀请，

---

〔1〕 朱正："对中国法学的希望"（1940年），载张昌山编：《今日评论 文存五》，云南人民出版社2019年版，第169页。

〔2〕 参见庞德1945年12月1日被聘为顾问后的致谢信。

以最后一个来华的外国专家身份就任南京国民政府司法行政部和教育部的顾问，为法制建设、司法改革和法律教育等事项提供咨询建议。

一、庞德的中国之行

庞德的中国之行给当时的中国带来的震动和影响是多方面的。他在华一共17个月，所做的工作主要分为三个方面：其一，为国民政府的相关部门提供法律改革的咨询报告。来华一个多月后，庞德就撰写了三份咨询建议，即《改进中国法律的初步意见》（1946年7月12日）、《创设中国法学中心刍议》（1946年8月7日）和《中国法律教育改进方案》（1946年8月24日）。这三份报告分别涉及法律改革、法学教育和人才培养等诸多问题。其二，在华实地调查司法情况、撰写调查报告及会见政法界人士。庞德曾于1946年、1948年分别赴江西和上海、杭州等地的司法机关考察，并撰写了调查报告。除与谢冠生、杨兆龙等人过从甚密外，庞德还与当时的政界、司法界人士如王宠惠、孙科、孔祥熙、吴经熊等多有接触，交换意见。据谢冠生日记记载，他的高见常令"闻者皆大悦服"。[1]其三，举行学术讲座或演讲、发表文章等。来华之后，庞德共做过21场影响较大的学术演讲，其中1946年9月在国民大会堂和文化剧院连做三场学术讲座，被《中央日报》持续报道，极为轰动。当时的报纸社论对庞德的学术充满溢美之词，认为他的法律哲学对中国的法学研究和法律实践，尤其对立法者和司法者"最能提出富于启迪的解答"，"他的哲学是动的哲学，是创造的哲学，是法律家日常活动的准则，决不是漫无实际的空谈所可伦比"。[2]

对这位20世纪最为知名的法社会学家，彼时的中国法学界并不陌生。早在1926年至1928年，陆鼎揆、雷沛鸿等人就已经译入庞德的重要著作《社会法理学论略》《法学肆言》《法学史》等。吴经熊、张知本等法学家对庞德的法学思想亦多有介绍和推广，使得以庞德为首的美国派法社会学在旧中国颇为盛行。最为根本的是，庞德将法律视为"社会控制"的工具，极力推崇法律的"社会效果"与社会作用，都与抗战胜利后国民政府谋求以社会为本

---

〔1〕　参见谢冠生日记片段。

〔2〕　"官方媒介欢迎庞德教授来华的社论与消息报道"（原载《中央日报》1946年7月3日），载王健编：《西法东渐——外国人与中国法的近代变革》，中国政法大学出版社2001年版，第76页。

位的法制改革不谋而合，也与社会渴求独立自主、制定"适应现实生活所实际需要的法律"以及法学界转变研究范式，转为"动的法学、创造的法学、适应现实需要的法学"等需要契合。从当时的官方媒体报道可以解读出举国上下对庞德来华献策寄予的厚望，几近无底线的吹捧："美国有了庞德教授，是美国法律界的光荣。中国政府聘来了庞德教授，是中国法律界的光荣。我们不但感觉光荣，我们有绝对的必要，接受庞德教授的意见，作为我们改造中国的实体法和程序法的指针。"[1]

二、庞德对中国法制建设的建言

（一）造就中国人民自己的法律

庞德注意到，中国的法律体系构建始终处于两个极端的矛盾之中：模仿或者借鉴西方法制，抑或发展改造中国传统法制。即使法典编纂业已初具规模，这两种观点依然成为批判或支持现行法律的理论基础。作为一个社会法理学者，在看待中国立法的模式选择问题时，庞德的立场是明确的，那就是"社会法理学的方法与期望的目标和达致目标的手段的关联，要大于与中国从何处去寻找打造自己法典的材料即法律执行的问题的联系"。[2]

尽管庞德也承认历史法学派观点的真实性，即"民族塑造了法律"，但是革命之后，面对建设现代法制需求的中国，显然没有充足时间去对传统的法学和制度进行改造，虽然这种缓慢变革可能更适合中国法律的民族性。可行的方式就是继续以罗马法体系为模仿的对象，而不是改弦更张去仿效英美法，原因有三：其一，中国的传统民族习惯更接近古代罗马法的观念。以继承制度为例，让中国的法律制度去借鉴英美陪审团制度显然是荒谬的，因为从中国的民族习惯来看更接近于古罗马的普遍继承。其二，历史证明，罗马法所贡献的规则和观念为全世界提供了普适性因素。这一事实表明，接受了罗马法的众多民族尽管在很长一段时间内保有自己的语言、性格、民族传统和法律，但同时也在不断吸收着罗马法的理性和经验。其三，倘若改采英美法的模式，不仅没有英美法的生长背景，而且缺乏英美法律教育模式所培训的法

---

〔1〕 "官方媒介欢迎庞德教授来华的社论与消息报道"（原载《中央日报》1946 年 7 月 3 日），载王健编：《西法东渐——外国人与中国法的近代变革》，中国政法大学出版社 2001 年版，第 75 页。

〔2〕 ［美］庞德："以中国法为基础的比较法和历史"（原载《哈佛法律评论》1946 年第 61 卷），载王健编：《西法东渐——外国人与中国法的近代变革》，中国政法大学出版社 2001 年版，第 78 页。

官和律师，同时也缺乏合用的法律书籍，更不便于法典化，可谓弊端多多，"是一种浪费""将是一个极大的错误"。[1]

建立在模仿罗马法体系基础上的中国法，如何真正成为庞德所说的"中国的法典"，能够"适用于中国人民"且"规范中国人民的生活"呢？[2]庞德认为应当重视法律的解释工作。对中国法律的理解是庞德法律概念的具体化。在他看来，"现代法律制度不止是由权威的法律规定和权威的技术组成的，也是由为人民所接受的权威理念所组成的"，[3]中国所固有的传统道德体系本是优势，"不能因为它们是传统的，或仅仅因为在西方世界的比较法中找不到对应就为法院或者法学家所忽略或者否弃"。但同时，传统的民族习惯和制度也"不应作为法典的不协调因素而存在，从而导致法典的不一致和异常"。[4]为了达至"打造中国人自己的法律"这一理想图景，通过运用法律推理、解释法律规定、行使自由裁量权等技术，使传统的民族习惯和制度得以与现代法律制度巧妙契合，从而使"法典贴近中国人民的人生"这一"正当用途"得以发挥，正是当下中国的法学家和法官的任务。庞德不无勉励地说："中国有很多才能卓越的法学家、官员、法官以及法律教授。我并不怀疑他们的能力，能使这一发展推进。所以我要说，相信你们自己。除了中国人民自己以外，没有人能够创造出一套中国法律的合适的制度。"[5]

（二）法学研究的任务

如前所述，庞德认为通过（中国传统的）观念因素，特别是通过"民族性"的法律解释和运用，"可以赋予中国法典真正的中国特征"。[6]换言之，

〔1〕〔美〕庞德："改进中国法律的初步意见"，系庞德呈交中华民国司法行政部的工作报告。收录于王健编：《西法东渐——外国人与中国法的近代变革》，中国政法大学出版社 2001 年版，第 62 页。

〔2〕〔美〕庞德："以中国法为基础的比较法和历史"（原载《哈佛法律评论》1946 年第 61 卷），载王健编：《西法东渐——外国人与中国法的近代变革》，中国政法大学出版社 2001 年版，第 85 页。

〔3〕参见〔美〕庞德："以中国法为基础的比较法和历史"（原载《哈佛法律评论》1946 年第 61 卷），载王健编：《西法东渐——外国人与中国法的近代变革》，中国政法大学出版社 2001 年版，第 85 页。

〔4〕〔美〕庞德："以中国法为基础的比较法和历史"（原载《哈佛法律评论》1946 年第 61 卷），载王健编：《西法东渐——外国人与中国法的近代变革》，中国政法大学出版社 2001 年版，第 85 页。

〔5〕〔美〕庞德："法律与法学家——法律与法学家在现代政府中的地位"，原文系 1949 年 9 月 4 日在南京国民大会堂二楼所作之演讲。收录于王健编：《西法东渐——外国人与中国法的近代变革》，中国政法大学出版社 2001 年版，第 432 页。

〔6〕〔美〕庞德："以中国法为基础的比较法和历史"（原载《哈佛法律评论》1946 年第 61 卷），载王健编：《西法东渐——外国人与中国法的近代变革》，中国政法大学出版社 2001 年版，第 86 页。

当下法学研究的任务，并不是从两大法系中寻找可以为中国法律所用的制度或者理论，而是"技术"——解释和适用业已成立的法典，使之带有"中国特征"。

庞德所主张的这种解释和适用，是法社会学范式的研究。在他看来，比较法在法典制定时起到过重要的作用，即运用比较法在两大法系中作出明智的选择。但是当法典制定出来之后，比较法的任务就完成了，接下来的任务就是法社会学的范围，例如对法典试图规制的中国人的生活境况的研究、对社会秩序和法律秩序的目的研究等。[1]这种揭示有赖于中国法律史和法律哲学而不是比较法，因此研究和教授中国法律史的人要承担起这样的任务。

为了说明此种社会学的、功能主义的研究方法的重要性，庞德以《中华民国民法典》第1条"民事，法律所未规定者，依习惯；无习惯者，依法理"为例加以论证。面对各国民法典都不可避免的"缝隙"问题，中国民法典借鉴《瑞士民法典》的做法，主张法官在填补法典空隙时可以立法。这种做法对司法的可预测性以及法典的稳定性而言是种伤害，庞德以为，《中华民国民法典》第1条并不是鼓励逾越法典的司法和不依法律的判决。此时，功能主义的方法就值得重视，"当有必要在具有同等权威且都可使用的条款中作出选择的场合，须决定是否解释和适用特定条款去应对面前的案件时，诉诸在立法文本的字里行间进行间隙式造法的权力"。[2]虽然如霍布斯所说，法官造法是偶然的事，但从各国立法与司法的历史来看，也是必然的事。而对于中国立法而言，法官对法典的解释与适用则不可避免地借助"中国人民的传统观念和民族习惯"，"只有中国精神才能使中国法律有效地治理中国人民"。

庞德呼吁，中国的法律教育首先应当统一，在此基础上，"律师、法官以及法律教授能对中国法律有一个共同的研究"，而"这种法律是为中国人民的，于世界现代法中撷取其精华以为材料，但采取了适合中国人的范式，以规整他们的关系、范围他们的行为"。立足法社会学的视角，庞德特别强调了一个真正的中国法应当考虑体系性和整体的系统性，这一点对中国而言可能尤为重要："整个领域的一般概念与地方环境所需要的地方习惯或地方规范"

---

〔1〕［美］庞德："以中国法为基础的比较法和历史"（原载《哈佛法律评论》1946年第61卷），载王健编：《西法东渐——外国人与中国法的近代变革》，中国政法大学出版社2001年版，第86页。

〔2〕［美］庞德："以中国法为基础的比较法和历史"（原载《哈佛法律评论》1946年第61卷），载王健编：《西法东渐——外国人与中国法的近代变革》，中国政法大学出版社2001年版，第88页。

之间的平衡。[1]

基于社会学法理学的基本理念，庞德注意到了功能主义视角下的法官填补漏洞的技术以及在中国司法中可能具有的特殊性。不过他并没有就此继续阐释中国传统的观念和习惯如何进入司法过程，而是在一般意义上论述了直觉和观念的区别，并对经验与直觉的关联作了归总。但庞德对当时中国法学界提出的研究范式转型的建议是有积极意义的，在当时学界看来这与杜威的实用主义一样，都是在纠正学界教条主义、条文主义等华而不实的学风，"引导中国学界走上革命与创造的路程"。[2]在法典体系大局已定之时，"国情派"与"法理派"之间的理论争辩已经不合时宜，研究解释和应用法典的技术使之更贴合于中国人的生活秩序才是法学界应有的贡献。

（三）注重法律教育

庞德的中国法制改革建言中，法律教育是他思考甚多、关注甚多的核心内容。来华伊始，庞德就向国民政府提交了他思考的初步结果：《改进中国法律的初步意见》。在这个工作报告里，庞德肯定了中国法典制定的质量，指出了"但比诸修改法典更重要的，在有彻底而统一的法律教育"。随后，在《法律教育第一次报告书》中，他论证了法律教育在现代立宪国家中的地位以及统一法律教育的必要性。1947年后，庞德向中国政府提交的八份工作报告中，共计有三份与法律教育相关，可以看作是《法律教育第一次报告书》的延伸与展开。例如在《法律教育第二次报告》中，他论述了法律教育的现代趋势及其与中国法律教育的关系，在《致教育部的简报》和《有关法学院正式课程的报告》中则提出了延续法学院的分部制度和设置法学院课程的具体建议。

庞德之所以极其重视法律教育的作用，主要是出于法律解释的考虑，进而通过法律解释达到统一法制、统一国家的目的。从司法的功能分析，第一步寻找法律，"可能要在两者或者更多的有同等权威的规定中去加以选择"；第二步法律解释，是"法庭所面临的最困难的工作"，因为"要把解释予以统一、恰当和系统化，必须做深入的、学说上的阐释"；第三步，将经过解释的

〔1〕［美］庞德："法律与法学家——法律与法学家在现代政府中的地位"，原文系1949年9月4日在南京国民大会堂二楼所做之演讲。收录于王健编：《西法东渐——外国人与中国法的近代变革》，中国政法大学出版社2001年版，第432页。

〔2〕"欢迎庞德教授"（原载《中央日报》1946年7月3日），载王健编：《西法东渐——外国人与中国法的近代变革》，中国政法大学出版社2001年版，序。

结论与案件结合。在整个司法过程中，法律解释可谓最为核心和关键的环节。除在司法功能中的一般作用之外，法律解释对于当时的中国法制更有着特别的意义。在庞德看来，中国的法典是制定得非常好的，但是即便制定得非常完美的法典也无法适用于社会可能发生的所有情况，法律人的解释和适用依然是必要的。然而当时中国法律人的实际情形却让庞德"殊觉惊异"，他们的教育背景五花八门：一些人留美归来，一些人则是英、法、德等国家的法科毕业生，还有为数不少的是从日本接受了欧风美雨的熏陶。即便是本国法学院培养出的法律人，也由于师承复杂而法学思想不一。因此，法律解释和适用的统一，基础在于统一的法律教育，因此"一个统一的法律教育在中国法上是一个最紧迫的问题"。[1]

庞德不仅提出了在中国发展统一法律教育的顶层设计，而且针对中国的法学教育现状规划了不少具体的举措，例如法学院在大学的地位问题、法学学生人数是否需要限制、学习法律的最佳年限为何、入学条件的限制、课程的设置、法律学校的发展和分布问题、法学教授的地位以及是否要设立法学研究院、法律图书馆之类，可谓细致入微。

三、庞德建言的法社会学意义

庞德对中国法制改革的建议，可谓是他本人社会学法理学研究成果的中国实践。早年植物学的学术训练赋予了他注重实证、偏好分类的研究习惯，律师和法官的职业生涯为他提供了深度参与美国司法实践的机遇。随后，对社会学和实用主义哲学产生的兴趣促使庞德的研究立场出现了重大转向：他不满当时美国盛行的形式主义法学而将其称为"机械法理学"，反对以"从它视为基础的教条中推导出来的逻辑过程的优美或严格"[2]来评判规则，提出以法律的实际社会效果作为衡量尺度，进而提出了"通过法律的社会控制"的著名论断。

在庞德界定的第二种法律概念中，律令（precept）、技术（technique）和理想（ideals）是三个不可或缺的整体。律令，是由规则、原则、界定概念的

---

〔1〕［美］庞德："法学思想与法律秩序"，原文系1946年9月6日在南京文化剧院所作之演讲。收录于王健编：《西法东渐——外国人与中国法的近代变革》，中国政法大学出版社2001年版，第460页。

〔2〕 Roscoe Pound, "Mechanical Jurisprudence", *Columbia Law Review*, Vol. 8, No. 8, 1908, p. 605.

律令和确立标准的律令构成。所谓技术，则指运用和型构法律律令的各种模式，是支配司法技艺和法学技艺的各种心智习惯。所谓理想，是指一副有关特定时空社会秩序之理想图景，亦即有关社会秩序是什么以及关于社会控制的目的或目标的法律传统。[1]技术和理想是他与分析法学产生分野的两个重要标志和要素。律令作为"书本上的法"是分析法学所关注的对象，而法社会学所关心的法律制度的社会效果则有赖于司法和行政过程中的技术和理想。

在庞德向国民政府的建言中，首先对业已制定的法典大加肯定，认为"堪称完美"。这固然有"受人钱财，为人美言"的成分，但更多的是他从比较法的角度考虑的结果。继承罗马法传统的中国法典更为契合中国社会的实际，从"律令"的层面来看，通过移植而构建的法律体系已经完备。如何使得仿效欧陆传统的法典从"书本中的法"转向"行动中的法"，使之更贴合中国人民的生活，从而体现出"中国特征"，则要通过技术和理想。庞德的建议就当时的法制情况而言是较为稳妥和实际的做法，也为苦苦思索如何解决"法律与社会断裂"问题的中国学者提供了思路。在庞德看来，重新立法没有时间，也没有必要，法律解释的技术可以在一定程度上化解法律与社会不适应的矛盾。中国传统的道德与法律并不因时过境迁或与西方不一致便失去价值，相反它们可以作为"法典解释和适用的基础"。[2]因此他极为重视、同时也特别向中国推荐法律解释的技术，认为只有经过解释才能使西方法的经验和中国传统的道德中国的法律实践合二为一，达至社会控制的理想。

无论行政与司法过程中的法律解释，还是最终法律秩序的达成，都有赖于人的作用。尽管在庞德定义的法律概念中，并没有出现法律职业共同体的因素，但他对法律教育的重视与规划，正是出于培养统一的法律职业者的需要。庞德很重视在法律控制中"人"的作用，他认为法律之所以能够成为各种社会控制力量的中坚，关键在于法律共同体付出了坚韧不拔的努力。[3]因此，达成法律的社会控制，形成统一的法律职业共同体是关键。正是出于这

---

〔1〕［美］罗斯科·庞德：《法理学》（第2卷），邓正来译，中国政法大学出版社2004年版，第102~131页。

〔2〕Roscoe Pound, "Comparative Law and History as Bases for Chinese Law", Ibid, p. 757.

〔3〕"法律秩序之所以能够始终自我维系，法律之所以能够取代较陈旧的各种社会控制力量，并且成为其间的首要社会控制力量——其他各种社会控制力量都成了从属于法律的力量，实是因为人们在这种努力的过程中始终坚韧不拔并取得了重大的成果。"参见［美］罗斯科·庞德：《法律史解释》，邓正来译，中国法制出版社2002年版，第171页。

样的考虑，庞德的中国法制改革建议才会强调统一法律教育的重要性，通过培养统一的法律人，进而在适用和解释法典过程中完成法制的统一。

1948 年 11 月 21 日，庞德在美国使馆的催促之下，匆忙离开中国，他在国民政府的顾问工作也宣告终结。他的某些建议并不被看好，例如，就"五院制"和"内阁制"发表的看法就曾招致许多批评。但对异质法的本土化、统一的法律教育等建议还是非常有价值的。有学者评价，庞德所提出的改革法律教育、培养法律职业共同体以及兼顾中西法律文化等建议，"就 1948 年中国的状况而言……或许是唯一可行的办法"。[1]然而由于时局紧张、国共决战在即，他所提出的建议也因缺乏安定的实施环境而归于流产。法治的理想在那个动荡的时代是奢侈的。

从政治角度而言，时局后续的发展清除了庞德来华工作的痕迹，但从学术研究尤其是近代法社会学发展的角度考察，庞德短暂的在华之旅却是影响深远的。他的社会学法理学在民国法学界引起极大关注，很多知名法学家如杨兆龙、吴经熊、王宠惠、张知本等人都深受其影响。自清末大规模移植西方法律以来，法学界不少清醒的学者已经深刻意识到本土化与自主创造的重要性。庞德所提出的在仿效欧陆法律体系的基础上兼顾"中国人民的传统观念和民族习惯"从而使中国的法典更具有"中国特征"，为当时学人苦苦思索的造就中国人自己的法律指出了一条现实主义的路径，同时也为当时的法社会学研究提供了视角和方法。倘若假以时日，以及有足够平稳的法制建设大环境，"庞德教授实验主义的法学，将改正我国一般法学家与法律实务家若干基本观念，将指点他们对于中国实际社会具体的生活规律，在实体法与程序法上有充分的反映"，"则我国的法律学与现行法必将开一新时代纪元"[2]的设想或许可以实现。然而历史不容假设，随着庞德的黯然离开，西方法社会学在旧中国持续近半个世纪的译介、阐释和本土化研究渐渐画上句号。

---

〔1〕 Arthur Taylor von Mehren，"Roscoe Pound and Comparative Law Source"，*Harvard Law Review*，Vol. 78，No. 8，1965，p. 1593.

〔2〕 "官方媒介欢迎庞德教授来华的社论与消息报道"（原载《中央日报》1946 年 7 月 3 日），载王健编：《西法东渐——外国人与中国法的近代变革》，中国政法大学出版社 2001 年版，第 76 页。

第三节　"新的路子"：法社会学研究的马克思主义化

著名法学家韩德培先生在为李达的《法理学大纲》撰写的序言中提到，李达通过这部著作，"力图运用马克思主义的观点为我国法学研究开辟一条新的路子"。[1]这条"新的路子"，同时也是李达对马克思主义法学中国化的贡献。一方面，他开创了以马克思主义哲学中国化范式开展法学研究的成功范例；[2]另一方面，他的研究立足于唯物主义的视角，把对"中国法律与社会不适应"的批判推到了极致，为本土化的法社会学研究注入了新的生命与活力。

本来，"中国的法律前进而社会现实落后"在当时法学界已不是新鲜的结论，在李达之前，丘汉平、王伯琦、蔡枢衡等人已经针对这一现象形成了深刻的思考。甚至唯物主义的立场也并非李达的独特贡献，在蔡枢衡的《中国法律之批判》中随处可见唯物论的表述。李达将"中国的法律前进而社会现实落后"的旧题再次拿出来讨论，他将如何开辟新路、如何超越以往法社会学已有的解答，又将对法社会学的走向产生怎样的影响？本书试图以李达1947年的《法理学大纲》文本为探讨对象，努力思考和回答以上问题。

一、法学研究的基础：唯物史观与唯物辩证法的结合

1918年，东渡日本留学的李达（1890—1966年）初次接触到了马克思主义，从此成为一名坚定的马克思主义信仰者、宣传者和研究者，即使在最艰难的时刻，也没有放弃自己的信仰。他没有系统学习过法学，但是受到日本法学家穗积重远的影响很大。1928年11月，李达翻译出版穗积重远编写的《法理学大纲》，这是近代中国引介的、在法学界十分有影响的日本法理学作品之一。对比1947年李达的《法理学大纲》可以发现二者在名称、学派划分、编排体例等方面基本类似，但差别也很明显：李达运用了马克思主义的唯物史观和唯物辩证法，对穗积重远的《法理学大纲》进行了法律观和方法

---

〔1〕　韩德培："法理学大纲·序"，载李达：《法理学大纲》，法律出版社1983年版，第1页。

〔2〕　周可："以马克思主义哲学中国化范式开展法学研究的成功范例——李达法学思想研究"，载《山东社会科学》2014年第9期，第20~27、47页。

论的重新诠释。

作为国内外公认的马克思主义理论家，李达的学术活动主要围绕引介、宣传和研究马克思主义理论展开，其中对马克思主义哲学的系统阐释和研究居功至伟，是享誉南北的"红色教授"，抗战前"就达到的水平和系统性而言，无一人出李达之右"，[1]被毛泽东称赞为"理论界的鲁迅"。他以唯物史观和唯物辩证法对法学问题的研究，如同他对社会学、政治经济学的研究一样，是其马克思主义哲学观在法律领域的运用与扩张。他的初衷，是在"法理学中宣传马克思主义"，[2]但却开辟了以马克思主义方法分析和研究法理学的学术路径。

对唯物史观和唯物辩证法的运用，最早可以追溯到 1926 年李达的第一部专著《现代社会学》。该书以唯物史观阐释了阶级与法律、国家的本质等问题，标志着他马克思主义研究立场的初步树立。1937 年出版的《社会学大纲》被毛泽东称为"中国人自己写的第一部马列主义哲学教科书"，[3]是历史唯物论与唯物辩证法结合的典范。他批判了对历史唯物论的两种不正确的理解，指出机械论和形式论的见解使得"社会的经济的构成形态的发展之历史的过程"这一历史唯物论本来的研究对象被遮蔽了，而历史唯物论本应是"社会发展的理论与社会认识的方法之统一"。[4]唯物辩证法则是世界观与方法论的统一，机械论和形式论同样曲解了唯物辩证法的对象。李达指出，辩证唯物论与历史唯物论之间有着密切的关联，辩证唯物论是历史唯物论成立的前提和基础；二者共同形成统一的世界观。所以，二者的关联，就是要把辩证唯物论彻底扩张和应用于历史领域，唯其如此，才能深化辩证唯物论的发展，才能为人们认识和改造世界提供认识工具。[5]

在这一基本观点之下，他阐明了在社会存在决定社会意识的正确关系上

---

〔1〕 侯外庐："为真理而斗争的李达同志"，载侯外庐：《韧的追求》，生活·读书·新知三联书店 1985 年版，第 36 页。

〔2〕 1947 年李达在湖南大学任教，学校当局害怕他宣传马克思主义，安排他讲授他不熟悉的法理学。他表示："要我不宣传马克思主义办不到！法理学中不是照样可以宣传马克思主义吗？马克思主义的一些原理，不是同样可以贯穿到教学中去吗！"参见日一夫："理论界的鲁迅 学习和弘扬李达的理论自觉和理论自信精神"，载《新湘评论》2014 年第 19 期，第 25 页。

〔3〕《李达文集》（第 1 卷），人民出版社 1980 年版，第 17 页。

〔4〕 李达：《社会学大纲》，四川人民出版社 2017 年版，第 208 页。

〔5〕 李达：《社会学大纲》，四川人民出版社 2017 年版，第 216 页。

理解社会现象（包括法律现象）的原则。"社会是包摄生产诸关系的总体、国家形态、法律制度以及一切意识形态的系统，而生产诸关系是这个系统的基础。"在社会的政治建筑一节，他已然提出，上层建筑可分为"政治的上层建筑和意识形态的上层建筑"，"法律的主要作用是保障财产关系，而财产关系是生产关系之法律术语的表现"。[1]

在 1947 年出版的《法理学大纲》中，李达将《社会学大纲》中的这一结论进一步阐发，将其扩张并应用于法理学的研究领域，作为法理学研究的基本方法。他指出"科学的世界观"的基本论纲是"存在决定意识"，"科学的社会观"的根本论纲是"社会的存在规定社会意识"。法理学"不但是科学的世界观的构成部分，同时也是科学的社会观的构成部分"，研究法律现象"是通过社会观而接受世界观的指导的"，所以要"把法律制度当作建立于经济构造之上的上层建筑去理解"，通过阐明法律对经济构造发展的依附关系来说明法律特殊的发展规则，将法律理论从各种玄学中解脱出来，从而达至一种"科学的法律观"，[2]以此确立了法律研究的历史唯物主义。

《法理学大纲》同时也是李达将辩证唯物论的基本法则在法律现象研究中的具体运用。在列举了历史上的哲学派、自然法派、分析学派、历史学派、比较法派和社会学派的主张之后，他依次对各派法理学进行了批判，指出尽管各派对于其所处的时代都有所贡献，但就研究方法而言其实都是形式论理学，专注于形式而忽略了内容。他们无法真实反映客观世界的发展法则，具有主观主义、缺乏发展和联系的观点以及与社会实践相隔离的共同缺陷，因而是不科学的。他们研究的对象都是主观的、恣意的，其理论都有为某种统治目的服务之嫌，试图将某个阶级的意志冠之以全民意志，"其必然的归趋，是回避现实，文饰现实，不能也不愿暴露法律的发展法则"。[3]即使承认法律是社会现象的社会法学派，所崇奉的也是主观主义和观念论的市民社会学，并不承认法律的法则。对社会法学派所主张的社会学方法，李达认为只是指出了研究方向，"仍只是巩固市民社会的秩序"，[4]为市民社会服务而已，并没有揭示法律的本质、理解现实社会的真相。

---

〔1〕 李达：《社会学大纲》，四川人民出版社 2017 年版，第 232 页。
〔2〕 李达：《法理学大纲》，法律出版社 1983 年版，第 1~4 页。
〔3〕 李达：《法理学大纲》，法律出版社 1983 年版，第 8 页。
〔4〕 李达：《法理学大纲》，法律出版社 1983 年版，第 19、86 页。

在"法理学的研究方法与客观论理学"一节，他指出法理学的研究方法应当是科学的认识方法，即客观论理学。客观论理学既是认识论也是方法论，它注重内容与形式的统一，主张以运动的、联系的观点看待客观世界；认为矛盾的对立斗争是事物发展的动因。由此可见，他所主张的客观论理学实质是马克思主义的唯物辩证法。从这一总的方法论出发，李达运用了本质与现象、内容与形式、普遍性、特殊性与个别性等对立统一的概念分析了法律的概念、本质、属性等问题，带有典型的辩证唯物主义色彩。

由此，李达建立起了研究法律现象与社会结构关系的"新的路子"——马克思主义的法律观与方法论。以唯物史观和唯物辩证法为理论基础的研究方法，超越了历史上各派法理学的片面与粗陋，呈现出他立足于马克思主义理论的整体性联系研究法律问题的独特理论个性。[1]

二、中国的法律、法学及其与中国社会的关系

在《法理学大纲》中，李达分析了"中国的法律前进而社会现实落后"的现状，并指出了法学尤其是法理学应当如何有所作为的问题。

在他看来，中国现行的法律体系，肇始于清朝末年"变法图强"的目的，在被迫接受宗主国法律原理的基础上编纂了六法草案，民国政府和南京国民政府增删之后形成。作为中华法系的代位继承者，与旧法系相比自然是很大的进步，法学界人士对新法律体系的先进性十分乐观。吴经熊的观点是这种乐观心态的典型代表："试就新《民法》从第 1 条到第 1225 条仔细研究一遍，再和《德意志民法》及《瑞士民法》和'债编'逐条对较一下，倒有百分之九十五是有来历的，不是照帐誊录，便是改头换面……立法本可不必问渊源之所自，只要问是否适应我们民族性。俗言说的好，无巧不成事，刚好泰西最新法律思想和立法趋势，和中国原有的民族心理相吻合，简直是天衣无缝！"[2]

事实上，王伯琦早已指出所谓的"天衣无缝"不过是"貌合"而"神离"，蔡枢衡更指出法律与社会的严重不适合。和蔡枢衡、王伯琦等人的观点

---

〔1〕 汪信砚："李达哲学探索的独特理论个性"，载《哲学研究》2011 年第 12 期，第 3~12、124 页。

〔2〕 吴经熊："新民法和民族主义"，载吴经熊：《法律哲学研究》，清华大学出版社 2005 年版，第 173 页。

类似，李达从唯物主义立场出发，认为中国社会的实际状况是帝国主义殖民化的社会状况，这种社会现实与先进的上层建筑的法律是大不相称的。新的法律体系却并没有顾及"我民族心理所由产生的民族社会的实际状况"，"现行法律体系，绝不是中国社会现实的反映"，从泰西"照帐誊录"和"改头换面"舶来的法律，虽然跟上了"最新法律思想和立法趋势"，"却不是中国社会发展过程中所必需的东西"。[1]

面对此种不相称，法学界的表现令人失望。中国法学的研究与法律同步，注释法学、概念法学也于清朝末年同时输入，并从萌芽期渐进至成熟期。同为西风东渐的产物，法学和法律自然是配合的，但是对中国社会的现实是否配合，是要打个问号的。李达对当时一些法学家就法论法而罔顾社会现实的说法很不满："若再问一问：为什么解释法律时，一定要采取新学说或新主义？他们必定说：'泰西最新法律思想和立法趋势，和中国原有的民族心理相吻合'，若更问一问，'民法一二二五条中，现在通常适用的究有几多条？适用时有无困难？'他们是不能答复的。"[2]中国法学也好，中国民族的心理也好，都在追赶最新的世界立法潮流，却唯独忽视了本应作为基础的社会现实却并不是"最新"的，二者根本不适合，法学家并没有承担起应有的责任。"民族心理和法律意识已经'迎头赶上'了，民族社会的现实是不是也要'迎头赶上'呢？如果单是前者至少前进了一百年，而后者是落后一百年而跟不去，然则如之何？法学家对此难道可以忽视么？"[3]在他看来，目前法学界的现状并没有研究法学方面最重要最根本的问题——法学对中国社会现实的观照问题，而这个问题是激发中国法学自身生机、促进中国法律改造和社会进步的关键。

在法学界各自独立的状况下，这一任务恐怕只能由法理学来承担了。李达认为，法理学应当阐明法律的发展法则，并根据这法则改造法律，使法律与社会相适应，并且真正起到促进社会发展的积极作用。这是法理学研究的任务，法理学研究应当立足中国现实，以中国的法律、法学及其与中国社会的关系为问题。

---

[1]　李达：《法理学大纲》，法律出版社 1983 年版，第 13~14 页。

[2]　李达：《法理学大纲》，法律出版社 1983 年版，第 11 页。

[3]　李达：《法理学大纲》，法律出版社 1983 年版，第 12~13 页。

　　如前所述，指出法律自法律、社会自社会的现实在当时的法学界已不是新鲜的结论，但李达的深刻之处在于，不仅对法律与社会现实的脱节有着痛切的认知，同时还指出了如何使二者平行的解决之道。在他看来，这种脱节有两种情况：其一，社会前进而法律落后，应当牵法律以就社会之需要；其二，法律前进而社会落后，应牵社会以就法律，使社会发展与法律相适应。这两种问题都是法理学的任务，然而对于当时的中国社会情况而言，法理学亟需解决的是第二种情况。

　　那么，法理学应当如何展开研究；中国的法律前进而社会现实落后的现状应当如何改变？李达指出，并不是要使中国的社会现实赶上帝国主义的社会现实，甚至连从帝国主义国家移植照搬来的法律也未必是中国社会发展需要的东西。归根结底，发现中国社会法律的发展法则，对法律进行本土化的改造，"只有这样从中国社会的基础上产生的法律，才是与中国社会的前途相配合的法律。只有这样的法律才能推动中国社会的前进"。[1]

　　放在今天的认知里，这个观点似乎是很平常的，但是放诸新中国尚未成立的 70 年前，这个观点则十分深刻且具有前瞻性。同时代的法学家或者对西方法律体系望风而从，即使不主张"天衣无缝论"，批评也局限在法律移植的内容不够先进而并非法律移植方式本身；或者有少数清醒者如王伯琦、蔡枢衡等人，他们虽然认识到了西方法律与中国社会现实的"貌合神离"，但并不反对追随西方法律潮流，反对的只是忽略中国实际情况的"盲目"追随。至于究竟什么样的法律才适合中国社会现实这一极具本土化意味的法社会学问题，其他法学家的回答大多缺乏科学的论证。李达论证的"新路"，是站在辩证唯物论和历史唯物主义的立场，从根本意义上解答法律制度的本源，也即要将"法律制度当作建立于经济构造之上的上层建筑去理解"，[2]从而阐明了法律制度的经济本质，科学回答了法律与社会的真实关联。自然，在他之前的学者并非对"法律生于社会"的认识彻底视而不见，除极少数全盘移植的主张外，不少学者早已注意到法律与社会不适合的问题。蔡枢衡等人用以论证的观点是"唯物论"或"反映论"，可以说已经触及了历史唯物主义的边缘。但是之前学者因立场或视野的原因，大多主张在已经移植的体系上修

---

〔1〕 李达：《法理学大纲》，法律出版社 1983 年版，第 13 页。
〔2〕 李达：《法理学大纲》，法律出版社 1983 年版，第 4 页。

修补补，包括国外学者庞德也不建议另起炉灶。李达之所以能开辟论证方式的新路，一方面是马克思主义传入有年、为理论应用奠定基础的结果，另一方面则是马克思主义革命性的体现——政权更替之后直接废除"六法体系"更证明了这一点。

从学术理论角度而言，这个见解在当时的时代不仅独树一帜，而且立足中国社会现实、法学研究状况和现行法律体系的实际，提出了解决"法律自法律、社会自社会"问题的马克思主义研究范式。与主张泰西法律与中国社会"天衣无缝"的法学家相比，这个思想有着很强的深刻性与实践性；与提出法律与社会脱节问题的法学家相比，这个思想又有着很强的指导性和针对性。从这个意义上说，《法理学大纲》的意义就不止于"中国历史上第一部用科学的世界观和科学的社会观研究法学基本原理的系统的法理学专著"，[1]同时代表着以马克思主义的法律观和方法论来研究法律现象以及对未来中国法律与社会关系出路的崭新的思考。

小　结

经历短暂的繁荣兴盛之后，20世纪40年代末及其之后的很长一段时间，法社会学的发展开始陷入沉寂。这一时期的学术研究虽然总体上延续着前期的理论反思和理论自觉的路径，但从整体而言，已无质和量的明显提升，取得的实绩乏善可陈。

从学术与社会的互动关系来看，社会格局的变化对学术研究的影响十分深刻。这种变化既包括全面解放战争的爆发，也包括解放战争结束后政权的更替。解放战争爆发后社会秩序混乱、通货膨胀、生活困苦，研究群体难以维持生计。1947年后国民党节节败退，国统区政权行将崩溃，不少学校已无法维持正常秩序，学者无法潜心学术研究。国民党彻底败北之后，包括东吴大学在内的大学、学术机构和知识分子迁台，导致研究机构和群体流失，也在一定程度上影响着学术研究的持续性。1949年政权更替之后，中共中央《关于废除国民党的六法全书与确定解放区的司法原则的指示》彻底废除了旧政权之下的法律体系，同时也消解了旧法统之下形成的法律思想，改变了法

---

〔1〕　李龙、汪习根："二十世纪中国法理学回眸"，载《法学评论》1999年第4期，第7页。

学研究的走向。在这样的社会大背景之下，法社会学的研究也难逃断裂与荒芜的命运。

从法社会学在 20 世纪上半叶的发展角度而言，本书认为这一阶段重要的学术事件有二：其一是庞德的来华与退场；其二是李达《法理学大纲》的成书。二者都在某种程度上预示着法社会学的微妙走向。前者代表着西方法社会学研究在中国大陆掀起的最后热潮。随着庞德的黯然离去，西方法社会学在近代中国近半个世纪的传播和研究也宣告暂时中止。庞德的来华与去华本身更像是西方法社会学理论在中国际遇的缩影。从清末的引入，到民国时期的趋之若鹜成为"显学"，法社会学同样经历了显赫与喧嚣。到民国末年，庞德的访华实际带有总结与回顾的意味，他以法社会学的视角对中国近代以来的法制建设进行了评价和肯定，并提出了法制完备之后的下一步工作建议，对战后中国的法制与法学发展都有积极意义。然而庞德的建言收效却甚微。抛却政治因素，深层次的原因在于中国当时的社会现实并不适合这些建议，而庞德的建议也忽视了中西文化的根本差异。始终坚持探索本民族法学自我发展道路至关重要，李达的《法理学大纲》也潜在地提出了这一点。《法理学大纲》是马克思主义运用于法学研究的开拓性作品，李达不仅以唯物史观和唯物辩证法的视角重新审视了长期困扰法学界的"法律自法律、社会自社会"问题，同时也提出了法学研究中普遍性与特殊性的关系，也即法理学的研究要"首先阐明世界法律发展的普遍原理，认识法律的发展与世界发展的关系，认识特定历史阶段上的法律与社会的关系；其次要应用那个普遍原理来认识中国的法律与特殊的中国社会的关系，由中国社会发展的特殊路线，展开与之相互适应而又能促进其发展的法律理论，作为改造法律充实法律的指导"。[1]这为包括法社会学在内的法学研究提供了转折，开辟了"新的路子"。

---

〔1〕 李达：《法理学大纲》，法律出版社 1983 年版，第 14 页。

结　语
CONCLUSION

　　20 世纪上半叶中国法社会学的成长历程，既是西学东渐背景下移植而来的西方法学共同命运的缩影，又有着本土化过程中呈现出的不同特点和特殊的发展规律。通过本书各章的考察和讨论可以发现，在当时传入的各派西方法学理论中，法社会学理论出于各种原因而广受关注、备受推崇。在将近半个世纪的时间里，近代学人孜孜以求、不断努力，试图解决三个核心问题：（1）论证法社会学虽为一种异质理论却适合于中国国情的合理性；（2）建构中国化的法社会学，也即解决学科本土化的问题；（3）利用西方法社会学的理论和方法寻找中国法律与社会脱节的根源，并尝试加以解决。

　　在本书看来，这三个奠基式的努力对于萌芽时期的近代中国法社会学而言是必要的，但就结果而言，则是一次未能彻底完成的学科构建，也是一次未完成的本土化过程。

　　第一，中西法社会学的发轫有着不同的契机和动因，遵循不同的发展规律。近代学人对西方法社会学的引入和改造更多是一种文本的转换，对文本背后的支配性因素却挖掘不够，导致近代中国的法社会学始终处在发育不充分的状态。

　　学科的兴起背后通常反映着一个社会的时移世易，并且总是密切回应着这种变迁的知识需求。西方法社会学兴起于 19 世纪末 20 世纪初的欧洲，经济快速发展的同时带来社会的转型与利益格局的调整，日益复杂的社会问题使得国家不得不动用法律和其他手段管理社会公共事务，法律的社会化成为时代主题。与之相伴随，法学的研究旨趣也开始发生转向，从关注法律的价值内涵、注释分析实在的法律转而研究法律实施的效果，为解决现实的法律问题出谋划策。无论狄骥还是庞德，都为转型时期欧美的社会控制作出了巨大的理论贡献。因而，西方法社会学理论的建构过程带有原创性和自生性，是自然演进的结果。

西方法社会学作为西学的一部分，在 20 世纪初传入近代中国。这一时间点颇耐人寻味，也就是说在西方法社会学诞生之后不久，它的一些主要观点和主张就已经被中国学人所关注。对近代的中国法社会学来说，这可能是难得的成长机遇和极高的起点——事实上近代的法律人之所以推崇法社会学，原因之一正是它代表了当时法学最新、最先进的学术潮流。也正因如此，在相当长的时间内，近代法政学人以一种盲从的态度追随着西方法社会学的动向，他们译介而来的异域理论虽然被寄予了解决社会问题的厚望，却忽视了该理论产生的特定土壤以及自身发展的规律。尽管近代学者力图证明西方法社会学的主张与中国传统文化存在着某种一致性，但这种表面意义上的相似，除略微拉近受众与异域理论的距离外，并不能解决其与中国社会的隔阂。以当时的个人本位与社会本位之争为例，受到西方盛行的社会连带主义、社会利益法学等学说的影响，多数民国学者认为中国的法律也应当以社会为本位，因为这既是世界立法的潮流，也和中国传统的家国思想、整体主义异曲同工，正如胡汉民所说，"法律一方面要追求进步，一方面要合于国民心理"，[1] 社会本位的法律不仅符合进化法则，而且与中国的民族心理吻合，自然就具有了正当性。学者们甚至没有经过详细的论证就草率得出结论，直接把他人的历史当成了自己的历史，不仅忽视中国社会从未有过个人权利的充分发展阶段，而且对西方的社会本位与中国的整体主义也有着不同程度的误读。虽然有少数清醒的学者如王伯琦、蔡枢衡等人指出了发扬个人权利的重要性，认为社会本位法律应当建立在充分培育个人权利观念的基础上，但他们并不否认建设社会本位法律的必要性。从这一点来看，民国学者都是社会本位法律的推崇者。

事实上，民国法律以社会为本位是外国金融资本主义入侵的结果，是次殖民地社会的反应，在农业秩序仍占主导地位、欠缺产业资本主义阶段的前提下，完全实行社会本位的法是超前的，反而造成了法律与社会的脱节。近代学人本应以此为观照的切入点，考察法律的实际效果与当时社会的现实需求，发现"中国的"法律而不是追随西方法律，并把西方法律从个人本位到社会本位过渡的事实性结果当作中国法律发展的价值指导。换言之，近代中

---

〔1〕《胡汉民先生文集》（第 4 册），文物供应社 1978 年版，第 856 页。

国法社会学的发轫本应以此为基础，对西方法社会学的本土化改造也应以此为前提。但是在实现救亡图存的时代任务这一功利心态支配下，近代学人急于从西方理论中寻找现成答案，对真实的中国社会缺乏深入体察，导致近代中国的法社会学的产生并非社会自身矛盾发展的折射，自然也不会成为解决这些问题的有效指引。

因此，尽管在民国中后期，近代中国的法社会学出现了某种程度的理论自觉，例如开始反思西方法学理论在中国的社会适应性，积极探索中国法律和法学的发展方向等。但从整体来看，他们并没有抓住构建"中国的"法社会学的根本问题，总体上还是遵循了追随、盲从的道路，使得近代中国法社会学取得的成就有限。

第二，近代学人没有彻底完成西方法社会学的本土化。

学界对本土化的内涵界定不同，对本土化完成的程度也有不同的理解。如绪论中所述，在本书看来，本土化应当包括两个阶段：其一，在翻译、译介的基础上加以选择性地接受西方理论，其中也包括对西方概念、命题和理论的变通或者改造，并用源自西方的研究方法分析中国的经验材料，此为本土化的初阶；其二，将西方理论从照搬、套用转化为自觉的建构，也即将西方理论放置于中国的现实土壤中，在实践中不断运用、检验、改造、加工，在确证其有效性的基础上产生新的理论，构建完全本土性质的研究对象、理论体系和研究方法，从而彻底实现西方理论的中国转换，此为本土化的进阶。

客观地说，近代学人对西方法社会学的本土化已经超越了翻译、搬运的初级阶段。尤其进入 20 世纪 30、40 年代后，民国学者在看待和运用西方法社会学的理论时，已经呈现出反思和自省的倾向。他们开始质疑西方法律和法学的普适性，检点移植的法律与法学与本国国情的契合程度，同时从本国本土的实际情况出发，针对本国的社会与法律问题努力提出自己的理论设想。如前文所述，学者们的本土化工作可从如下两个方面总结：

一是对西方法社会学理论的中国阐释与初步构建。在早期大量的译介积累后，20 世纪 30、40 年代开始进入中国法社会学的初步构建阶段。学者们虽然已经意识到异域理论解释中国问题的不足，但对于包括法社会学在内的中国法学应当选择何种道路，认识并不一致。例如蔡枢衡提出今后中国真正的法学文化之建设，应当以国家和民族的自觉或觉醒为起点，把去西方化与寻找中国性作为摆脱法学贫困的解决之道。更多学者则是在西方理论基础上转换或改造，如吴经熊提出了"心理法理学""法律多元论""法律三度论"等理论，是他在融合庞德、霍姆斯和斯塔姆勒研究的基础上所进行的中国式创新。张知本的《社会法律学》是近代第一部，也是唯一一部法社会学专著，从学科基本构成要素分析，《社会法律学》对西方法社会学的知识体系加以系统的梳理，使得该学科的研究对象、理论基础、研究内容、研究方法等得以全面的呈现，基本实现了学科的初步构建。

二是西方法社会学理论的中国式运用。主要体现为研究方法的本土化，学者们尝试用西方社会学方法研究中国法律问题。如瞿同祖从法人类学的研究方法中获得启示，他以结构主义和功能主义为视角对中国古代社会与法律进行了分析，严景耀则将芝加哥学派的社区研究理论和实证调查方法运用于中国犯罪问题，指出中国的犯罪现象的根本原因是人们不适应社会巨大变迁的结果，二者都是西方社会学方法与中国社会现实结合的成功典范。

然而，我们也无法否认，学者们所做的本土化工作没有进一步深入，或者说只是完成了"弱意义"上的本土化，没有触及"强意义"的层面。本土化的进阶任务是激活自身传统、建设自己的学问，也即从本土的法律与现实出发研究问题，形成中国的法社会学知识体系。从这个意义上说，本土化并不等同于简单的中国化，也就是说，并非将西方理论套用于中国问题使之成为"某某问题中国化"，而是在吸纳异质文化的基础上创造出本民族的新理论。反观近代中国的法社会学，早期西方法社会学的理论框架虽然得到了较为完整的梳理，但除吴经熊等极少数学者做了创新和推进之外，多数学者并没有赋予这些理论以更丰富的内涵。西方社会法学派的研究方法虽然被用来诠释中国问题并且取得了若干有价值的成果，但短板也是明显的，简单的套用和拿来主义也没有完全避免。严格意义上说，他们沿用西方研究方法研究中国问题的结论，只实现了研究对象的本土转换，没有真正触及本土化的深层次内涵。针对中国问题加以研究的法社会学理论框架没有明确建立，同时也缺乏应有的学科规训。因此，尽管近代时期西方法社会学的基本理论和概念系统已经引入中国，自主性的研究也已经初步开展，但是囿于严重的民族危机、法制实践不充分等各种客观原因，真正意义上的本土化过程并没有彻底完成。

第三，以西释中过程中的问题意识失焦。

学术应当回应社会的需求，为解决社会具体而现实的问题服务。这也是本书对近代中国法社会学发展史的另一考察视角，也即法社会学的知识体系是否发挥了积极的社会功能。客观地说，在法社会学的传入、发展和构建过程中，西方法社会学对法、国家、政治权力等范畴的理解对近代社会法治思想的启蒙有着重要意义，社会本位、社会利益等学说对解构传统法律、创立现代法律体系、促进社会进步方面也有着积极的推进。但是在借鉴西方法社会学的理论和方法解释近代中国社会转型中出现的问题时，学者们又不可避免地出现了问题意识失焦的现象，不仅偏离了现实的社会需求，而且影响了学术对社会转型和发展的促动作用。

例如，早期传入的狄骥等人的社会连带学说被中国学者赋予了团结人心、消解社会矛盾的功能。近代中国社会经历了社会结构、社会制度、人的生存方式等巨大转型，传统的家国一体治理模式受到冲击后，社会成员的涣散成为必然。学者将社会连带学说视为重新团结社会的良药，实则忽视了不同文化状态下社会团结方式的差异。中国社会的团结方式更多是一种"观念团结"，即社会成员对儒家价值观念的认同，而非社会连带学说所主张的建立在社会分工基础上的团结。学者在借鉴这一理论时不免有生搬硬套之感，对真实的社会阶层状况缺乏深入观察。不少学者虽然自诩法社会学的立场，却只推崇社会法学派所谓先进的理论，并没有从现实的法律和社会状况出发考察二者的契合性。如新法律体系形成之后，不少学者认为社会本位的法律体系既符合西方最新的法律思想和立法潮流，又和中国原有的民族心理吻合，简直是完美的法律。但实际上，当时帝国主义殖民化的社会现实和先进的法律体系并不匹配，与民族心理也不相称，这些情况被学者们有意无意地忽略了。以王伯琦、蔡枢衡等为代表的少数学者虽然指出了法律与社会现实的不适合，并试图开辟出新的道路，但论证方式又不由自主地落入西方理论的范式之中，将社会进化论和西方法律发展的规律视为普遍现象，对中国社会之特殊性以及中国法律自我生长的可能有所忽视。如果究其原因，那就是在挽救危亡的时代任务之下，学术研究的主题莫不带有急功近利的心态，对以先进文化姿态呈现在中国学者面前的西方文化有着仰视的心理，丧失了文化自信。

总而言之，近代中国的法社会学事实上并没有完成学科构建的任务，也没有彻底实现对西方法社会学理论的本土化。当然这并不是说，学者们近半个世纪的探索没有价值。其一，西方法社会学基本理论和基本范畴得到了较为完整的翻译和介绍，社会本位、社会利益、社会连带等代表当时世界潮流的学说在近代中国得到了广泛的传播。新中国成立之后中国法社会学的构建看似另起炉灶，但是学术研究群体的知识体系必然存在着隐形的延续。其二，整体盲从之下局部的觉醒与创新。20世纪30、40年代掀起的建设中国本位法学运动，在一定意义上推进了法社会学的自我探索，吴经熊、蔡枢衡、瞿同祖、严景耀等无数学者都在努力开展具有"吾国特色"的法学研究，使研究的自觉性和自主性进一步彰显。因吴经熊等法学大师的学术地位和学术成果，民国时期的法理知识生产甚至具有了"全球意义"。[1]近半个世纪内译著、文章、论著汗牛充栋，旧学新知并立，社会学和法学大师脱颖而出，学术研究"在淆乱粗糙之中，自有一种元气淋漓之象"，[2]这些学术成就不应被遗忘。其三，近代法社会学者在学术耕耘的同时积极参与立法和司法实践，致力推动社会化立法，客观上有助于立法思想的统一，对旧中国的社会控制与社会改造有积极的作用。

　　前事不忘，后事之师。近代时期的法社会学研究与其他法学学科一同推动了近代中国的法治启蒙，为近代中国的法治现代化提供了精神资源，本应是当下法社会学发展的学术基础。割裂与学科史相联系的法社会学是没有根基和前景的。对这段历史的检视与回顾，既是对20世纪上半叶学者苦心孤诣探索的成就的充分尊重，也是总结有价值的经验教训，努力构建中国气派的法社会学的重要起点。

---

〔1〕　刘星："民国时期法学的'全球意义'——以三种法理知识生产为中心"，载《法学》2006年第1期，第35~52页。
　　〔2〕　梁启超："清代学术概论"，载梁启超：《饮冰室合集》(8)，中华书局1989年版，第2页。

R 参考文献
EFERENCES

一、专著

［1］《大清法规大全卷·二十下·吏政部·内管制二》，政学社 1901~1909 年版。

［2］张知本：《法学通论》，湖北法政编辑社 1905 年版。

［3］（清）孟森：《新编法学通论》，商务印书馆 1910 年版。

［4］［法］狄骥：《法国宪政通诠》，唐树森译，神州编译社 1913 年版。

［5］［法］孟德斯鸠：《孟德斯鸠法意》，严复译，商务印书馆 1914 年版。

［6］夏勤、郁嶷：《法学通论》，朝阳大学出版部 1919 年版。

［7］方孝岳：《大陆近代法律思想小史》，商务印书馆 1921 年版。

［8］李炘：《法形论》，公慎书局 1922 年版。

［9］周鲠生：《法律》，商务印书馆 1923 年版。

［10］戴季陶：《孙文主义之哲学的基础》，上海民智书局 1925 年版。

［11］［美］滂特：《社会法理学论略》，陆鼎揆译，商务印书馆 1933 年版。

［12］白鹏飞：《法学通论》，上海民智书局 1928 年版。

［13］［日］穗积重远：《法理学大纲》，李鹤鸣译，商务印书馆 1928 年版。

［14］杨开道：《社会研究法》，上海书店 1931 年版。

［15］郝立舆：《领事裁判权问题》，商务印书馆 1930 年版。

［16］赵琛：《法理学讲义》，上海法政学院 1931 年版。

［17］马方若编：《中国文化建设讨论集》，经纬书局 1935 年版。

［18］严谔生编：《上海商事惯例》，新声通讯社出版部 1936 年版。

［19］杨幼炯：《近代中国立法史》，商务印书馆 1936 年版。

［20］阮毅成：《毅成论法选集》，正中书局 1936 年版。

［21］谢振民：《中华民国立法史》，正中书局 1937 年版。

［22］李祖荫：《法律学方法论》，湖南大学法律学会 1944 年版。

［23］吴之椿：《法治与民治》，生活书店 1946 年版。

[24] 居正：《为什么要重建中国法系》，大东书局1946年版。

[25] 费青：《从法律之外到法律之内》，生活书店1946年版。

[26] 周开庆主编：《民国经济史》，京华书局1967年版。

[27] 沈云龙主编：《近代中国史料丛刊》（第36辑），文海出版社1967年版。

[28] 《龚自珍全集》，上海人民出版社1975年版。

[29] 《魏源集》（上册），中华书局1976年版。

[30] 《胡汉民先生文集》（第4册），文物供应社1978年版。

[31] （清）宝鋆编修：《筹办夷务始末（同治朝）》（卷二五），中华书局1979年版。

[32] 故宫博物院明清档案部编：《清末筹备立宪档案史料》（下册），中华书局1979年版。

[33] 王寿南、陈水逢主编：《顾炎武与清初经世学风》，商务印书馆1978年版。

[34] 《李达文集》（第1卷），人民出版社1980年版。

[35] [英]斯宾塞：《群学肄言》，严复译，商务印书馆1981年版。

[36] 吕思勉、童书叶编著：《古史辨（七）》，上海古籍出版社1982年版。

[37] 潘维和：《中国历次民律草案校释》，汉林出版社1982年版。

[38] （清）王韬：《漫游随录·扶桑游记》，湖南人民出版社1982年版。

[39] [日]实藤惠秀：《中国人留学日本史》，谭汝谦、林启彦译，生活·读书·新知三联书店1983年版。

[40] 黄苇、夏林根编：《近代上海地区方志经济史料选辑》，上海人民出版社1984年版。

[41] 李达：《法理学大纲》，法律出版社1983年版。

[42] 荣孟源主编：《中国国民党历次代表大会及中央全会资料》（上册），光明日报出版社1985年版。

[43] 尹达主编：《中国史学发展史》，中州古籍出版社1985年版。

[44] 王栻主编：《严复集》（第4册），中华书局1986年版。

[45] 张国福：《中华民国法制简史》，北京大学出版社1986年版。

[46] 严景耀：《中国的犯罪问题与社会变迁的关系》，吴桢译，北京大学出版社1986年版。

[47] 李泽厚：《中国近代思想史论》，人民出版社1979年版。

[48] 沈家五编：《张謇农商总长任期经济资料选编》，南京大学出版社1987年版。

[49] [美]费正清编：《剑桥中华民国史》（上），中国社会科学出版社1994年版。

[50] 梁启超：《饮冰室合集》，中华书局1989年版。

[51] 许明龙：《孟德斯鸠与中国》，国际文化出版公司1989年版。

[52] 唐振常主编：《上海史》，上海人民出版社1989年版。

[53] 《吴汝纶尺牍》，黄山书社1990年版。

[54] （清）张之洞：《张文襄公全集》，中国书店1990年版。

［55］陈学恂、田正平编：《留学教育》，上海教育出版社 1991 年版。

［56］中共中央党史研究室科研局编译处编：《国外中共党史中国革命史研究译文集》（第 1 集），中共党史出版社 1991 年版。

［57］［日］富永健一：《社会学原理》，严立贤等译，社会科学文献出版社 1992 年版。

［58］王奇生：《中国留学生的历史轨迹：1872-1949》，湖北教育出版社 1992 年版。

［59］沈宗灵：《现代西方法理学》，北京大学出版社 1992 年版。

［60］高其才：《中国习惯法论》，湖南出版社 1995 年版。

［61］汤能松等编著：《探索的轨迹——中国法学教育发展史略》，法律出版社 1995 年版。

［62］王涛：《中国近代法律的变迁（1689-1911）》，法律出版社 1995 年版。

［63］《严景耀论文集》，开明出版社 1995 年版。

［64］方克立、王其水主编：《二十世纪中国哲学·人物志》，华夏出版社 1994 年版。

［65］田正平：《留学生与中国教育近代化》，广东教育出版社 1996 年版。

［66］梁治平：《清代习惯法：社会与国家》，中国政法大学出版社 1996 年版。

［67］孙晓楼等：《法律教育》，中国政法大学出版社 2004 年版。

［68］郭湛波：《近五十年中国思想史》，山东人民出版社 1997 年版。

［69］王晓秋、尚小明主编：《戊戌维新与清末新政——晚清改革史研究》，北京大学出版社 1998 年版。

［70］朱勇：《清代宗族法研究》，湖南教育出版社 1987 年版。

［71］费孝通：《乡土中国　生育制度》，北京大学出版社 1998 年版。

［72］李贵连主编：《二十世纪的中国法学》，北京大学出版 1998 年版。

［73］张中秋：《中西法律文化比较研究》，南京大学出版社 1991 年版。

［74］梁漱溟：《东西文化及其哲学》，商务印书馆 1999 年版。

［75］李贵连：《沈家本传》，法律出版社 2000 年版。

［76］前南京国民政府司法行政部编：《民事习惯调查报告录》，中国政法大学出版社 2000 年版。

［77］汪敬虞主编：《中国近代经济史（1895-1927）》，人民出版社 2000 年版。

［78］《杨兆龙法学文选》，中国政法大学出版社 2000 年版。

［79］王健：《沟通两个世界的法律意义——晚清西方法的输入与法律新词初探》，中国政法大学出版社 2001 年版。

［80］吕顺长：《清末浙江与日本》，上海古籍出版社 2001 年版。

［81］王健编：《西法东渐——外国人与中国法的近代变革》，中国政法大学出版社 2001 年版。

［82］苏力、贺卫方主编：《20 世纪的中国：学术与社会》（法学卷），山东人民出版社 2001 年版。

［83］刘正伟：《督抚与士绅——江苏教育近代化研究》，河北教育出版社 2001 年版。

［84］王健：《中国近代的法律教育》，中国政法大学出版社 2001 年版。

［85］张生：《民国初期民法的近代化——以固有法与继受法的整合为中心》，中国政法大学出版社 2002 年版。

［86］吴经熊：《超越东西方》，周伟驰译，社会科学文献出版社 2002 年版。

［87］［美］罗斯科·庞德：《法律史解释》，邓正来译，中国法制出版社 2002 年版。

［88］梁治平编：《法治在中国：制度、话语与实践》，法律出版社 2002 年版。

［89］［德］司丹木拉：《现代法学之根本趋势》，张季忻译，中国政法大学出版社 2003 年版。

［90］瞿同祖：《清代地方政府》，范忠信、晏锋译，法律出版社 2003 年版。

［91］程燎原：《清末法政人的世界》，法律出版社 2003 年版。

［92］何勤华、李秀清主编：《民国法学论文精萃》（第 1 卷），法律出版社 2003 年版。

［93］何勤华：《20 世纪日本法学》，商务印书馆 2003 年版。

［94］梁治平：《在边缘处思考》，法律出版社 2003 年版。

［95］吴经熊、华懋生编：《法学文选》，中国政法大学出版社 2003 年版。

［96］顾明远总主编：《历代教育名人志》，湖北教育出版社 2015 年版。

［97］苏力：《道路通向城市：转型中国的法治》，法律出版社 2004 年版。

［98］左玉河：《从四部之学到七科之学——学术分科与近代中国知识系统之创建》，上海书店出版社 2004 年版。

［99］田默迪：《东西方之间的法律哲学——吴经熊早期法律哲学思想之比较研究》，中国政法大学出版社 2004 年版。

［100］许章润：《法学家的智慧：关于法律的知识品格与人文类型》，清华大学出版社 2004 年版。

［101］许章润主编：《清华法学》（第 4 辑），清华大学出版社 2004 年版。

［102］郑永流主编：《法哲学与法社会学论丛（七）》，中国政法大学出版社 2004 年版。

［103］何勤华：《法律文化史谭》，商务印书馆 2004 年版。

［104］何勤华、洪佳期编：《丘汉平法学文集》，中国政法大学出版社 2004 年版。

［105］吴经熊：《法律哲学研究》，清华大学出版社 2005 年版。

［106］眭鸿明：《清末民初民商事习惯调查之研究》，法律出版社 2005 年版。

［107］蔡枢衡：《中国法理自觉的发展》，清华大学出版社 2005 年版。

［108］王伯琦：《近代法律思潮与中国固有文化》，清华大学出版社 2005 年版。

［109］张宪文等：《中华民国史》（第 2 卷），南京大学出版社 2005 年版。

［110］陈根发：《当代日本法学思潮与流派》，法律出版社 2005 年版。

［111］瞿同祖：《中国封建社会》，上海人民出版社 2005 年版。

［112］刘小平、蔡宏伟主编：《分析与批判：学术传承的方式》，北京大学出版社 2006 年版。

［113］华友根：《20 世纪中国十大法学名家》，上海社会科学院出版社 2006 年版。

［114］［美］罗伯特·K. 默顿：《社会理论和社会结构》，唐少杰等译，译林出版社 2006 年版。

［115］［日］高坂史朗：《近代之挫折：东亚社会与西方文明的碰撞》，吴光辉译，河北人民出版社 2006 年版。

［116］张海鹏、李细珠：《中国近代通史》（第 5 卷），江苏人民出版社 2006 年版。

［117］姚纯安：《社会学在近代中国的进程（1895-1919）》，生活·读书·新知三联书店 2006 年版。

［118］于长江：《从理想到实证——芝加哥学派的心路历程》，天津古籍出版社 2006 年版。

［119］梅小璈、范忠信选编：《梅汝璈法学文集》，中国政法大学出版社 2007 年版。

［120］汤唯：《法社会学在中国——西方文化与本土资源》，科学出版社 2007 年版。

［121］苗鸣宇：《民事习惯与民法典的互动——近代民事习惯调查研究》，中国人民公安大学出版社 2008 年版。

［122］傅斯年：《史学方法导论》，江苏文艺出版社 2008 年版。

［123］邹小站：《西学东渐：迎拒与选择》，四川人民出版社 2008 年版。

［124］黄兴涛、夏明方主编：《清末民国社会调查与现代社会科学兴起》，福建教育出版社 2008 年版。

［125］俞江：《近代中国的法律与学术》，北京大学出版社 2008 年版。

［126］孔庆平：《改造与适应：中西二元景观中法律的理论之思》，上海三联书店 2009 年版。

［127］刘禾：《帝国的话语政治：从近代中西冲突看现代秩序的形成》，生活·读书·新知三联书店 2009 年版。

［128］孙青：《晚清之"西政"东渐及本土回应》，上海世纪出版集团 2009 年版。

［129］［奥］尤根·埃利希：《法律社会学基本原理》，叶名怡、袁震译，中国社会科学出版社 2009 年版。

［130］［英］A. R. 拉德克利夫-布朗：《原始社会的结构与功能》，丁国勇译，中国社会科学出版社 2009 年版。

［131］裴艳：《留学生与中国法学》，南开大学出版社 2009 年版。

［132］张妍、孙燕京主编：《民国史料丛刊》（1061），大象出版社 2009 年版。

［133］马远俊：《法律社会学——源流辨析与学理运用》，湖北人民出版社 2009 年版。

［134］阎明：《中国社会学史：一门学科与一个时代》，清华大学出版社 2010 年版。

［135］汪朝光：《1945~1949：国共政争与中国命运》，社会科学文献出版社 2010 年版。

[136] 孙伟:《吴经熊与近代中国法制》,中国法制出版社 2010 年版。

[137] 江照信:《中国法律"看不见中国"——居正司法时期(1932-1948)研究》,清华大学出版社 2010 年版。

[138] 孙本文:《当代中国社会学》,商务印书馆 2011 年版。

[139] 张冠梓主编:《法律人类学:名家与名著》,山东人民出版社 2011 年版。

[140] 郭星华主编:《法社会学教程》,中国人民大学出版社 2011 年版。

[141] 熊月之:《西学东渐与晚清社会》(修订版),中国人民大学出版社 2011 年版。

[142] 冯志杰:《中国近代翻译史·晚清卷》,九州出版社 2011 年版。

[143] 潘荣、魏又行:《北洋政府史话》,社会科学文献出版社 2011 年版。

[144] 公丕祥主编:《民俗习惯司法运用的理论与实践》,法律出版社 2011 年版。

[145] 陈媛:《中国大学教授研究——近代教授、大学与社会的互动史(1895-1949)》,山西教育出版社 2012 年版。

[146] 钱穆:《中国学术通义》,九州出版社 2012 年版。

[147] 郑志华:《超越东西方的法哲学家——吴经熊研究》,浙江大学出版社 2012 年版。

[148] 程波:《中国近代法理学(1895-1949)》,商务印书馆 2012 年版。

[149] [美] 布莱恩·Z. 塔玛纳哈:《一般法理学:以法律与社会的关系为视角》,郑海平译,中国政法大学出版社 2012 年版。

[150] 何勤华:《中国法学史纲》,商务印书馆 2012 年版。

[151] 郭卫编:《大理院判决例全书》,中国政法大学出版社 2013 年版。

[152] 居正:《法律哲学导论》,商务印书馆 2012 年版。

[153] 《孙本文文集》(第 5 卷),社会科学文献出版社 2012 年版。

[154] 《吴经熊法学文选》,中国政法大学出版社 2012 年版。

[155] 吴景平主编:《民国人物的再研究与再评价》,复旦大学出版社 2013 年版。

[156] 夏东元编:《郑观应集·盛世危言》(上),中华书局 2013 年版。

[157] 张仁善:《近代中国的主权、法权与社会》,法律出版社 2013 年版。

[158] 高汉成主编:《〈大清新刑律〉立法资料汇编》,社会科学文献出版社 2013 年版。

[159] 熊元翰:《法学通论·宪法 行政法》,上海人民出版社 2013 年版。

[160] 邱少晖:《二十世纪中国工会法变迁研究》,中国政法大学出版社 2013 年版。

[161] 梁治平:《法律史的视界——梁治平自选集》,广西师范大学出版社 2013 年版。

[162] 《郁嶷法学文集》,法律出版社 2014 年版。

[163] 蔡枢衡:《中国法律之批判》(第 6 版),山西人民出版社 2014 年版。

[164] [德] 托马斯·莱赛尔:《法社会学导论》,高旭军等译,上海人民出版社 2014 年版。

[165] 潘光哲等:《中华民国专题史》(第 2 卷),南京大学出版社 2015 年版。

[166] 孙莉主编:《东吴法学先贤文录·法理学卷》,中国政法大学出版社 2015 年版。

[167] 李平龙:《中国近代法理学史研究》,法律出版社 2015 年版。

[168] 高燕:《近代中国法理学的成长——学科、流派和体系》,法律出版社 2015 年版。

[169] 王立民、练育强、姚远主编:《"西法东渐"与近代中国寻求法制自主性研究》,上海人民出版社 2015 年版。

[170] 聂鑫:《中西之间——历史与比较法视野下的法律现代化问题》,法律出版社 2015 年版。

[171] 梁治平:《礼教与法律:法律移植时代的文化冲突》,广西师范大学出版社 2015 年版。

[172] 瞿同祖:《中国法律与中国社会》,商务印书馆 2017 年版。

[173] 中国社会科学院近代史研究所编:《中国社会科学院近代史研究所青年学术论坛》(2014 年卷),社会科学文献出版社 2016 年版。

[174] 何立明:《中国士人》,上海交通大学出版社 2017 年版。

[175] (清)沈家本:《寄簃文存》,商务印书馆 2017 年版。

[176] 吴文藻:《论社会学中国化》,商务印书馆 2017 年版。

[177] [美]罗斯科·庞德:《法理学》(第 2 卷),邓正来译,中国政法大学出版社 2004 年版。

[178] 李达:《社会学大纲》,四川人民出版社 2017 年版。

[179] 《张知本法学文集》,法律出版社 2018 年版。

[180] 张宝明主编:《〈新青年〉百年典藏·哲学思潮卷》,河南文艺出版社 2019 年版。

[181] 张晋藩:《中国法律的传统与近代转型》(第 4 版),法律出版社 2019 年版。

[182] 赖伟:《引介、诠释与运用:"社会法学"在中国的成长(1898-1937)》,中国社会科学出版社 2019 年版。

[183] 李泽厚:《寻求中国现代性之路》,东方出版社 2019 年版。

[184] 张昌山编:《今日评论 文存五》,云南人民出版社 2019 年版。

[185] Alan Hunt, *The Sociological Movement in Law*, Palgrave Macmillan, London, 1978.

[186] MacDonald Gayle, *Social Context and Social Location in the Sociology of Law*, University of Toronto Press; University of Toronto Press, Higher Education Division, 2001.

[187] Max Weber, *The Protestant Ethics and the Spirit of Capitalism*, Taylor and Francis, 2001.

[188] Kerruish Valerie, *Jurisprudence as Ideology*, Taylor and Francis, 2005.

[189] Durkheim Emile, *Suicide: A Study in Sociology*, Taylor and Francis, 2005.

[190] Max Weber and Alan Sica, *Methodology of Social Sciences*, Taylor and Francis, 2011.

[191] Luhmann Niklas and Albrow Martin, *A Sociological Theory of Law*, Taylor and Francis, 2013.

［192］Ehrlich Eugene，*Fundamental Principles of the Sociology of Law*，Taylor and Francis，2017.

［193］Trevino A. Javier，*The Sociology of Law*：*Classical and Contemporary Perspectives*，Taylor and Francis，2017.

［194］Nelken David，*Beyond Law in Context*：*Developing a Sociological Understanding of Law*，Taylor and Francis，2017.

［195］Coutu Michel，*Max Weber's Interpretive Sociology of Law*，Taylor and Francis，2018.

［196］Febbrajo Alberto，*Law*，*Legal Culture and Society*：*Mirrored Identities of the Legal Order*，Taylor and Francis，2018.

［197］Fryer Bob et al.，*Law*，*State and Society*，Taylor and Francis，2018.

［198］Paul Babie，Jessica Viven Wilksch，*Léon Duguit and the Social Obligation Norm of Property*，Springer，2019.

［199］Richard Johnstone and Richard Ingleby and Rosemary Hunter，*Thinking About Law*：*Perspectives on the history，philosophy and sociology of law*，Taylor and Francis，2020.

［200］Tahirih V. Lee，*Chinese Law*：*Sociological*，*Political*，*Historical and Economic Perspective*，Taylor and Francis，2021.

二、期刊论文

［1］［德］可烈亚："法学哲学与世界法学史"，马德润译，载《法政介闻》1908 年第 2 期。

［2］［日］仁保龟松："法律与经济之关系"，毕厚译，载《上海法政》1912 年第 1 期。

［3］佚名："制定法与习惯法"，载《东方杂志》1914 年第 11 期。

［4］庐复："中国法系论"，载《东方杂志》1918 年第 7 期。

［5］杨端六："法律世界之中国"，载《东方杂志》1920 年第 20 期。

［6］许藻镕："现行私有财产制度的观念基础和它将来的趋势"，载《学林》1921 年第 1 期。

［7］许藻镕："关于债权之立法应采保护债权人主义乎抑保护债务人主义乎 修订法律馆第一次征求意见答案"，载《法学会杂志》1921 年第 1 期。

［8］许藻镕："财产法改正之必要"，载《法学会杂志》1921 年第 1 期。

［9］李炘："社会法学派（未完）"，载《法政学报》1922 年第 1 期。

［10］李炘："社会法学派（续）"，载《法政学报》1922 年第 2 期。

［11］张志让："社会法学派之起源主义及批评"，载《法律周刊》1924 年第 28 期。

［12］张志让："法儒杜基之法律哲学（续）"，载《法律评论》1924 年第 46 期。

［13］陈俊三："法律思想之发达（续）"，载《法律评论》1924 年第 51 期。

［14］吴昆吾："论中国今日法学家之过"，载《法律评论》1924 年第 52 期。

[15] 王凤瀛："各国法学思潮之变迁"，载《法律评论》1924 年第 53 期。

[16] 陈应机："社会连带原理与其他诸原理之比较"，载《法律评论》1924 年第 55 期。

[17] 黄秩荣："习惯在法律上之地位"，载《法学季刊》1925 年第 3 期。

[18] 张正学："法院判断民事案件适用之法则"，载《法学季刊》1925 年第 4 期。

[19] 黄炳言："法律之社会化"，载《中大季刊》1926 年第 3 期。

[20] 许藻镕："损害赔偿之社会化"，载《法律评论》1926 年第 3 期。

[21] 王传壁："近世法律思想之趋势"，载《法学季刊》1926 年第 7 期。

[22] 傅文楷："法律之渊源"，载《法学季刊》1926 年第 1 期。

[23] 王世杰："中国工会法问题"，载《东方杂志》1927 年第 3 期。

[24] 孙晓楼："社会进化与法律"，载《上海法科大学月刊》1928 年第 1 期。

[25] 张宗绍："法律之社会化"，载《上海法科大学月刊》1928 年第 1 期。

[26] 百友："法律社会化与社会法律化"，载《法律评论》1928 年第 3 期。

[27] 朱怡庵："法的本质"，载《新兴文化》1929 年第 1 期。

[28] 胡汉民："社会生活之进化与三民主义的立法"，载《中华法学杂志》1930 年第 1 期。

[29] 汪新民："社会法学派对于最近法学之影响"，载《国立中央大学半月刊》1930 年第 1 期。

[30] 章渊若："三民主义的法律观"，载《中央半月刊》1930 年第 18 期。

[31] 梅仲协："三民主义的法学原理"，载《新认识月刊》1930 年第 3 期。

[32] 吴经熊："三民主义和法律"，载《生活周刊》1931 年第 20 期。

[33] 黄右昌："现代法律的分类之我见"，载《中华法学杂志》1931 年第 8 期。

[34] 郑保华："法律社会化论"，载《法学季刊》1930 年第 7 期。

[35] 凌其翰："狄骥著作解剖"，载《法学杂志》1932 年第 1 期。

[36] 阮毅成："狄骥对于近代法学的贡献"，载《政法论丛》1932 年第 8 期。

[37] 林纪东："我国法学界目前应有之转变"，载《法律评论》1932 年第 9 期。

[38] 彭学海："法律演进的唯物史观"，载《法学杂志》1933 年第 5 期。

[39] 博昌："法律有阶级性吗?"，载《进展月刊》1933 年第 1 期。

[40] 吴经熊："十年来之中国法律"，载《大夏》1934 年第 5 期。

[41] 新岩："法律之阶级性"，载《法轨期刊》193 年第 1 期。

[42] 章渊若："怎样研究法律科学"，载《文化建设》1935 年第 8 期。

[43] 萧邦承："马克斯在法律学上的地位"，载《复旦学报》1935 年第 2 期。

[44] 赵颐年："撤废领事裁判权回顾与前瞻"，载《法学杂志》1935 年第 3 期。

[45] 阮毅成："所企望于全国司法会议者"，载《东方杂志》1935 年第 10 期。

[46] 黄公觉："社会立法"，载《政治评论》1935 年第 156~157 期合刊。

[47] 孙晓楼："法律社会化之途径"，载《经世》1937 年第 6 期。

[48] 李景禧："社会法的基础概念"，载《法学杂志》1937 年第 6 期。

[49] 张君劢："唯物史观与唯物辩证法述评"，载《时代精神》1941 年第 5 期。

[50] 苏秋实："当前中国法律教育问题之商榷"，载《高等教育季刊》1943 年第 1 期。

[51] 韩德培："滂德之法学近著三种"，载《思想与时代》1944 年第 31 期。

[52] 戴裔煊："中国现代化与历史压力的关系"，载《广东省立法商学院学术汇刊》1946
年第 1 期。

[53] 绖征："美国当代大法官霍姆斯的生平及其家世"，载《中华法学杂志》1946 年第
1 期。

[54] 沈玉清："滂德之社会法学"，载《东方杂志》1946 年第 5 期。

[55] 吴经熊："庞德之法学思想"，狄润君译，载《震旦法律经济杂志》1947 年第 5 ~
6 期。

[56] 杨兆龙："法学界的贫乏"，载《新法学》1948 年第 1 期。

[57] 吴传颐："社会与社会法学"，载《中华法学杂志》1948 年第 1 期。

[58] 楼邦彦："如何能粉饰得了太平？——由召开行宪国大想到种种"，载《观察》1948
年第 5 期。

[59] 中国社会学研究会："台湾学者谈社会及行为科学研究中国化"，载《社会》1982 年
第 1 期。

[60] 梁治平："身份社会与伦理法律"，载《读书》1986 年第 3 期。

[61] 沈宗灵："法律社会学的几个基本理论问题"，载《法学杂志》1988 年第 1 期。

[62] 张文显："法律社会学的概念"，载《社会学研究》1989 年第 2 期。

[63] 张景岳："北洋政府时期的人口变动与社会经济"，载《近代中国》1993 年第 1 期。

[64] 贺跃夫："清末士大夫留学日本热透视——论法政大学中国留学生速成科"，载《近
代史研究》1993 年第 1 期。

[65] 叶启政："从中国社会学的既有性格论社会学研究中国化的方向与问题"，载《国外
社会学》1993 年第 3 ~ 4 期。

[66] 李贵连："二十世纪初期的中国法学"，载《中外法学》1997 年第 2 期。

[67] 李贵连："二十世纪初期的中国法学（续）"，载《中外法学》1997 年第 5 期。

[68] 王健："瞿同祖与法律社会史研究——瞿同祖先生访谈录"，载《中外法学》1998 年
第 4 期。

[69] 李龙、汪习根："二十世纪中国法理学回眸"，载《法学评论》1999 年第 4 期。

[70] 田正平、肖朗："中国近代教育家群体特征综论"，载《教育研究》1999 年第 11 期。

[71] 张骐："继承与超越：二十世纪前半叶中国法理学回顾论纲"，载《中外法学》2000
年第 1 期。

[72] 苏力："为什么研究中国基层司法制度——《送法下乡》导论"，载《法商研究（中南政法学院学报）》2000 年第 3 期。

[73] 陈信勇："法律社会学在中国的发展"，载《浙江大学学报（人文社会科学版）》2000 年第 3 期。

[74] 常安："对一例学术史个案的考察———兼谈《中国法律与中国社会》的范式突破及启示"，载《法治论丛》2003 年第 2 期。

[75] 何勤华："中国近代法律教育与中国近代法学"，载《法学》2003 年第 12 期。

[76] 苏力："面对中国的法学"，载《法制与社会发展》2004 年第 3 期。

[77] 黄宗智："认识中国——走向从实践出发的社会科学"，载《社会科学文摘》2005 年第 3 期。

[78] 舒国滢："在历史丛林里穿行的中国法理学"，载《政法论坛》2005 年第 1 期。

[79] 何勤华："中国近代法理学的诞生与成长"，载《中国法学》2005 年第 3 期。

[80] 刘星："民国时期法学的'全球意义'——以三种法理知识生产为中心"，载《法学》2006 年第 1 期。

[81] 程燎原："中国近代法政杂志的兴盛与宏旨"，载《政法论坛》2006 年第 4 期。

[82] 喻中："吴经熊与马锡五：现代中国两种法律传统的象征"，载《法商研究》2007 年第 1 期。

[83] 胡平仁："法社会学的百年历程"，载《山东大学学报（哲学社会科学版）》2007 年第 2 期。

[84] 孔庆平："中西之争向古今之争的转换——蔡枢衡法学理论之解读"，载《法商研究》2007 年第 3 期。

[85] 赵大川："晚清民国时期的浙江私立法政专门学校"，载《法治研究》2007 年第 3 期。

[86] 瞿同祖、赵利栋："为学贵在勤奋与一丝不苟——瞿同祖先生访谈录"，载《近代史研究》2007 年第 4 期。

[87] 孙国东："功能主义'法律史解释'及其限度——评瞿同祖《中国法律与中国社会》"，载《河北法学》2008 年第 11 期。

[88] 周旋："清末礼法之争中的劳乃宣"，载《华东政法大学学报》2009 年第 4 期。

[89] 熊赖虎："时间观与法律"，载《中外法学》2011 年第 4 期。

[90] 刘毅："清末法学翻译概述——西法东渐的开端"，载《河北法学》2011 年第 9 期。

[91] 汪信砚："李达哲学探索的独特理论个性"，载《哲学研究》2011 年第 12 期。

[92] 强世功："中国法律社会学的困境与出路"，载《文化纵横》2013 年第 5 期。

[93] 李蟠："书生李祖荫的坎坷人生"，载《世纪》2013 年第 6 期。

[94] 周可："以马克思主义哲学中国化范式开展法学研究的成功范例——李达法学思想研

究",载《山东社会科学》2014 年第 9 期。

[95] 日一夫："理论界的鲁迅 学习和弘扬李达的理论自觉和理论自信精神",载《新湘评论》2014 年第 19 期。

[96] 杨兴隆："民国初期各阶层的收入水平与生活状况",载《经济社会史评论》2015 年第 3 期。

[97] 牛锦红："民初土地纠纷案件判决依据解析——以《江苏省司法汇报》和《司法公报》为分析对象",载《江苏社会科学》2015 年第 3 期。

[98] 张洪涛："近代中国的'以礼入法'及其补正——以清末民初民事习惯法典化为例的实证研究",载《比较法研究》2016 年第 2 期。

[99] 高其才："法社会学中国化思考",载《甘肃政法学院学报》2017 年第 1 期。

[100] 李文军："近代中国社会本位法学的'外来资源'",载《四川大学法律评论》2017 年第 2 期。

[101] 朱明哲："面对社会问题的自然法——论法律社会化中的自然法学说变迁",载《清华法学》2017 年第 6 期。

[102] 王雪如："三民主义的马克思主义理论渊源辨析",载《湖北科技学院学报》2017 年第 6 期。

[103] 蔡晓荣："民国时期社会法理论溯源",载《清华法学》2018 年第 3 期。

[104] 刘磊："迈向大国治理的中国法律社会学——对法律社会学研究路径的检视",载《法律和政治科学》2021 年第 1 期。

[105] 吴剑峰："制度与组织：一个综合性理论——兼论新制度主义对法社会学的意义",载《法律和政治科学》2021 年第 2 期。

[106] Roscoe Pound, "The Scope and Purpose of Sociological Jurisprudence. I. ", *Harvard Law Review*, 1911, 24 (8).

[107] Roscoe Pound, "The Scope and Purpose of Sociological Jurisprudence [Continued] ", *Harvard Law Review*, 1911, 25 (2).

[108] Eugen Ehrlich, "The Sociology of Law", *Harvard Law Review*, 1922, 36 (2).

[109] Timasheff N. S. et al. , "Fundamental Principles of the Sociology of Law", *American Sociological Review*, 1937, 2 (1).

[110] N. S. Timasheff, "Fundamental Problems of the Sociology of Law", *The American Catholic Sociological Review*, 1941, 2 (4).

[111] Roscoe Pound, "Sociology of Law and Sociological Jurisprudence", *The University of Toronto Law Journal*, 1943, 5 (1).

[112] Roscoe Pound, "Comparative Law and History as Bases for Chinese Law", *Harvard Law Review*, 1948, 61 (5).

[113] H. F. Schurmann, "Traditional Property Concepts in China", *The Far Eastern Quarterly*, 1956, 15 (4).

[114] Roscoe Pound, "The Role of the Will in Law", *Harvard Law Review*, 1954, 68 (1).

[115] Roscoe Pound, "The Spirit of the Common Law", *Crime & Delinquency Volume*, 1964, 10 (4).

[116] Roscoe Pound, "The Future of Socialized Justice", *Crime & Delinquency Volume*, 1964, 10 (4).

[117] Arthur Taylor von Mehren, "Roscoe Pound and Comparative Law Source", *Israel Law Review*, 1966, 1 (1).

[118] H. Murray Park, "Sociology of law", *Sociology*, 1971, 5 (1).

[119] Michael Clarke, "Durkheim's Sociology of Law", *British Journal of Law and Society*, 1976, 3 (2).

[120] Steven Spitzer, "Marxist Perspectives in the Sociology of Law", *Annual Review of Sociology*, 1983, (9).

[121] Richard A. Posner, "The sociology of the sociology of law: A view from economics", *European Journal of Law and Economics*, 1995, 2, (4).

[122] Elizabeth Heger Boyle, John W. Meyer, "Modern Law as a Secularized and Global Model: Implications for the Sociology of Law", *Soziale Welt*, 1998, 49 (3).

[123] Protestantism and the Rationalization of English Law, "A Variation on a Theme by Weber", *Law & Society Review*, 1999, 33 (2).

[124] Mitchel Lasser, "Comparative Readings of Roscoe Pound's Jurisprudence", *The American Journal of Comparative Law*, 2002, 50 (4).

[125] Simona Andrini, "Max Weber's sociology of law as a turning point of his methodological approach", *International Review of Sociology*, 2004, 14 (2).

[126] Richard Swedberg, "Max Weber's Contribution to the Economic Sociology of Law", *Annual Review of Law and Social Science*, 2006, 2 (1).

[127] Mariana Valverde, "The Sociology of Law as a 'Means against Struggle Itself'", *Social & Legal Studies*, 2006, 15 (4).

[128] Litvinova O. A. Specifics of N, "Luhmann's sociology reflected in his sociology of law", *Sotsiologicheskie Issledovaniya*, 2007 (4): 13.

[129] Max Weber and Eugen Ehrlich, "On the Janus-headed Construction of Weber's Ideal Type in the Sociology of Law", *Max Weber Studies*, 2008, 8 (2).

[130] Light Matthew A. Mathieu Deflem, "Sociology of Law: Visions of a Scholarly Tradition", *The Canadian Journal of Sociology*, 2008, 33.

[131] Isher – Paul Sahni, "Max Weber's Sociology of Law", *Journal of Classical Sociology*, 2009, 9 (2).

[132] David W. Noble, "Roscoe Pound: Philosopher of Law", *History: Reviews of New Books*, 2010, 3 (3).

[133] Douglas Litowitz, "Max Weber and Franz Kafka: A Shared Vision of Modern Law", *Law, Culture and the Humanities*, 2011, 7 (1).

[134] Michel Coutu and Thierry Kirat, "John R. Commons et Max Weber: les fondements d'une sociologie économique et pluraliste du droit", *Canadian journal of law and society*, 2011, 26 (2).

[135] Mikhail Antonov, "Way and Perspectives of Eugen Ehrlich's Legal Conception", *Law Journal of the Higher School of Economics*, 2012 (4).

[136] Yatsyno E. S. , "Analysis of historical trends in sociology of law as a science", *Psihologiâi PravoIssue* , 2013, (2).

[137] Weber Reading Stammler, "What Horizons for the Sociology of Law? ", *Journal of Law and Society*, 2013, 40 (3).

[138] Gameiro, Ian Pimentel, "The law between the state and the rule of law: an approaching about leon duguit's theory os law and state", *e – Pública: Revista Eletrónica de Direito Público*, 2014, 1 (2).

[139] Evgeny Salygin, "Legal System as an Object of Sociology and Law Analysis", *Law Journal of the Higher School of Economics*, 2014 (1).

[140] Richard A. Posner and Gary Becker, "The Future of Law and Economics", *Review of Law & Economics*, 2014, 10 (3).

[141] Mikhail Antonov. Portraits of Legal Scholars. G. D. Gurvitch, "A Project of Sociologyof Law", *Law Journal of the Higher School of Economics*, 2014 (4).

[142] Chris Thornhill, "Legal Revolutions and the Sociology of Law", *Social & Legal Studies*, 2014, 23 (4).

[143] Chris Thornhill and Emilios Christodoulidis, "New Bearings in the Sociology of Law", *Social & Legal Studies*, 2014, 23 (4).

[144] Sida Liu, Zhizhou Wang, "The Fall and Rise of Law and Social Science in China", *Annual Review of Law and Social Science*, 2015, 11 (1).

[145] Zia Akhtar, "Law, Marxism and the State", *International Journal for the Semiotics of Law– Revue internationale de Sémiotique juridique*, 2015, 28 (3).

[146] Mauricio García–Villegas, "A Comparison of Sociopolitical Legal Studies", *Annual Review of Law and Social Science*, 2016, 12 (1).

［147］ Anna A. Glukhova, Aleksandr A. Iudin, Dmitriy A. Shpilev, "Sociology of law: phenomenon of devastation", *Actual Problems of Economics and Law*, 2016, 10 (1).

［148］ Mauricio García-Villegas, "A Comparison of Sociopolitical Legal Studies", *Annual Review of Law and Social Science*, 2016, 12 (1).

［149］ Mariana Valverde, "What counts as theory, today? A post-philosophical framework for socio-legal empirical research", *Brazilian Journal of Empirical Legal Studies* 2016, 3 (1).

［150］ Pupolizio and Ivan, "Sociology of law in the twenty-first century", *Sociologia del diritto.*, 2017, 3 (3).

［151］ John Griffiths, "What is sociology of law? (On law, rules, social control and sociology)", *The Journal of Legal Pluralism and Unofficial Law*, 2017, 49 (2).

［152］ Richard Abel, "What else is sociology of law? Reflection on John Griffiths's What is sociology of law?", *The Journal of Legal Pluralism and Unofficial Law*, 2017, 49 (3).

［153］ Richard A. Posner, "Legal Research and Practical Experience", *The University of Chicago Law Review*, 2017, 84 (1).

［154］ Maclean Mavis, "Semantics or Sustainability: Socio-legal Research in Family Law, or Sociology of Law and Family", *JusticeJournal of Law and Society*, 2017, 44 (S1).

［155］ Eum Soun young, "The Recognition Method of N. Luhmann and His Sociology of Law", *The Journal of Legal Studies*, 2018, 26 (1).

［156］ Bucholc Marta and Komornik Maciej, "Eugen Ehrlich's Failed Emancipation and the Emergence of Empirical Sociology of Law", *Historyka Studia Metodologiczne*, 2019 (49).

［157］ Chris Thornhill, "The Sociology of Law and Global Sociology", *Zeitschrift für Soziologie*, 2019, 47 (6).

［158］ Häkkinen Esko, "Welfare, corporatism, and criminal justice: comparing Durkheim and the new institutionalists", *Scandinavian Journal of Social Theory*, 2019, 21 (2).

［159］ Dong hee Lee, "The Relative Autonomy of Law in British Marxist Sociology of Law", *The Journal of Legal Studies*, 2020, 28 (1).

［160］ Xiaorui Wang, "Political Legitimacy Under the Sociology of Law: Based on the Evolutionof Political Legitimacy in the West", *Canadian Social Science* 2020, 16 (7).

三、报纸

［1］ 范杨："社会主义与法律",载《民国日报》1921 年 10 月 14 日。

［2］ "社会科学者应当努力",载《大公报》1930 年 2 月 19 日。

［3］ 庄心在："中国本位的文化建设宣言的回响",载《中央日报》1935 年 1 月 17 日。

［4］张世禄："建设文化之基本问题"，载《晨报》1935 年 4 月 9 日。

［5］庄心在："文化上的战斗——三论中国本位文化建设运动的前途"，载《时事新报》1935 年 6 月 2 日。

［6］陈新宇："习惯中国的法律宿命"，载《检察日报》2011 年 7 月 21 日。

［7］孙政华："百年朝阳：一所法律名校的繁盛和荒芜"，载《法治周末》2012 年 4 月 18 日。

［8］李栋："中国近代法学的反思者——蔡枢衡"，载《人民法院报》2016 年 4 月 29 日。

［9］吕文浩："严景耀：中国犯罪社会学的主要开创者"，载《团结报》2017 年 8 月 24 日。

A ┃ 附 录 APPENDIX
20世纪30、40年代法社会学研究群体简表

序号	姓名	籍贯	国内教育情况	国外留学情况	职业情况	对法社会学的贡献
1	胡汉民（1879-1936年）	广东广州	举人	日本法政大学	辛亥革命后任广东都督、南京临时政府秘书长，后任南京国民政府立法院院长等职。	《社会生活之进化与三民主义的立法》《三民主义之立法精义与立法方针》《民法物权篇精神》
2	张知本（1881-1976年）	湖北江陵	武昌两湖书院	日本法政大学	中国同盟会湖北支部评议长、湖北军政府司法部长、国民党武汉政治分会委员、湖北省政府主席、立法委员会主席、司法行政部长、行政法院院长；江汉大学、上海法科大学、湖北省立法科大学、北平朝阳学院等校长	《社会法律学》

序号	姓名	籍贯	国内教育情况	国外留学情况	职业情况	对法社会学的贡献
3	雷沛鸿（1888-1968年）	广西南宁	两广高等工业学堂	美国密歇根大学、欧柏林大学文学学士、哈佛大学哲学硕士	左江师范、南宁中学校长、广东甲种工业学校校长、上海法政大学经济系主任、广西省政府委员、教育厅厅长、西江学院院长等	译入庞德的《法学史》《法学肄言》
4	陈霆锐（1890-1976年）	江苏吴县	东吴大学法科	美国密歇根大学法学博士	东吴大学法学院、国立暨南大学法学院教授，律师，国民参政会参政员	《习惯法与成文法》《改良司法刍议》等
5	李达（1890-1966年）	湖南零陵	北京京师优级师范学校、湖南工业专门学校	日本东京第一高等学校	湖南法政专门学校学监兼教授、国民党湖南省党校教育长、北平大学、中国大学、广西大学等学校教授，北京政法大学副校长、湖南大学校长、武汉大学校长等。	《社会学大纲》《法理学大纲》

序号	姓名	籍贯	国内教育情况	国外留学情况	职业情况	对法社会学的贡献
6	燕树棠（1891-1984年）	河北定县	北洋大学	美国哥伦比亚大学法学硕士，耶鲁大学法学博士	北京大学法律系主任、教授，西南联大法律系兼法科研究所法律学部主任，武汉大学法律系教授；南京国民政府法制局编审，司法院大法官	《论法律之概念》《公道、自由与法》
7	张志让（1893-1978年）	江苏常州	北大预科、复旦公学	美国哥伦比亚法学硕士	复旦大学法律系主任、广西大学教授、北京大学教授等；北京政府修订法律馆纂修、大理院推事、武汉政府最高法院审判员；律师	《十九世纪中世界法律上新旧两大主义之嬗替》《法儒杜基之法律哲学》《社会学法学派之起源主义及批评》《法儒杜基之民事责任学说》等
8	赵凤喈（1896-1969年）	安徽和县	北京大学	法国巴黎大学法学硕士	清华大学、西南联大教授，清华大学法律学系主任，清华研究院法科研究所政治学部主任	《中国妇女在法律上之地位》《云南法律习惯的调查》《大理地方法律习惯》

续表

序号	姓名	籍贯	国内教育情况	国外留学情况	职业情况	对法社会学的贡献
9	王凤瀛 （1896年-?）	湖南湘潭		美国芝加哥大学哲学博士	劳动大学教务主任、中央大学教育系教授中央政治委员会教育委员会委员	《说法律研究之方法》等
10	朱显祯 （1896年-?）	四川璧山		日本京都帝国大学法学学士	四川大学法学院长、广东大学法律系主任、国民议会代表、朝阳大学教授	《三民主义的法律应该怎样》《法律解释论》等
11	陆鼎揆 （1896年-?）	江苏无锡		美国密歇根大学法学博士	历任国立政治大学、上海商科大学、国立暨南学校、国立北京政法大学、上海光华大学、中国公学、复旦大学、东吴大学法学教授	译入庞德的《社会法理学论略》
12	方孝岳 （1897-1973年）	安徽桐城	上海圣约翰大学	日本东京大学进修	历任华北大学、省立东北师范学院、国立中山大学、圣约翰大学、国立中山大学教授	译入梅因《古代法》，著有《大陆近代法律思想小史》

序号	姓名	籍贯	国内教育情况	国外留学情况	职业情况	对法社会学的贡献
13	吴经熊（1899—1986 年）	浙江鄞县	东吴大学	美国密歇根大学法学博士，法国巴黎大学、德国柏林大学、美国哈佛大学荣誉学员	国民政府司法部编订法典审查委员会委员，上海公共租界临时民事庭的推事，司法部参事，上海公共租界临时上诉院刑庭庭长兼代理院长，东吴大学法学院院长，国民政府立法院委员，公共租界工部局市政顾问，上海法学编译社社长、律师等	《斯丹木拉之法律哲学及其批评者》（丘汉平译）、《法律的基本概念》《霍姆斯大法官的法律哲学》《罗斯科·庞德的法律哲学》《卡多佐法官的法律哲学》《法律三度论》等
14	李祖荫（1899—1963 年）	湖南祁阳	朝阳大学法律系	日本明治大学	燕京大学、北平大学教授，兼任朝阳大学教授，湖南大学法律系主任、法学院院长，湖南大学训导长、湖南省教育厅厅长	《法律学方法论》

序号	姓名	籍贯	国内教育情况	国外留学情况	职业情况	对法社会学的贡献
15	梅仲协 （1900–1971 年）	浙江永嘉		法国巴黎大学法学硕士	中央大学、中央政治学校民法讲习，重庆东吴大学教授	译著狄骥《宪法精义》，著有《三民主义的法学原理》等
16	杨幼炯 （1901–1973 年）	湖南常德	上海复旦大学	早年留学日本成城学堂	中央通讯社总编辑、中央大学、暨南大学教授、建国法商学院院长、立法院立法委员等	《社会科学发凡》《社会学述要》《现代社会主义述评》《三民主义概要》等
17	丘汉平 （1904–1990 年）	福建海澄	上海国立暨南大学商科、吴淞中国公学商学院、上海东吴法律学院	美国华盛顿大学法学博士	执业律师，历任国立暨南大学、东吴大学法律学院、中国公学、交通大学教授；福建省财政厅厅长、立法院立法委员、东吴大学校长	译入舒丹木拉《正法的问题》《正法的概念》，著有《舒丹木拉法律哲学述要》《从西半球的法学说到三民主义的法理学》等
18	蔡枢衡 （1904–1983 年）	江西永修	南昌省立第二中学	日本明治大学专门法律科、东京中兴大学法学部、东京帝国大学法学院研究院	北京大学法律系、西南联大法律系教授、北京大学法学系系主任，兼职律师	《中国法律之批判》《中国法理自觉的发展》

序号	姓名	籍贯	国内教育情况	国外留学情况	职业情况	对法社会学的贡献
19	杨兆龙（1904—1979年）	江苏金坛	燕京大学东吴大学	美国哈佛大学法学博士	上海持志大学教务主任、东吴大学法学院、中央大学法学教授等，国民政府教育部参事、司法行政部刑事司司长、最高法院检察署代检察长	《法学界的贫乏》
20	章渊若（1904—1996年）	江苏无锡	上海复旦大学	法国巴黎大学法学博士	历任中央大学、东吴大学法学教授，国立劳动大学社会科学院院长；国民党南京市政府、上海市政府秘书、国民政府国防最高委员会参事室参事等	《狄骥氏的私法革新论》《三民主义的法律观怎样研究》《法律科学》等
21	严景耀（1905—1976年）	浙江余姚	燕京大学	美国芝加哥大学哲学博士	燕京大学讲师，上海公共租界工部局副典狱长、上海新华银行秘书	《北平犯罪之社会分析》《中国监狱问题》《中国的犯罪问题与社会变迁的关系》
22	阮毅成（1905—1988年）	浙江余姚	中国公学大学政治与经济系	法国巴黎大学法学硕士	历任中央大学、中央政治学校、富士大学教授，浙江大学法学	《怎样建设中国本位的法律》

续表

序号	姓名	籍贯	国内教育情况	国外留学情况	职业情况	对法社会学的贡献
					院院长，浙江省政府委员兼民政厅厅长，浙江大学法学院院长	
23	郑保华（1905-1952年）	浙江宁波	东吴大学		东吴大学教授，律师	《法律社会化论》等
24	汪新民（1907年-?）	安徽婺源（今属江西）	中央大学法学院学士	英国伦敦大学政治经济学院	南京文化学院第一院教授，国民党驻伦敦执行部委员等	《社会法学派对于最近法学之影响》《法律本质论》
25	王伯琦（1908-1961年）	江苏宜兴	东吴大学法学学士	法国巴黎大学法学博士	国立云南大学教授；浙江省政府观察、军事委员会参事、南京政府教育部参事，兼职律师	《法律本位法制与传统道德观念》《自然法之复兴与概念逻辑——兼论私法的解释及法源》等
26	瞿同祖（1910-2008年）	湖南长沙	燕京大学		云南大学社会、政经、法律三系讲师，后升任副教授、教授，1944年兼任西南联合大学讲师；哥伦比亚大学中国历史研究室与哈佛大学东亚研究中心研究员	《中国法律与中国社会》

P | 后 记
POSTSCRIPT

    本书的选题一方面源自我的导师李力老师的推荐，另一方面也是我的兴趣所在。硕士期间我的研究方向便是法律社会学，但当时对法律社会学的了解远远不够，只是读过西方法社会学大师的几本著作（而且不求甚解），对近代中国法社会学的历史几乎一无所知，甚至也错误地认为近代法社会学的研究是无足轻重的。通过近半年的史料收集与整理，我发现自己的结论大谬。法学界对这段历史的轻描淡写乃至无意遗忘，也是对这段历史中的学人、学事、学术成果的不尊重和不公平。

    随着资料的丰富和了解的不断深入，我越来越被近代的学人、学事所吸引和折服。在战乱频仍、动荡不安之际，近代法界学人始终秉承"位卑未敢忘忧国"之志，怀着"解民于倒悬之心"，苦心孤诣寻找着法治救国的道路，他们对学术研究的独立品格、对家国命运的担当精神，堪称一代知识分子的楷模。基于这样的钦佩和尊崇之情，我对这一选题产生了浓厚的兴趣。

    兴趣虽有，文章完成却不容易。近代的资料不少已缺失，收集和积累颇费功夫；竖排版的文字常常模糊不堪甚至缺失，繁体字难以辨认。年代虽不久远，但有些表达方式已经与今日迥异。同时由于学识所限，生恐自己的浅陋曲解了大师的思想，如何尽可能客观呈现近代法社会学的发展历程与研究全貌，同时又能使本研究有独到之处，也令我思虑万千。除本书写作外，我还承担着单位繁重的教学和科研工作，同时还要抚育幼女、照料双亲，可以说这本书是在工作和家务的空隙、各种假期的空档，不断克服拖延症挤出来的。

    行文至此，我想要对我最尊敬的导师李力教授表达最真诚的谢意。承蒙老师不弃，投入老师门下，在学术上得到了老师精心的指导和栽培。老师给了我最大的研究自由，对我永远只有宽容、鼓励和关心，从无施压或苛责。

在老师拨云见日的点拨之下，我的思路逐渐明晰，视野逐步开阔，才有了眼前这本书。老师学术造诣深厚、淡泊名利，平和近人，始终保持着学者的风骨与赤子情怀，是我心目中真正的师者。

感谢开题论证、论文预答辩、答辩时的王三秀老师、曹海晶老师、熊琦老师、姜战军老师以及参加答辩的中南财经政法大学春杨教授、武汉大学项焱教授提出的非常中肯的建议和指导，这些意见让我受益匪浅。感谢同级的兄弟姐妹，我们共同度过了难忘的求学时光。感谢翟凯的鼓励和帮助，感谢刘陈皓在我论文最无头绪时给予的指点。感谢华中科技大学提供的森林般幽静的学习环境，重返校园读书，让我收获了很多美好的回忆：法学院听课听讲座的求知若渴、图书馆奋战的日日夜夜、西一和百景园的美味佳肴、西操跑步时的痛快淋漓，所有一切都将在我的记忆中永存。

感谢我的父母、家人对我读博的鼓励和大力支持，他们是我坚持下来的最大动力。

我将继续前行，永不止步。

郑晓英

2021 年 11 月

策划编辑：丁春晖

项目编辑：王思梦

封面设计：　麓榕文化

20 世纪上半叶
中国法社会学史研究

Research on the History of Chinese Sociology
of Law in the First Half of the 20th Century

上架建议　法学著作

ISBN 978-7-5764-1081-5

9 787576 410815 >

定价：66.00 元

引领法讯前沿
优惠尽在指尖

法意书情